DIE UNIFORMEN IN NORDAMERIKA VON 1665 BIS HEUTE

MARTIN WINDROW & GERRY EMBLETON

Die Uniformen in Nordamerika

von 1665 bis heute

MOTORBUCH VERLAG STUTTGART

Schutzumschlagkonzeption: Siegfried Horn

Die englische Ausgabe ist erschienen bei Ian Allan Ltd. Shepperton unter dem Titel »Military Dress of North America 1665—1970«
Die Übertragung ins Deutsche besorgte

Horst Wolny

ISBN 3-87943-387-9

1. Auflage 1975

Eine Abteilung des Buch- und Verlagshauses Paul Pietsch GmbH & Co. KG.

Satz und Druck: Studiodruck, 7441 Raidwangen
Bindung: Großbuchbinderei Franz Spiegel, 79 Ulm
Printed in Germany.

Inhaltsverzeichnis

Nachschlagewerke

Unter den vielen bei der Vorbereitung zu diesem Buch zu Rate gezogenen Werken sind für den interessierten Leser vielleicht folgende von besonderem Wert:

Soldiers of the American Army, Fritz Kredel & Frederick P. Todd: Chicago, 1950

The Book of the Continental Soldier, Harold L. Peterson: Harrisburg, 1968

Uniforms of the American, British, French, and German Armies in the War of the American Revolution, Charles M. Lefferts: New York, 1926

A Pictorial History of the United States Army, Gene Gurney: New York, 1966

A History of the Uniforms of the British Army, Cecil C. P. Lawson: London, 1941

American History Atlas, Martin Gilbert: London, 1968

Arms and Armor in Colonial America, Harold L. Peterson: New York, 1956

History Written With Pick and Shovel, Calver & Bolton: New York, 1950

Red Coat and Brown Bess, Anthony Darling: London, 1970

Accoutrements of the Army of the United States (1839—61), J. N. Jacobsen: New York, 1968

Civil War Handbook, William H. Price: Fairfax, Virginia, 1961

Divided We Fought, David Donald: New York, 1952

Embattled Confederates, B. Wiley & H. Milhollen: New York, 1959

They Who Fought Here, B. Wiley & H. Milhollen: New York, 1970

Uniforms of the Civil War, F. Lord & A. Wise: New York, 1970

Arms and Equipment of the Civil War, Jack Coggins: New York, 1962

The Fighting Man, Jack Coggins: New York, 1966

Long Knife, Glenn Dives: New York, 1961

US Army Headgear to 1854, E. Howell & D. Kloster: Washington D. C., 1969

Handbooks of English Costume (verschiedene Buchtitel), P. Cunnington: London, 1964

The United States Marines, Lynn Montross: New York, 1959

Historical Arms Series (verschiedene Buchtitel), Museum Restoration Service, Ottawa, Kanada

Recollection of a Rogue, Samuel Chamberlain: London, 1957

Sketch Book 76, R. Klinger & R. Wilder: Arlington, 1967

British Military Uniforms from Contemporary Pictures, W. Y. Carman: London, 1957

American Heritage Magazine (verschiedene Ausgaben)

Naitonal Geographic Magazine (verschiedene Ausgaben)

Journal of the Society for Army Historical Research (verschiedene Ausgaben)

Vorwort

Das größte Problem bei den Vorbereitungen zu diesem Buch war die Wahl des Buchtitels. Er sollte nicht nur den Inhalt dieses Buches präzise wiedergeben, sondern dies möglichst auch mit wenigen Worten tun. Wir wären der Geschichte nicht gerecht geworden, hätten wir ein Buch herausgegeben, in dem zwar die bis zum heutigen Tag in der amerikanischen Armee getragenen Uniformen enthalten gewesen wären, nicht aber jene der zahlreichen ausländischen Militärverbände, die in der Militärgeschichte des nordamerikanischen Kontinents eine Rolle gespielt haben. Seit wann kann man von dieser Armee überhaupt als der »amerikanischen Armee« sprechen? Waren die Soldaten, die um 1750 in den Freiwilligenverbänden der britischen Kolonien gegen die Franzosen kämpften, etwa keine »Amerikaner«, nur weil sie Angehörige der Streitkräfte der Britischen Krone waren? Welcher Nationalität etwa war der in Massachusetts geborene und aufgewachsene Robert Rogers, der 1760 mit seinen Rangers zum Schrecken aller Franzosen und Indianer wurde und 1770 ein britisches Korps gründete, mit dem er gegen die patriotischen Siedler zu Felde zog? Man könnte zahllose Trennstriche ziehen, viele kleinlich wirkende Auslegungen anwenden, um dieses oder jenes Regiment von dieser Aufstellung auszuschließen. Wir haben uns nicht gescheut, den Groll einiger Genauigkeitsfanatiker auf uns zu ziehen, indem wir den Rahmen weit steckten und neben den Uniformen der Amerikaner aus zwei Jahrhunderten mit Freuden auch die farbenfrohen Uniformen deutscher, französischer, holländischer, schweizerischer, spanischer, mexikanischer und kanadischer Verbände mit aufnahmen.

Trotz der uns vom Herausgeber eingeräumten Möglichkeit, großzügig Farbbilder von den Uniformen bringen zu können, ist die so schillernde, stürmische und zeitweise recht verwirrende Entwicklung des amerikanischen Militärwesens viel zu umfangreich, um in ihrer ganzen Tiefe und Breite in einem einzigen Buch erfaßt zu werden. Die Qual der Wahl bei der Zusammenstellung der Bildtafeln war groß. Wir glauben aber dennoch, ein einigermaßen ausgewogenes Ergebnis vorlegen zu können. Trotzdem sind wir uns der Lücken sehr wohl bewußt. Zu den Uniformen, die zu unserem Leidwesen etwas stiefmütterlich behandelt werden, gehören jene der kanadischen und spanischen Verbände: unser Erkenntnisstand ist hier sehr dürftig. Und mit Ausnahme einer einzigen Person, von der mit einer gewissen Berechtigung gesagt werden kann, daß sie so etwas wie eine »militärische Uniform« trägt, müssen jenen Personenkreis wir fast völlig ignorieren, der den wohl größten Anspruch erheben könnte, in dieses Buch mit aufgenommen zu werden: den nordamerikanischen Indianer. Es ist nach unserer Meinung daher besser gewesen, die Indianer ganz herauszulassen, als ihren Beitrag zur Militärgeschichte Amerikas nur durch ein paar wenige Figuren herauszustellen.

Der Inhalt dieses Buches stellt eine kurze Übersicht dar, über das Aussehen des nordamerikanischen Soldaten seit Mitte des 17. Jahrhunderts bis zum heutigen Tag, mit einem starken Übergewicht der Uniformen amerikanischer Bundestruppen, und zwar von dem Zeitpunkt an, wo man bei ihnen von Nationalen Streitkräften sprechen kann. Doch kommen in dieser Übersicht auch die Uniformen des Gegners und die seiner Alliierten, die auf amerikanischem Boden kämpften, nicht zu kurz. Da die Geschichte nach unserer Meinung in der Regel vom sogenannten »gemeinen« Soldaten geschrieben wird und nicht von Generälen, haben wir uns entschlossen, hier den gewöhnlichen Infanteristen, Frontsoldaten und rangniedrigeren Offizier von Kampfverbänden stärker herauszustellen als ranghöhere Offiziere und Spezialisten der Etappe, obwohl beide Gruppen auch hier nicht fehlen.

Unsere Übersicht verläuft chronologisch. Jedes Kapitel beginnt mit einem kurzen Überblick über die geschichtliche Entwicklung, die militärischen Unternehmen und die Einsätze der verschiedenen Verbände während der fraglichen Zeit. Die zweite Hälfte eines jeden Kapitels enthält detaillierte

Anmerkungen zu den entsprechenden Bildtafeln. Wir wollten in diesem Buch Kriegsverläufe und Feldzüge nicht allzu detailliert beschreiben, denn letzten Endes ist dies ein Buch über Uniformen und nicht über militärische Operationen. Dennoch haben wir einige Hintergrundinformationen mit aufgenommen, da wir annehmen, daß sie zur Untermalung und Abrundung des Gesamtbildes beitragen. Natürlich hoffen wir, daß einige der hier beschriebenen Soldaten vollkommen neu für den Leser sein werden und daß sich ihm durch dieses Buch ein faszinierendes neues Interessengebiet eröffnen wird. Für den Europäer sind mit der Bezeichnung US Army gewöhnlich ganz bestimmte Vorstellungen verbunden: Kavallerie in blauer Uniform in voller Attacke am Apache-Paß und Powder River, am Little Big Horn und bei Adobe Walls; grau-uniformierte Soldaten der Südstaatenarmee in zerfetzter Uniform beim Bajonettangriff auf den Höhen von Gettysburg; endlose Wellen olivgrün gekleideter GIs des Zweiten Weltkrieges auf ihrem Marsch durch Frankreich und Deutschland. Doch die amerikanische Militärgeschichte ist weitaus vielfältiger und reichhaltiger. Wir hoffen, daß zumindest einige der Leser mit dem Erreichen der letzten Seite dieses Buches unsere Begeisterung für die zwar weniger ins Auge fallenden, aber dennoch ebenso dramatischen Kapitel dieser Geschichte geteilt haben werden.

Wir hätten dieses Buch nicht zusammenstellen können ohne die Hilfe vieler Freunde und ohne die Veröffentlichungen Dutzender anderer Autoren. Den größten Beitrag haben die nachfolgend Genannten geleistet; ihnen allen sind wir zu tiefem und aufrichtigem Dank verpflichtet.

An erster Stelle der von uns herangezogenen Quellen muß die *Company of Military Historians* genannt werden, jene hervorragende und engagierte amerikanische Vereinigung von Militärhistorikern, deren ausgezeichnete Bildtafeln bei der Verfassung wohl eines jeden Buches dieser Art die Hauptquelle bilden wird. Wir möchten diese Gelegenheit ergreifen, dieser Vereinigung für ihre hervorragenden Leistungen unsere höchste Anerkennung auszusprechen. Viele gute Ratschläge und aktive Hilfe haben wir auch von Phil und Rebecca Katcher, von Bob Crisman der *1st Pennsylvania Loyalist* und von David Scheinemann erhalten. Zusammen mit Mike Robson, Marcus Hinton, Max Sarche, Joe Rosa, Mrs. Anna S. K. Brown und Fred Wilkinson waren sie uns bei der Zusammenstellung des Bildmaterials von großer Hilfe. Unser Dank gilt auch Jim Jocelyn, Bob Marrion, David Damper und Jack Woodhouse sowie Henry Davis (Junior) vom *Patton Museum of Cavalry and Armor* in Fort Knox; ferner den Stäben des *Imperial War Museum*, der *Radio Times Hulton Picture Library*, des *United States National Archives (General Services Administration)* und der Graphikabteilung *(Prints Room)* der *New York Public Library*.

MCW, GAE

1. Die Kolonialzeit

In dem von europäischen Aussiedlern bewohnten Osten Amerikas wurden die militärischen Kampfhandlungen im 17. und 18 Jahrhundert von Anbeginn von drei Hauptfaktoren bestimmt: von der geographisch bedingten Isolation, von den wechselnden politischen Situationen in Europa und vom Unabhängigkeitsstreben der Siedler selbst.

Bis zum Jahre 1646 waren in den Gebieten, die später als New England, Maryland und Virginia bekannt werden sollten, etwa 27 000 Siedler aus England eingetroffen, die sich umgehend anschickten, am Rande einer weiten, feindlichen Wildnis Siedlungen zu gründen. Dazu gehörten auch Siedlungen, die zur gleichen Zeit von holländischen und schwedischen Siedlern gegründet wurden. Und weiter im Inland, entlang des Sankt-Lorenz-Stromes und den Großen Seen, lag eine Kette französischer Siedlungen, die man getrost zu den potentiellen Gegnern rechnen durfte. Zwischen diesen beiden Siedlergruppen und um die isoliert liegenden Siedlungen beider Nationen herum tummelten sich Indianer: mitunter friedfertig oder sich friedlich gebend, gelegentlich aber auch voller Wildheit.

In den etwas über hundert Jahren zwischen 1650 und 1760 nahmen die besiedelten Gebiete langsam feste Gestalt an. Die englischen Niederlassungen lagen verstreuter als die Siedlungsgebiete der anderen Nationen. Langsam entwickelten sie sich zu eigenständigen Territorien, um schließlich zur Zeit der amerikanischen Revolution in den »Dreizehn Kolonien« ihren Niederschlag zu finden. Sie dehnten sich nach Westen und Süden aus, bis sie dort auf die inzwischen ebenfalls erstarkten Franzosen trafen: entweder auf ihre Forts oder Handelsaußenposten, oder auf die Jagdgründe jener Indianerstämme, die mittlerweile unter französischen Einfluß geraten waren. Die Franzosen wiederum dehnten ihre Außenposten und Siedlungen im Gebiet um den Sankt-Lorenz-Strom und den Großen Seen in südwestlicher Richtung aus, und jene in Louisiana in nordöstlicher Richtung das Große Ohio-Tal hinauf.

Eine typische Rüstung spanischer oder italienischer Pikeniere aus dem 16. Jahrhundert. Die hier abgebildete Zusammensetzung – Kettenhemd unter dem Harnisch und eiserne Stulpenhandschuhe – ist zwar nicht ganz authentisch, doch zeigt das Bild ansonsten recht anschaulich, was die Soldaten, die auf die *Conquistadores* folgten, damals trugen. Rindslederne Hemden unter der Rüstung wären für diese Periode zutreffender gewesen als Kettenhemden. Das leicht gewölbte Bruststück besteht aus geschobenen Schienen, die an den Kanten verziert sind. Auf dem Kopf trägt er eine eiserne, mit einem Kamm versehene Sturmhaube.
Crown Copyright: Department of the Environment

Langsam wurde eine scheinbar endlose Kette von Territorien sichtbar, die alle von Franzosen beherrscht wurden, sich vom Golf von Mexiko bis zum Sankt-Lorenz-Strom und zum Atlantik erstreckten und den Engländern zunehmend Sorge bereiteten. Die Tatsache, daß die englischen Kolonien durch die französische Ausdehnungspolitik im Begriff waren, für immer auf das Gebiet östlich der Apalachen beschränkt zu werden, und Gefahr liefen, sich bald den Angriffen der unter französischer Anleitung kämpfenden Indianer erwehren zu müssen, führte schließlich zu einer Reihe offener Auseinandersetzungen zwischen den französischen und englischen Siedlern und »ihren« jeweiligen indianischen Verbündeten. Zur Zeit des Ausbruchs des Siebenjährigen Krieges in Europa wurden diese Auseinandersetzungen durch das Eintreffen starker regulärer militärischer Verbände *(regular troops)* der Engländer und Franzosen schließlich eskaliert, bis auf den Höhen von Abraham die Zukunft der englischen Kolonien gesichert werden konnte. Während in der Folge die Franzosen und Engländer immer wieder aneinandergerieten, verschwanden die Niederlassungen der Holländer und Schweden langsam von der Bildfläche. Nackte Handelsinteressen, die stärkere Geburtenziffer der Engländer und schließlich auch die überlegene Größe ihrer Kolonien waren für das Verschwinden dieser kleinen nicht-englischen Niederlassungen verantwortlich, dem durch zahlreiche kleine Scharmützel noch nachgeholfen wurde.

Vielleicht könnte man die Hintergründe der frühen Konflikte in Nordamerika am besten anhand eines fiktiven Beispiels erläutern. Stellen wir uns einmal vor, eine Anzahl mächtiger europäischer Staaten der Jetztzeit hat auf dem Mars Kolonien gegründet. Gleichzeitig aber sind diese Staaten auf der Erde ständig in Machtkämpfe verwickelt, in denen Kriege und Phasen des Friedens einander ablösen. Selbstverständlich erwarten diese Staaten, daß sich ihre Kolonien auf dem Mars der jeweiligen Situation auf der Erde anpassen und Stellung gegeneinander beziehen. Doch die Verbindung zwischen Mars und Erde funktioniert nicht so recht. Es gibt Verständigungsschwierigkeiten, die zu Mißverständnissen führen. Tragödien sind die Folge. Selbst in Zeiten scheinbaren Friedens auf der Erde werden die Mars-Kolonien angestachelt, gegeneinander vorzugehen. Wie immer auch die Konflikte auf dem Mars ausgehen, stets versteht es das Mutterland, die Situation für sich zu nutzen, oft zum Schaden der Kolonie. Alle Parteien haben unter den mehr oder weniger verläßlichen Ureinwohnern des Mars, die in der unwirtlichen Wildnis verstreut in kleinen Klans zusammenleben, ihre Verbündeten. Gelegentlich stacheln die Mars-Siedler ihre Mars-Verbündeten zu Angriffen gegen feindliche Mars-Kolonien auf oder zu Überfällen auf bevorzugte Klans des

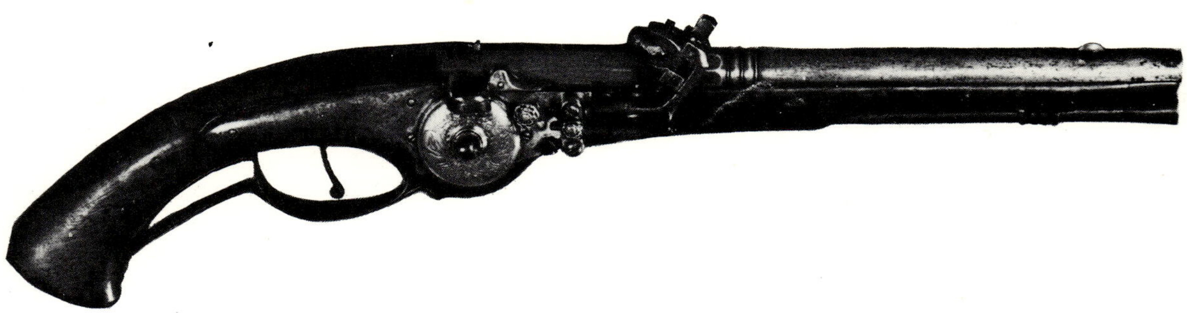

Eine englische Militär-Radschloßpistole aus der Mitte des 17. Jahrhunderts. Als Faustfeuerwaffe hätten die ersten Siedler in Amerika durchaus solche Pistolen tragen können.
Bennet Collection

Angehöriger einer unabhängigen Provinzmilizkompanie aus New England in der im Jahre 1670 üblichen Kleidung. Diese Einheiten hatten in den Kämpfen des »König-Philip-Krieges« (1675–76) und im »Königin-Anne-Krieg« um die Wende des 17. Jahrhunderts die Hauptlast zu tragen gehabt. Infolge der ständigen Bedrohung durch die Indianer und später durch die Franzosen waren die Kolonien Neu Englands militärisch versierter als die Siedlungen weiter südlich. Dieser Soldat trägt eine schwere Lederjacke, deren Ärmel durch Bänder an der Jacke festgehalten werden. Neben seinem Steinschloßgewehr besitzt er noch ein Beil für den Nahkampf, das er in einem alten Wehrgehänge zu tragen pflegt.
Artist's Collection

Gegners. Darüber hinaus wird die Lage durch die auf eigene Faust durchgeführten Kriegszüge der Ureinwohner gegeneinander noch zusätzlich verschärft und kompliziert. Bei allem aber ist die Isolierung von der Erde der ausschlaggebende Faktor. Von allen beteiligten Gruppen wird verlangt, daß sie in einer ihnen ausnahmslos feindlich gesinnten Umgebung militärische Operationen durchführen und sich gegen alle nur erdenklichen Erschwernisse behaupten, von denen alle in gleichem Maße betroffen sind. Von ihrer Zeit und ihrem Menschenreservoir können die Mars-Siedler für militärische Unternehmen nur einen Bruchteil abzweigen, andernfalls würden sie Gefahr laufen, auf dem Mars gemeinsam unterzugehen. Da sie von der Erde nur sehr sporadisch versorgt werden, sind sie gezwungen, weitgehend zu improvisieren, was viel Zeit und Kraft kostet. Denn von der Erde kann das benötigte Material nur in sehr kleinen Mengen, mit sehr hohem Kostenaufwand und mit nicht vorhersehbaren Verzögerungen herbeigeschafft werden. Daher ist der Unterhalt bewaffneter Streitkräfte auf dem Mars ungleich schwieriger als auf der Erde. Bewaffnete Zusammenstöße, die auf der Erde als kaum erwähnenswerte Scharmützel eingestuft würden, gewinnen auf dem Mars die Bedeutung wichtiger Schlachten. Die Erschwernisse bei einer Reise von einer Mars-Niederlassung zur anderen sind enorm, und so manche Expedition ist dabei schon verschollen, jedoch eher als Opfer der Verhältnisse denn als Opfer des Feindes.

Im 17. und 18. Jahrhundert waren reguläre Truppen von England und Frankreich nur selten nach Amerika entsandt worden. Gewöhnlich war die Entsendung von Truppen weniger auf eine Bedrohung von außen zurückzuführen gewesen als auf Berichte, wonach in den Kolonien Unruhen ausgebrochen waren, auf die die Regierungen in den Mutterländern immer sehr empfindlich reagierten. In Kriegszeiten war das Überleben der Siedlungen von deren Miliz *(militia)* abhängig. Die männlichen Einwohner im wehrfähigen Alter waren verpflichtet, sich in bestimmten Abständen zu militärischen Übungen einzufinden oder in Krisenzeiten der Einberufung durch den Gouverneur der Kolonie Folge zu leisten, wobei sie für ihre Bewaffnung und Ausrüstung selber zu sorgen hatten. Die Einberufung war gewöhnlich örtlich und zeitlich begrenzt. In Grenzsiedlungen wurden die Übungen recht häufig angesetzt und streng durchgeführt. Doch mit dem Vorrücken der Gren-

Ein Pulverhorn besaß fast jedermann. Besonders schöne Exemplare waren kunstvoll geschnitzt, einige farbig, andere wiederum mit eingravierten Landkarten. Bei vielen war auf dem Hornverschluß ein Kompaß angebracht. Das hier abgebildete Pulverhorn ist außergewöhnlich groß, was darauf hindeutet, daß es einem Meisterschützen gehört haben muß.
Gyngell Collection

Ein früher englischer Steinschloßkarabiner (Zollkaliber .69 = 17,5 mm), versehen mit Stempeln aus der Zeit der Herrschaft König James II.
Winsbury Collection

zen nach Westen und dem damit verbundenen Nachlassen der unmittelbaren Gefahr wurden die Übungen zur reinen Routinepflicht. Es kam nur sehr selten vor, daß sich Siedlungen der gleichen Kolonie bei Gefahr zu Hilfe kamen, ganz zu schweigen eine Kolonie der anderen. Da das Geld für eine solche Entlastungsexpedition von der Kommune aufgebracht werden mußte, neigte man dazu, eine angebliche Bedrohung einer Nachbarsiedlung unter ganz besonders engem Blickwinkel zu sehen. Das Kommando der örtlichen Miliz lag gewöhnlich in den Händen prominenter Familien und wurde durch Stimmenabgabe vergeben, nicht nach den militärischen Fähigkeiten des Betreffenden. Da die Miliz lediglich einen zahlenmäßig beschränkten Kader bildete, mußte bei offensiven militärischen Unternehmen gewöhnlich auf Freiwillige zurückgegriffen werden, die sich für eine ganz bestimmte Zeitdauer und nur für dieses eine Unternehmen verpflichteten. Es kam nicht selten vor, daß sie es sich im letzten Augenblick anders überlegten, oder, was noch weitaus schlimmer war, erst im Verlauf des Unternehmens. Die Motive, die manche örtliche Honoratioren zur Annahme eines Kommandopostens veranlaßten, waren nicht immer die lautersten. (Es erwies sich als unmöglich, in diesem Buch den Unterschied zwischen Miliz und Freiwilligen stets eindeutig herauszustellen. Daher werden in der Folge diese beiden Begriffe eher wahllos verwendet, wenn es darum geht, örtliche militärische Hilfskräfte zu beschreiben, die sich für eine beschränkte Zeitdauer verdingt hatten und von Kommandeuren mit sehr unterschiedlichen militärischen Erfahrungen und Fähigkeiten geführt wurden.)

Mitte des 18. Jahrhunderts wurde das gegenseitige Mißtrauen innerhalb der britischen Kolonien, das schon so oft jeden Versuch gemeinsamer defensiver oder offensiver Maßnahmen vereitelt hatte, durch den Ehrgeiz einzelner Kolonien noch stark gesteigert. Den Gouverneuren der Kolonien blieb nichts anderes übrig, als sich mit dem unter der Einwohnerschaft schwelenden Mißtrauen, der Habgier der Indianer und den Machenschaften der Franzosen abzufinden. Entstand irgendwo eine Krisensituation, rief der Gouverneur, der in der Regel vom König von England entsandt oder aus den Reihen der loyalen Aristokratie der Kolonie gewählt worden war, gewöhnlich nach der Entsendung von Truppen, was meistens — aber durchaus nicht immer — nach vorheriger Absprache mit den anderen Gouverneuren geschah. Das Geld für die Hilfstruppen mußte von der gesetzgebenden Körperschaft der Kolonie *(colonial assembly)* bewilligt werden, was mitunter Monate dauerte. Währenddessen wurden die Motive des Gouverneurs lautstark debattiert und untersucht, nicht selten auf geradezu hysterische Art und Weise. Und warum? Nur weil man annahm, der Gouverneur habe die gesetzgebende Körperschaft unter Druck setzen und ihre demokratischen Rechte beschneiden wollen. Und wenn die Aufstellung der Truppen schließlich doch genehmigt wurde — gewöhnlich in weitaus kleinerem Umfang als gefordert und nach kleinlichem Gezänk um die Vergabe von Kommandoposten und der Leitung des Unternehmens —, war es meistens zu spät. Während sich die gesetzgebende Körperschaft immer noch in den Haaren lag, grünten bereits die jungen Triebe unter der Asche der von Indianern niedergebrannten Siedlungen. Lachende Dritte waren die Franzosen, die ihrer Kette von Niederlassungen damit eine weitere angliedern konnten.

Dieses Problem hatten die als Lehen einer Feudalmonarchie verwalteten französischen Kolonien nicht. Was schließlich zu ihrem Verlust führte, war der Mangel an Siedlern für diese Territorien. Und doch hätten diese weitgehend menschenleeren Provinzen den so notwendigen Menschennachschub erhalten können, wenn als Folge der in Frankreich betriebenen kurzsichtigen Politik religiöser Intoleranz die Auswanderung nach Amerika nicht nur auf Katholiken beschränkt worden wäre, sondern man beispielsweise auch den Hugenotten gestattet hätte auszuwandern. Trotz des Mangels an Menschen waren die von den Franzosen aufgebrachten Energien und ihre Erfolge imponierend. Schon von Anbeginn hatten sie es verstanden, ihr Verhältnis zu den Indianern mit weitaus mehr Einfühlungsvermögen und Geschick zu gestalten als die Engländer. Daher waren sie auch in der Lage, die Indianerstämme so zu manipulieren, daß ihr eigener Mangel an Menschen sich nicht allzu negativ bemerkbar machte. Ihre Überfalltrupps bestanden fast ausschließlich aus Indianern, mit ein paar französischen Soldaten oder Waldläufern als Anführern. Der fast ausschließliche Einsatz von Indianern durch die Franzosen aber hatte katastrophale Folgen. Die europäischen Siedler begannen nämlich die grausame indianische Kriegführung mit der Zeit als völlig normal zu empfinden und sich diese Kriegführung zu eigen zu machen. Die Weißen — Franzosen wie auch Engländer — schreckten durchaus nicht davor zurück, die Indianer gegen ihre weißen Gegner aufzuhetzen. Das entsetzliche Schicksal, das so mancher weiße Siedler in den Händen der Indianer fand, berührte sie kaum. Vielfach wurde es sogar noch begrüßt. Es steht völlig außer Frage, daß die Einführung der Skalp-Prämie eine reine Erfindung der Weißen war.

Die Franzosen scheuten sich keineswegs, die Indianer gelegentlich mit Hilfe der Religion gefügig zu machen. Jesuitische Missionare fungierten gleichzeitig als Nachrichtendienst-Offiziere und Bandenführer. Sie verstanden es meisterhaft, die Indianerstämme mit sorgfältig formulierten christlichen Glaubensbekenntnissen zu beeinflussen. Wenn man weiß, mit wieviel Eifer Neukonvertierte gewöhnlich aufzutreten pflegen, kann man sich vorstellen, was geschehen mußte, nachdem die Franzosen den Indianern beigebracht hatten, daß Jesus ein Franzose gewesen und von den Engländern gekreuzigt worden war. Besonders dann, wenn bei diesen Unterrichtsstunden die zwei anderen Stützen der französisch-indianischen Beziehungen nicht fehlten: Weinbrand und Musketen. Die Männer, die später Mitte des 19. Jahrhunderts die Prärie-Indianer mit Fusel und Gewehren belieferten, waren somit Erben eines bereits gut eingeführten Geschäfts.

Die Kampfhandlungen jener Tage wurden nur auf zwei Arten ausgetragen: defensiv oder offensiv. Kämpfe in geschlossener Schlachtordnung waren aus naheliegenden Gründen nicht durchführbar: das dichtbewaldete Gelände machte Kämpfe nach kontinentaleuropäischem Muster unmöglich. Zudem konnten nie genügend Männer zusammengetrommelt werden, um ganze Bataillone aufzustellen. Infolgedessen war die am häufigsten eingesetzte Einheit die Kompanie. Überdies rebellierten die unabhängigkeitsbewußten Siedler, die schließlich nicht zuletzt wegen der in Europa üblichen Reglementierung und des Kadavergehorsams ausgewandert waren, gegen die Disziplin, die bei Durchführung dieser Lineartaktik nun einmal vonnöten war. Der Mangel an jagdbarem Wild machte es darüber hinaus unmöglich, größere Menschengruppen im Feld über einen längeren Zeitraum zu verpflegen, selbst wenn diese Menschen zu einem längeren Verbleib bereit gewesen wären. In den Wäldern lief man immer Gefahr zu verhungern, so erstaunlich das klingen mag. Schon mehr als ein Trupp hatte sich mit Beeren und Wurzeln begnügen müssen, als er sich anschickte, ein Fort des Gegners zu erstürmen. In Krisenzeiten flüchteten die Einwohner der Siedlungen mit ihren Haustieren und dem, was sie tragen konnten, in ein von Palisaden umgebenes und aus soliden Holzstämmen gezimmertes Refugium, das sie mit Musketen, Äxten und alten Donnerbüchsen zu verteidigen suchten. Wenn das Zahlenverhältnis zwischen Angreifern und Verteidigern ausgeglichen war, hatten sie eine reelle Chance, mit dem Leben davonzukommen. Der Zusammenhalt von Indianerbanden war nur sehr locker und ihre Kampfdisziplin nur schwach entwickelt. Es kam häufig vor, daß sie urplötzlich das Interesse am Kampfgeschehen verloren und nach leichterer Beute Ausschau hielten, wenn der Widerstand zu entschlossen war. In den zahlreichen Fällen, wo die Indianer ohne Warnung irgendeine kleine Siedlung überfielen, sah dies natürlich ganz anders aus. Im Wald waren die Indianer unübertroffen. Ihre ganze Lebensweise, bei der sich alles um die Jagd drehte, prädestinierte sie geradezu für eine Kampfführung, in der das lautlose Anschleichen und der Hinterhalt wesentlicher Bestandteil waren. So manche erfolgreichen Verteidiger einer Wehranlage hatten es mit ihrem Leben bezahlen müssen, wenn sie aus dem Wunsch nach Rache die Indianer in die Wälder verfolgen wollten.

Langsam nahmen aber auch Siedler die Geschick-

Typischer Rock eines Soldaten der britischen Infanterie um 1750. Vermutlich trugen die militärischen Einheiten der Kolonien ähnliche Röcke, doch ohne die Verzierungen. Dieser Rock, dessen Rockschöße man aus Gründen der Sauberkeit und Bequemlichkeit gewöhnlich umgeschlagen trug, war aus grobem ziegelrotem Tuch, die Farbe der Aufschläge je nach Regiment verschieden. Aufschläge, Taschenklappen und Knopflöcher waren mit weißer Litze besetzt, in die mit farbigen Fäden ein bestimmtes Muster hineingewebt worden war. Die Knöpfe waren aus Zinn. Zeitgenössischen Berichten zufolge wurden die Röcke mitunter gewendet getragen, und zwar während einer Seereise, beim Arbeitseinsatz und in der Haft.
Artist's Collection

Typischer Milizsoldat aus dem amerikanischen Grenzgebiet aus der Mitte des 18. Jahrhunderts (gestellt). Selbst damals schon waren karierte Hemden beliebt gewesen. Die Kniehose und der einfache Leinenkittel sind nach zivilen Kleidungsstücken der damaligen Periode nachträglich angefertigt worden, ebenso der Schlapphut und die Schnallenschuhe. Das Lederzeug, der Degen mit Messingknauf und die Militärmuskete gehörten zu den damals üblichen militärischen Ausrüstungsgegenständen und wurden in Notzeiten von den örtlichen Waffenkammern an die Miliz ausgegeben. *Katcher*

lichkeit der Indianer an. Es dauerte nicht lange, und die Fallensteller und Jäger, die einsam am Rande der Siedlungen ihr beschwerliches und gefahrvolles Leben führten, hatten soviel Kampf- und Lebenserfahrungen im Wald gewonnen, daß sie in Notzeiten den Kern einer Mannschaft bilden konnten, die genauso gerissen und rücksichtslos war wie die Indianer. Darüber hinaus hatten sie den Vorteil, im Besitz überlegener Waffen zu sein, die sie auch besser zu bedienen verstanden als die Indianer. Doch auch letztere gelangten bald in den Besitz von Schußwaffen, litten aber stets unter dem Mangel an Munition und sachkundigen Fachleuten zur Reparatur dieser Waffen. Das hirschlederne Jagdhemd mit Fransen und das lange, tödlich genaue Steinschloßgewehr wurden zum Markenzeichen der harten und genügsamen Trapper. Nicht selten lebten sie unter den Indianern, nahmen eine Indianerin zur Frau und suchten nur ein- oder zweimal im Jahr die Siedlungen auf, um ihre Pelze zu verkaufen und sich mit dem Notwendigsten einzudecken. Diese Männer waren sowohl am Rande der französischen als auch englischen Grenzlande zu finden, und sie waren es, aus deren Reihen im britisch-französischen Kolonialkrieg Mitte des 18. Jahrhunderts sich die französischen »Waldläufer« und die britischen »Rangers« rekrutierten.

Obwohl die Grenzbewohner durchaus imstande waren, Überfälle durchzuführen und zu kundschaften, zu brandschatzen und zu massakrieren, waren sie nicht fähig, Gebiete zu erobern, sie zu befestigen und zu halten. Letzten Endes aber waren es gerade diese Eigenschaften, die darüber entscheiden sollten, wer die Wasserwege Kanadas und die Täler Amerikas beherrschen würde. Die in den Anfangsphasen des britisch-französischen Kolonialkriegs (1754/55—1763) ausgesandten Freiwilligenexpeditionen hatten den Auftrag, französische Forts in Besitz zu bringen oder britische zu errichten. Gewöhnlich nahmen diese Expeditionen ein bitteres Ende, da die Freiwilligen den professionell vorgehenden Franzosen meist nicht gewachsen waren. Als aber in den Jahren nach 1750 reguläre britische Soldaten *(regulars)* eintrafen, wandelte sich das Bild. Langsam begannen im darauffolgenden Jahrzehnt, das von hin- und herwogenden Kampfhandlungen geprägt war, die englischsprachigen Kolonien die lebenswichtigen französischen Verbindungswege in den Griff zu bekommen. Das vertraute Bild, wo britische Rotröcke in geschlossener Gefechtsformation schwerfällig durch die Wälder Nordamerikas stapfen, nur um von den Pfeilen und Musketenkugeln im Hinterhalt lauernder Indianer niedergemäht zu werden, hat seinen Ursprung in ein paar vereinzelten Katastrophen, es hält einer genaueren Untersuchung aber nicht stand. Das entsetzliche Massaker der Truppen von General Braddock anläßlich der Expedition gegen das französische Fort Duquesne im Juli 1755 wird oft als typisches Beispiel für die militärische Unbeweglichkeit britischer Verbände herangezogen, die, so meint man, damals nichts als den verdienten Lohn bekamen. Vielleicht trifft dies zu. Aber wie verhält es sich dann mit Lord Howe, der alles daransetzte, seine Rotröcke zu tüchtigen Waldkämpfern auszubilden, und dem dies auch gelang? Und wie steht es mit den wohlgezielten Salven, mit denen das Regiment des Generals Wolfe auf den Höhen von Abraham die Franzosen buchstäblich aus Nordamerika hinwegfegte, auf genau die gleiche Art und Weise wie schon fünfzig Jahre zuvor ihre Großväter bei Blenheim und Ramilies? Die Eroberung des neuen Kontinents war schließlich einer gelungenen Mischung aus im Land ausgebildeten Rangers und Schützen der Miliz, aus befreundeten Indianern und regulären britischen Truppen zu verdanken, die alle den Kampf so führten, wie sie ihn am besten beherrschten.

Die Entwicklung des Jagdhemdes. Die drei links außen sind typische Leinen- oder Wollstoffhemden aus dem 18. Jahrhundert und eine Weiterentwicklung der einfachen Bauern- und Arbeiterkittel jener Tage. Man konnte sie in allen Farben antreffen, gelegentlich auch ungefärbt. Mitunter waren sie mit Fransen oder Stikkereien verziert, was Sache der Frauen war. Während des amerikanischen Unabhängigkeitskrieges wurden sie auf Anordnung von General Washington in Massen hergestellt, da er sie für einen ordentlichen und praktischen Ersatz für konventionelle Uniformen hielt. Das Hemd oben rechts ist eine typische Militärausgabe aus der Zeit Anfang des 19. Jahrhunderts. Aus grünem Leinen, mit gelben Fransen, hohem Stehkragen, war dies die offizielle Feldjacke der regulären amerikanischen Jägerregimenter. Unten rechts ist eine noch spätere Ausgabe. Diese kittelartige Jacke ist selbst im amerikanischen Bürgerkrieg um 1860 noch von vielen Freiwilligenverbänden getragen worden.
Artist's Collection

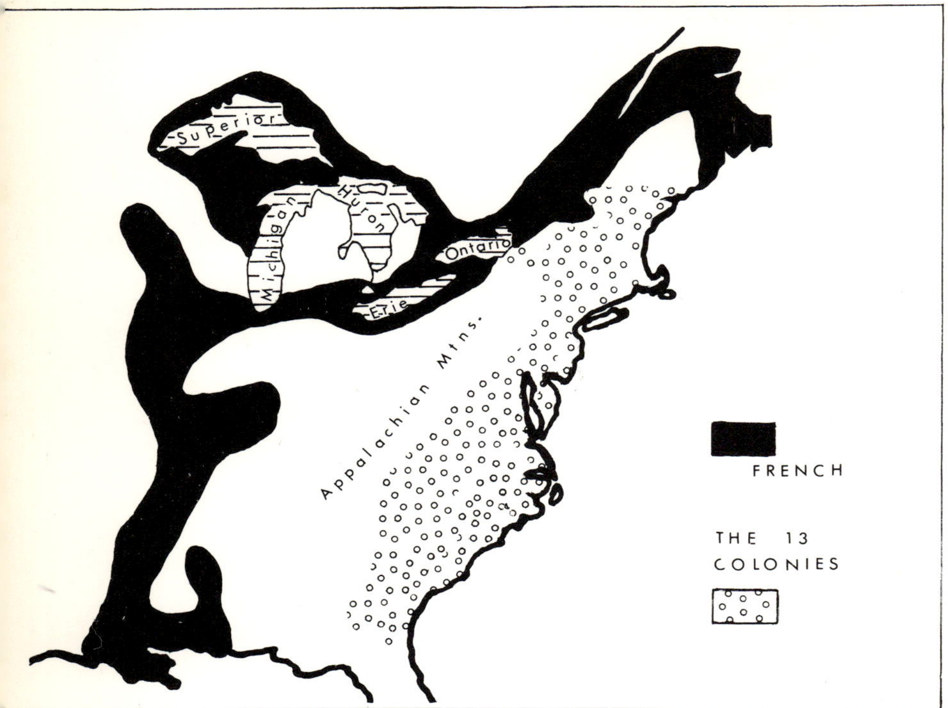

Siedlungsgebiete der einzelnen Nationen um 1740. Um diese Zeit besaß Spanien immer noch Küstenstreifen im westlichen und östlichen Florida sowie an der Golfküste.

Bildtafeln 1, 2, 3

Bild 1: Leutnant, Niederländisches Marinekorps, New York, 1673

Im späten 17. Jahrhundert wechselte Neu Amsterdam mehrmals den Besitzer. 1664 von englischen Siedlern erobert und in New York umgetauft, wurde es im Sommer 1673 von 600 niederländischen Marinesoldaten unter Führung von Kapitän Anton Colve zurückerobert. Die Stadt selbst und das umliegende Gebiet wurden besetzt, bis es im Rahmen eines im Frühjahr 1674 abgeschlossenen Vertrages wieder an die Engländer zurückgegeben wurde. Das niederländische Marinekorps war seinerzeit auf den Rat des niederländischen Admirals Michel de Ruyter und von de Witt 1665 als eine gesonderte Waffengattung aufgestellt worden. Anfangs sollen die Marinesoldaten die gleiche Uniform wie die holländischen Heeressoldaten jener Zeit getragen haben, doch ohne den damals üblichen Küraß. Etwa um 1672 scheinen die Marinesoldaten dann eine eigene Uniform erhalten zu haben, die hier gezeigt wird.

Einheitlich von allen Dienstgraden wurde ein brauner Hut aus Biberfell, ein blauer kragenloser Rock mit gelben Ärmelaufschlägen und Zinnknöpfen sowie Kniehosen getragen. An Stelle des hier abgebildeten krawattenartigen Halstuches der Offiziere trugen die einfachen Soldaten den Kragen ihres Leinenhemdes nach außen. Die Farbe der Kniehosen schien unterschiedlich gewesen zu sein. Es wurden sowohl braune als auch graue sowie rote getragen. Die Strümpfe waren entweder aus grauer oder blauer Wolle. Bei den Offizieren waren offenbar Schaftstiefel aus weichem Leder üblich. Die orangefarbene Schärpe war Offizieren und Unteroffizieren vorbehalten. Die Farbe der Samtunterlage des auf der Brust getragenen metallenen Kragenschildes — auch Halsberge oder Ringkragen genannt — mit den gekreuzten Ankern gab den Dienstgrad des Trägers an: blau für Kapitänsdienstgrade, schwarz für Leutnantsdienstgrade, mit Ausnahme der Leutnante zur See, deren Samtunterlage weiß war. Korporale und Sergeanten trugen als Rangabzeichen auf der rechten Schulter ein Stück weiße Litze. Korporalen war zudem noch das Tragen eines kleinen Stockes erlaubt, den sie aus Gründen der Bequemlichkeit häufig an einem Rockknopf befestigten.

Ein Degen, an einem breiten ledernen Wehrgehänge befestigt, wurde von allen Dienstgraden getragen. Einfache Soldaten waren mit einem Steinschloßgewehr (auch Schnapphahngewehr genannt) (*flintlock musket* oder *snaphaunce musket*) und einem Spundbajonett, das in den Gewehrlauf eingesteckt wurde, bewaffnet. Offiziere trugen das Kurzgewehr — auch halbe Pike oder (frz.) *sponton* genannt —, das seinen Namen eigentlich zu Unrecht führte, denn es handelte sich um einen etwa 2,20 Meter langen Spieß. In einigen Veröffentlichungen wird allerdings behauptet, daß von dieser kleinen Lanze an Bord des Schiffes oder bei Seelandeunternehmen nur wenig zu sehen war, daß vielmehr die Offiziere hinter der Schärpe gewöhnlich eine Steinschloßpistole trugen.

Bild 2: Füsilier (Fusilier), Regiment de Carignan-Salliéres, Neufrankreich, 1665–68

Im Frühling 1665 wurde das Regiment de Carignan-Salliéres, benannt nach seinem ersten und allen folgenden Obristen, von La Rochelle nach Quebec verschifft, wo es im Juni eintraf. Es hatte die Aufgabe, die kanadische Miliz und die befreundeten Algonkin-Indianer im Krieg gegen die Irokesen, die wiederum mit den englischen Siedlern befreundet waren, zu unterstützen. Das taten sie dann auch, doch nicht ohne beträchtliche Verluste zu erleiden. Dieses Regiment war der

erste größere Verband regulärer Truppen einer europäischen Armee, der nach Nordamerika verlegt wurde.
Über die Uniform dieses Regiments ist bereits viel geschrieben worden. Auch sind von dieser Uniform schon zahlreiche Bilder veröffentlicht worden, die aber nicht alle den Tatsachen entsprachen. Daher haben wir uns bei der Abbildung der Uniformen auf Merkmale beschränkt, die aus dem 17. Jahrhundert einwandfrei überliefert sind. Die französische Infanterie jener Tage trug keine fest vorgeschriebene Uniform. Die Obristen waren lediglich angehalten, darauf zu achten, daß die Männer »vernünftig bekleidet waren und gutes Schuhwerk besaßen«. Es wird angenommen, daß dieser Verband mit dunkelbraunen Friesmänteln bekleidet war, die breite, an den Ärmeln geknöpfte Ärmelaufschläge hatten, und Hosen gleicher Farbe trug. Der breitkrempige schwarze Filzhut, gelegentlich mit farbigem Stoffband eingefaßt, war unter den französischen Truppen jener Tage üblich. Die Knöpfe waren stoffbezogen und in der gleichen Farbe wie der Mantel. Während ihres Aufenthaltes in Kanada haben die Soldaten des Regiments sicherlich einige im Land gefertigte Artikel in ihre Ausrüstung mit aufgenommen, wie etwa grobgestrickte Schals und Fausthandschuhe oder die kniehohen, ledernen, gamaschenähnlichen Beinlinge der Indianer — *leggings* genannt —, die zur Befestigung mit Lederstreifen umwickelt wurden. Übrigens scheinen die Weißen schon von den ersten Tagen der Besiedlung an eine Vorliebe für diese indianischen Ledergamaschen entwickelt zu haben.
Ein typisches Merkmal dieser Periode war der grobe Leinensack, der mit Stricken zusammengebunden wurde, damit er über der Schulter getragen werden konnte. Brotbeutel mit Tragriemen kamen erst im 18. Jahrhundert auf. Koppel wurden von den französischen Soldaten damals im allgemeinen nicht getragen.
Die Bewaffnung der französischen Infanterie Mitte des 17. Jahrhunderts war höchst unterschiedlich. Jede Kompanie hatte sowohl mit einer langen Lanze ausgerüstete Pikeniere als auch mit Luntenschloßgewehren bewaffnete Musketiere in ihren Reihen. Unteroffiziersdienstgrade waren mit Degen und Pistole bewaffnet. Die Bewaffnung mit Steinschloßgewehren (frz. *fusil*) und Dillenbajonetten war damals durchaus nicht an der Tagesordnung. Es gab nur wenige Musketiere, die diese Waffe besaßen. Die Abbildung zeigt einen Füsilier (frz. *fusilier*) des Regiments de Carignan-Sallières, da verschiedenen Quellen zufolge dieses Regiment der erste, ausschließlich mit Steinschloßgewehren ausgerüstete Verband gewesen sein soll. Doch kann weder gesagt werden, in welchem Jahr genau das Regiment diese Waffe erhielt, noch wie seine Bewaffnung aussah, als es nach Amerika verschifft wurde. Die Musketiere trugen ein Lederbandelier — einen breiten Ledergurt, der schräg über Brust und Rücken ging —, an dem acht bis zwölf kleine Behälter aus Holz oder Horn mit abgemessenen Pulvermengen — die sogenannten »zwölf Apostel« — sowie ein Ledertäschchen für die Bleikugeln befestigt waren. Außerdem besaßen die Füsiliere zwei Pulverflaschen, davon eine mit gewöhnlichem Pulver für die Ladung, die andere mit feingemahlenem Zündpulver. Im Feld mußte der Degen oft dem Beil weichen.
Die blaßblauen und gelben Kennzeichnungen, die der Uniform des Regiments von verschiedenen Quellen zugeschrieben werden, können für diesen Zeitraum nicht bestätigt werden. Wenn es zutreffen sollte, könnte es sich möglicherweise um zwei Kompanien dieses Regiments handeln, die zu einem späteren Zeitpunkt nach Frankreich zurückverlegt wurden, um als Kader für zwei neue Regimenter zu dienen. Was über die Uniform noch mit einiger Sicherheit gesagt werden kann, ist, daß im Laufe der Zeit viele der aus Frankreich mitgebrachten Uniformteile durch im Land hergestellte Monturen ersetzt wurden, deren Stoff allerdings wesentlich grober und trister war, sowie durch Bekleidungsstücke aus Pelz und Leder.

Bild 3: Musketier (Musketeer), Regiment Jeffrey, 1677

Das Regiment Jeffrey bestand nur für eine kurze Zeit und hatte verhältnismäßig wenig Höhepunkte. Doch kann es für sich in Anspruch nehmen, das erste aus regulären Truppen bestehende britische Regiment in Amerika gewesen zu sein. 1676 hastig aufgestellt, bestand es ausschließlich aus Wehrpflichtigen der *Foot Guard,* der Garde zu Fuß des *Holland-Regiment* und des *Maritime-Regiment,* letzteres auch *Admirals Regiment* genannt. Anschließend wurde es unter Führung von Colonel Herbert Jeffrey nach Virginia verschifft. London hatte nämlich erfahren, daß ihr dortiger Gouverneur Berkeley von Aufständischen bedrängt wurde, die unter Führung von Nathaniel

Bacon standen. Jeffrey wurde angewiesen, die Ruhe wiederherzustellen, sich selbst als Gouverneur einzusetzen und Ex-Gouverneur Berkeley nach Hause zu schicken. Als das Regiment im Januar 1677 dort eintraf, hatte Berkeley aber nicht nur den Aufstand niedergeschlagen, sondern war auch gerade im Begriff, sich an den aufmüpfigen Siedlern durch eine damals allseits beliebte Methode zu rächen: er hängte sie reihenweise auf. Berkeley dachte gar nicht daran, seinen Stuhl zu räumen. Er besaß genügend Unterstützung am Ort, um sich vor diesem zusammengewürfelten Regiment aus England nicht zu fürchten. Jeffrey tat das einzige Richtige in dieser Situation: er verhielt sich still, bis er ein Jahr später aufgefordert wurde, wieder nach England zurückzukehren. Einigen seiner Soldaten wurde es jedoch gestattet, als Pflanzer in Virginia zu bleiben.

Die Uniform des Regiments entsprach dem damals üblichen Stil, wenngleich auch die einzelnen Kompanien noch viele Uniformteile ihrer ehemaligen Verbände beibehalten hatten. Der hier abgebildete Musketier — die britische Infanterie war damals noch eine ziemlich uneinheitlich mit Lanzen und Musketen ausgerüstete Streitmacht — trägt beispielsweise nach wie vor das rote Lederbandelier und das blaue Hutband seiner ehemaligen Einheit, der *Foot Guards.* Der blaugefütterte rote Mantel und die blaue Hose scheinen jedoch an sämtliche Kompanien des Regiments ausgegeben worden zu sein. Neben seiner Luntenschloßmuskete ist der hier gezeigte Soldat noch mit einem Degen bewaffnet, den er an einem sandfarbenen Wehrgehänge trägt. An dem Bandelier hängen die »zwölf Apostel«, ein Kugelbeutel und eine Reservelunte.

Bild 4: Soldat (Private), Regiment Gooch, 1741

In jener Zeit war die personelle Stärke der britischen Streitkräfte sehr begrenzt, da eine zahlenmäßig größere Armee nicht gebraucht wurde. Daher hatte jeder Feldzug in Übersee zur Folge, daß zuvor neue Regimenter aufgestellt werden mußten, was eine ziemlich teure Angelegenheit war und deshalb vom britischen Unterhaus leidenschaftlich bekämpft wurde (damals wie heute!). Neben dem finanziellen Problem gab es aber auch noch das Problem der Rekrutierung. Obwohl die Schichten, aus denen sich zu Beginn des 18. Jahrhunderts die einfachen Soldaten rekrutierten, sicherlich nicht zur geistigen Elite der Nation gehörten, waren auch sie klug genug, sich nach dem Ziel ihrer späteren Reise zu fragen. Selbst ihnen war es mittlerweile bekannt, daß die Westindischen Inseln eine von Krankheiten heimgesuchte Hölle waren. Als dann der britisch-spanische Krieg ausbrach (1739—43), mußten Überlegungen angestellt werden, wie dieser Feldzug in diesem Teil der Welt gestaltet werden sollte.

In Amerika standen neben einer Anzahl örtlicher Verteidigungskompanien lediglich drei Regimenter zur Verfügung: das Regiment Dalzell (lag auf den Westindischen Inseln), das Regiment Phillips (befand sich in Annapolis) und das Regiment Oglethorpe (stand in Georgia). Das letztgenannte Regiment sollte in den Sümpfen von Florida gegen die Spanier noch eine hervorragende Rolle spielen. Als der Krieg ausbrach, wurde der Gouverneur von Florida, Alexander Spotswood, ermächtigt, mit Hilfe von Freiwilligen ein Infanterieregiment aufzustellen, das von England ausgerüstet werden und auch von dort zur Unterstützung der Offiziere eine Anzahl erfahrener Ausbilder erhalten sollte. All jene Provinzen, die nicht an den Kämpfen in Florida teilnahmen, waren aufgerufen, diesem Regiment ganze Kompanien zuzuführen, für deren Unkosten sie auch aufkommen sollten. Das Regiment unternahm später den Versuch, in Kolumbien Cartagena zu erobern, scheiterte aber, da das Unternehmen zu dilettantisch vorbereitet worden war. Nach dem totalen Mißlingen dieses Angriffs, was auch auf die mangelhafte Zusammenarbeit zwischen Heeres- und Marinekommandeuren zurückzuführen war, wurde der Verband nach Santiago de Cuba verlegt und anschließend — immer noch ohne Sieg — nach Portobello in Panama. Daß dieses Regiment so hohe Verluste hatte, war Schuld der gleichgültigen Kommandeure und durch Krankheiten bedingt. In der Zwischenzeit war Spotswood gestorben. Das Regiment war unter zwei Namen bekannt: als »Regiment Gooch« und als »Das Amerikanische Regiment«. 1742 wurde es aufgelöst.

Der hier abgebildete Soldat trägt die vorschriftsmäßige Uniform der britischen Infanterie jener Tage, obwohl man annehmen darf, daß die Truppe nach Eintreffen auf den Westindischen Inseln den Rock und die Stoffgamaschen abgelegt hatte. Der rote Rock, die Weste und die Kniehose waren damals in den meisten Einheiten üblich. Die Regimentsfarben erscheinen hier auf den Ärmel- und Rockaufschlägen, im Fall dieses Verbandes ein helles Grün. Der Rock ist im Hinblick auf die Verwendung in den Tropen mit einem groben Leinenstoff gefüttert, wie die umgeschlagenen Rockschöße zeigen. Von einer Verzierung der Rock- und Ärmelaufschläge und der Weste mit Litzen ist nichts zu sehen, was darauf schließen läßt, daß es sich um eine reine Zweckbekleidung handelt. Der schwarze Dreispitz, mit weißem Stoffband und einer Kokarde verziert, war bei den damaligen Regimentern üblich. Das Lederzeug ist sandfarben und hat Messingschnallen. Am Koppel erkennt man das Seitengewehr- und Degengehänge. Der Degen wurde aber häufig abgelegt und ist daher hier auch nicht zu sehen. Am Bandelier hängt eine schwarze lederne Patronentasche. Das Steinschloßgewehr, eine frühe Ausgabe jenes später als »Braune Elisabeth« *(»Brown Bess«)* bezeichneten Typs, hat Messingbeschläge. In Ermangelung einer Feldflasche benutzt dieser Soldat eine an einem Strick befestigte Kürbisflasche, ein im 18. Jahrhundert übliches Requisit.

Bild 5: Sergeant, Schweizerisches Regiment Karrer, 1745

Die strategisch wichtigen Zufahrtswege zum Sankt-Lorenz-Strom wurden von der Festung Louisbourg bewacht, einer der wichtigsten französischen Befestigungsanlagen auf der Insel Cape Breton. Eine solche nach konventionellen europäischen Plänen errichtete Steinfestung mit Geschützbatterien war in Amerika eine ausgesprochene Rarität, in einem Land, in dem als Baumaterial von Feldbefestigungen nur Holz und Erde verwendet wurden. Trotz seiner günstigen Lage und ausgezeichneten Bauweise wurde das Fort zweimal erobert. Einmal mit Unterstützung der Royal Navy von einem Freiwilligenverband aus New England, das zweite Mal von regulären britischen Truppen. Der Grund für die zweimalige Kapitulation soll an der unzureichenden Bewaffnung, Mannschaftsstärke und Versorgung sowie an der ungenügenden Unterstützung anderer französischer Verbände gelegen haben.
Aus der Eroberung von Louisbourg durch Pepperells unerfahrene Provinztruppen war eindeutig zu ersehen, wozu Freiwilligenverbände imstande sind, wenn sie gut geführt, vernünftig unterstützt und von einer ehrlichen Begeisterung getragen werden. Für die Selbstgefälligkeit der Franzosen war dies ein schwerer Schock und die gerechte Strafe dafür, daß sie ihre ausgezeichnete Festung hatten verkommen lassen. Offenbar scheinen sie geglaubt zu haben, daß allein die Gegenwart dieses Forts die Feinde fernhalten würde. Infolgedessen ließen sie die Zügel schleifen, vernachlässigten die Garnisonsbesatzung, indem sie sie nicht regelmäßig besoldeten und sie in menschenunwürdigen Unterkünften hausen ließen, und versäumten es sogar, einige Geschützstände zu bestücken und entsprechende Vorräte anzulegen. Die normale Garnisonsstärke 1745 betrug knapp 600 Mann, sollte im Notfall aber durch Miliz verstärkt werden. Diese gemischte Streitmacht setzte sich aus acht Kompanien Kolonial-Marinesoldaten (siehe Bild 8, Bildtafel 2), aus zwei Kompanien des schweizerischen Söldnerregiments Karrer und einer Artillerieabteilung zusammen.
Dieser Sergeant — Söldner, wie schon viele Schweizer vor ihm — trägt den roten Rock, wie er bei schweizerischen Söldnern Frankreichs in jener Zeit üblich war. Dieses Regiment war 1721 eigens für den Einsatz in den überseeischen Provinzen aufgestellt worden. Einige Abteilungen verrichteten Dienst in verschiedenen Standorten Neufrankreichs. Alle Dienstgrade trugen einen roten Rock mit blauen Ärmelaufschlägen, eine blaue Weste, blaue Kniehose und weiße Stoffgamaschen. Der schwarze Dreispitz ist mit einem weißen Stoffband und mit einer schwarzen Bänderkorkarde verziert. Der silberne Tressenbesatz auf den Ärmelaufschlägen gibt seinen Dienstgrad an. Anstatt mit der seinerzeit üblichen französischen Muskete Mod. 1717, mit der damals allgemein Unteroffiziere und Mannschaft ausgerüstet waren, ist dieser Sergeant mit einer Hellebarde bewaffnet. Ferner trugen alle Dienstgrade einen kurzen geraden Degen mit Messingknauf.
Obwohl es verbürgt ist, daß die schweizerischen Söldner wegen der menschenunwürdigen Zustände 1745 kurz vor einer Meuterei standen, kämpften sie beim Angriff der Briten verbissen. Nach der Kapitulation von Louisbourg wurden sie nach Frankreich zurückverlegt, wo ihr Vorhaben zu meutern eingehend untersucht wurde. Einige von ihnen wurden gehängt.

Bild 6: Soldat, Bataillonskompanie, britisches 44. Regiment zu Fuß (Battalion Company, British 44th Regiment of Foot), 1755

Um das Massaker der Truppen des britischen Generals Edward Braddock im Jahre 1755 eingehend zu beschreiben, reicht der Platz in diesem Buch nicht aus. Dem Autor bleibt daher nichts anderes übrig, als auf die grausige Beschreibung dieses Massakers in dem Buch *Montcalm and Wolfe* von Parkman zu verweisen. Aber um es dennoch kurz anzusprechen: Generalmajor Braddock traf im Februar 1755 in Amerika ein, um das britische *44th* und *48th Regiment of Foot* sowie verschiedene Freiwilligenverbände der Provinzen in einer Expedition gegen die im Ohio-Tal angesiedelten Franzosen zu führen. Die Regimenter sammelten sich in Alexandria/Virginia, wo sie auf volle Stärke gebracht wurden. Im Juni machten sie sich auf, um das zu erreichen, was den örtlichen Milizverbänden bisher nicht gelungen war, nämlich die Franzosen aus dem an der Gabelung des Ohio-Flusses gelegenen Fort Duquesne zu vertreiben. Die Kolonne, durch die Planwagen in dem bewaldeten Gelände stark behindert, zog sich gefährlich auseinander. Am 9. Juli 1755 wurde sie in bedecktem Gelände von etwa 650 Indianern, 150 Frankokanadiern und französischen regulären Truppen in Kompaniestärke überfallen. Braddock versuchte, dem versteckten Gegner durch Anwendung der Lineartaktik und durch massiertes Feuer zu begegnen, so wie er es seit vierzig Jahren in Europa zu tun gewohnt war. Das Ergebnis war verheerend. Braddock selbst mußte diese Torheit mit seinem Leben bezahlen wie auch viele seiner regulären Soldaten. Ohne eine feste Gefechtsformation und damit ohne Halt, ohne ihre gefallenen Offiziere, ohne klare Befehle und unter ständigem Beschuß durch die im Dunkeln der Wälder lauernden Indianer machten die Überlebenden kehrt und flohen. Was dann folgte — das Skalpieren und Foltern der Verwundeten — ist zu grausig, um es zu beschreiben. Doch es hielt die Feinde auf und ermöglichte den Überlebenden die Flucht.

Die Ausrüstung, die von dem hier abgebildeten Soldaten einer Bataillonskompanie getragen wird — jedes Regiment bestand aus einer Grenadierkompanie sowie aus mehreren anderen Kompanien, die als »Bataillon« bezeichnet wurden —, spricht Braddock von der Anschuldigung frei, ihm habe es an Weitsicht gemangelt. Er war im Gegenteil ernsthaft bemüht gewesen, seine Soldaten auf die bevorstehenden Waldkämpfe vorzubereiten. Daher hatte er ihnen auch befohlen, ihre Koppel und Degen, ihre Bandeliere und sperrige Ausrüstung bei den Planwagen zu lassen. Vermutlich wurde die Patronentasche nur von einem schmalen Lederriemen gehalten, in der Art der Grenadiere auf dem bekannten Gemälde von David Morier. Wahrscheinlich steckte man das Bajonett ebenfalls hinter diesen Lederriemen, wenn man es gerade nicht brauchte. Die weißen Stoffgamaschen der vorschriftsmäßigen Uniform wurden auf Anordnung von Braddock durch etwas robustere braune Drillichgamaschen ersetzt. Da der Feldzug im Frühjahr stattfand, waren Weste und Kniehose aus etwas dünnerem Material. Ein paar andere Anordnungen beweisen, daß Braddock gar nicht so gedankenlos war, wie immer behauptet wurde. Beispielsweise ordnete er an, daß die Soldaten unter ihren Hüten Unterlagen zu tragen hätten, damit sie keinen Sonnenstich bekämen. Ferner war unter Androhung einer schweren Strafe verboten, die Muskete zweckzuentfremden, indem man sie an Zeltstangen band, um sie besser tragen zu können. Eine Wasserflasche aus Zinn und ein Brotbeutel wurden an einem Riemen über der rechten Schulter getragen.

Die bei der britischen Infanterie übliche rote Uniform erhält hier durch die gelben Rockaufschläge und den schmucken Litzenbesatz — letzterer eine Besonderheit des *44th Regiment of Foot* — eine ganz persönliche Note. Die Litzen sind aus gelb-weißem Gespinst, in das ein blauer und schwarzer Faden zu einem verwirrenden Muster hineingewebt wurde. Sergeanten trugen um die Taille eine rote Schärpe mit Degen und an Stelle der Hellebarde eine Muskete. Die Offiziere waren angehalten, ihr Sponton durch das kurze Steinschloßgewehr zu ersetzen, das ansonsten nur von Artilleristen benutzt wurde.

Bild 7: Korporal der Grenadiere, Französisches Infanterieregiment Béarn, 1755–60

Das Regiment Béarn war eines von mehreren französischen regulären Regimentern, die für ihre im britisch-französischen Kolonialkrieg von 1754/55—63 — er wird im übrigen im Amerikanischen der französisch-indianische Krieg genannt — in Kanada vollbrachten Taten berühmt geworden waren. Die anderen in diesem Krieg eingesetzten Verbände waren die Regimenter La Reine, Languedoc, Guyenne, Royal Roussillon, Berry und La Sarre. Das Regiment Béarn wurde 1684 aus einem Bataillon des Regiments Picardie formiert. Bis es 1755 nach Neufrankreich verschifft wurde, war es bereits in der Pfalz, in Flandern, Italien,

Deutschland und auf Korsika eingesetzt gewesen. Das Regiment kämpfte 1756 am Niagara und am Oswego und war 1757 an der Eroberung von Fort William Henry beteiligt, das durch James Fenimore Coopers Buch »Der Letzte Mohikaner« in die Geschichte eingegangen ist. Bei der Verteidigung von Fort Carillon bei Ticonderoga im Jahre 1758 kämpfte es unter der Führung des Chevalier de Lévis auf der rechten Flanke. Nach dem Verlust Kanadas kehrte das Regiment nach Frankreich zurück, wo es 1762 aufgelöst wurde.

Die Uniform der französischen Linieninfanterie bestand damals aus einem weißgrauen Rock und gleichfarbigen Kniehosen und einem schwarzen Dreispitz. Gekennzeichnet wurden die Regimenter durch die Farbe ihrer Rockkragen, der Ärmelaufschläge und der langärmeligen Weste, die unter dem Rock getragen wurde. Die Farbe des Regiment Béarn war rot. Eine weitere Besonderheit eines jeden Regiments war der Schnitt der Taschenklappen und die Anbringung der Knöpfe. Das Regiment Languedoc hatte einheitlich einen blauen Kragen, blaue Ärmelaufschläge und eine blaue Weste; das Regiment La Sarre einen blauen Kragen und blaue Ärmelaufschläge, aber eine rote Weste. Es war mitunter etwas schwierig, die Regimenter auseinanderzuhalten, vor allem wenn sie im Sommer die Röcke ablegten und in der Weste kämpften.

Die Hutverzierung bestand aus einer Goldborte und einer schwarzen Kokarde, doch war die Farbe der Kokarde je nach Regiment verschieden. Die Ärmelaufschläge der Sergeanten waren am oberen Rand mit Goldtressen besetzt. Die drei gelben geflochtenen Ärmelringe auf den Ärmelaufschlägen weisen den hier gezeigten Soldaten als Korporal aus. Die übliche Feldausrüstung bestand aus einem Bandelier, an dem die Patronentasche befestigt war, und einem Koppel mit einem Doppelgehänge für den Säbel und das Seitengewehr. Zudem trugen die Grenadiere noch eine große reichverzierte Tasche, die aber nur noch an die frühere Verwendung der Grenadiere erinnerte, denn jetzt enthielt sie lediglich weitere Patronen. An Stelle des geraden Degens (frz. *épee)* der Füsiliere trugen sie einen Säbel mit breiter Klinge. Auch war ihnen gestattet, einen Bart zu tragen. Oft wurde der Säbel allerdings auch abgelegt und durch ein Beil ersetzt, gelegentlich aber auch nur durch dieses ergänzt. Der *de la Parterie*-Beutel auf dem Rücken ist ein einfacher Leinensack, unter dessen Klappe ein Tragriemen gezogen wurde. Offiziere trugen ähnliche Uniformen, doch hoben sie sich durch einen Ringkragen und eine tressenbesetzte Weste von der Mannschaft ab. Im Feld waren bei den Offizieren Kniehosen aus Samt und Ledergamaschen mit Schnallen sehr beliebt. Im Einsatz ersetzten Offiziere und Sergeanten ihre Hellebarden und Spontons oft durch Steinschloßgewehre.

Bild 8: Soldat, Französische Marineinfanterie (Compagnies Franches de la Marine), 1755–60

In Frankreich waren die für den Dienst in den Kolonien bestimmten Truppen seit jeher Teil der Marine und nicht des Heeres. Fast noch bis auf den heutigen Tag ist die Kolonialinfanterie als »Marineinfanterie« bekannt, obwohl sie als ganz gewöhnliche Infanterie eingesetzt wird. Die *Compagnies Franches de la Marine* oder »Kolonialtruppen« wurden 1690 aufgestellt. In diesen Verband mit aufgenommen wurden all jene Marinekompanien, die bereits seit 1683 in Übersee stationiert waren. Neue Rekruten erhielt man nunmehr gelegentlich auch aus den Kreisen der örtlichen Bevölkerung. Offiziere, die man bisher aus Frankreich hatte kommen lassen, wurden jetzt in immer größerem Umfang aus den Kreisen der frankokanadischen Aristokratie angeworben. Bis 1757 standen insgesamt vierzig Marinekompanien zur Verfügung. Gewöhnlich operierten sie als unabhängige Einheiten und hatten eine Stärke von etwa 65 Mann. In den späteren Phasen des britisch-französischen Kolonialkrieges faßte der französische Feldmarschall in Kanada, Marquis Louis Joseph de Montcalm de Saint-Véran, mehrere Kompanien zu einem Bataillon zusammen und setzte sie in dieser Verbandsform auch im Kampf ein. Normalerweise war die Aufgabe dieser Truppe jedoch, die isoliert liegenden Forts und Siedlungen entlang der französischen Verbindungswege in den riesigen Weiten der nordamerikanischen Wildnis besetzt zu halten und mit den Waldläufern und Indianern Überfälle auf britische Verbände oder Niederlassungen durchzuführen. Bei der Rekrutierung von neuen Soldaten für diese Kompanien wurden jedoch nicht dieselben hohen Maßstäbe angelegt wie bei der Rekrutierung von regulären Truppen.

Die Dienstuniform der Kolonialtruppen bestand aus dem bereits erwähnten weißgrauen Rock mit einem niedrigen Stehkragen und breiten Ärmelaufschlägen der gleichen weißgrauen Farbe, aus einer blauen Weste und blauer Kniehose. Gewöhnlich wurden dazu weiße Stoffgamaschen oder blaue Wollstrümpfe getragen. Daneben trugen sie das übliche Lederzeug und die üblichen Waffen. Der schwarze Dreispitz war mit einer Goldborte und einer schwarzen Kokarde verziert. Der hier abgebildete Soldat trägt einen Arbeitsanzug. Er hat seinen weißgrauen Rock abgelegt und arbeitet in seiner langärmeligen Weste. Aus Bequemlichkeitsgründen hat er seinen Dreispitz mit einer weichen blauen Arbeitsmütze vertauscht, die mit einem gelben Stoffband und einer Lilie verziert ist. Die französischen Stoffgamaschen mußten häufig den einfacheren und praktischeren *mitasses*, den indianischen Beinlingen, weichen, die aus grobem Handelsleinen oder Wildleder gefertigt sein konnten und mit Fransen, perlenbesetzten Lederriemen und anderem indianischen Zierat geschmückt waren. Isoliert wie sie waren, kann man davon ausgehen, daß die Soldaten es mit ihren Uniformen nicht so genau genommen haben werden. Mit Sicherheit haben sie ihre Degen durch Tomahawks, durch die indianischen Kriegsbeile, und ihre steifen europäischen Schuhe durch Mokassins ersetzt, wenn sie zu Überfällen ausrückten oder in den Wäldern auf Patrouille gingen.

Bild 9: Soldat, Rogers Rangers, 1758

Bei Überfällen auf französische Garnisonen und Nachschubkolonnen wurden während des damaligen Kolonialkrieges in immer größerem Umfang Ranger-Kompanien eingesetzt — nach heutigen Begriffen Kommandotruppen —, die neben der Durchführung ihres Kampfauftrages in Form von kühn angelegten Überraschungsangriffen tief ins feindliche Hinterland hinein gleichzeitig auch gegnerische Truppenstärken und Truppenbewegungen aufklären sollten. Die berühmtesten dieser Kommandoeinheiten waren die Ranger-Kompanien des Robert Rogers. Dieser aus Massachusetts stammende Mann hatte sie nicht nur aufgestellt, sondern führte sie auch. Die erste dieser Kompanien hatte 1755 einen so durchschlagenden Erfolg, daß sie schließlich zu einem Korps erweitert wurde, das den klangvollen Namen *»His Majesty's Independent Companies of Rangers«* — Ihrer Majestät Unabhängige Ranger-Kompanien — erhielt. Zum Lohn wurde Rogers später zum Oberst der britischen Armee ernannt. Später stellte Rogers auch eine Kadettenkompanie auf, in der britischen und Provinzoffizieren sämtliche Schlichen der Kriegführung beigebracht wurden. Einheitliche Uniformen waren anfangs nicht vorgesehen. Im übrigen standen hierfür auch gar keine Geldmittel zur Verfügung. Jeder trug das, womit er zum Zeitpunkt der Anwerbung gerade bekleidet war oder was er unterwegs »organisieren« konnte. Verschiedenartige Jagdhemden, Leder- und Stoffjacken und Pelzmützen waren ebenso anzutreffen wie rein indianische Bekleidung. Erst 1758 erhielt Rogers die Genehmigung und auch die Geldmittel, für seine Rangers eigene Uniformen anfertigen zu lassen. Das Ergebnis ist hier abgebildet. Die Schottenmütze und Jacke sind aus grünem Fries und mit Serge gefüttert. Die Jacke hat vorn zwei Knopfreihen, bestehend aus je acht Silberknöpfen. Vier weitere Knöpfe befinden sich auf jedem Ärmel. Die Knopflöcher auf den Ärmelaufschlägen der Offiziersjacken waren mit weißer oder silberner Litze besetzt. Für die von den Rangers praktizierte Kampfart waren die wildledernen Kniehosen, indianische *leggings* und Mokassins die richtige Bekleidung. Gewöhnlich wurden die Rangers auf ihren Streifzügen von Stockbridge-Indianern oder auch Mohikanern, die in britischem Sold standen, begleitet. Auf dem Rücken trugen sie einen einfachen Tornister, in dem sie die nötigsten Dinge mitführten, wie etwa Maisbrot, getrocknete Fleischstreifen, ein zweites Paar Mokassins und dergleichen. Die Patronentasche trugen sie am Koppel, das Pulverhorn um die Schulter geschlungen. Gelegentlich befestigten sie an das Pulverhorn auch einen Kompaß. Die hölzerne Feldflasche baumelte an einem Strick. Was nie fehlten, waren Tomahawk und Messer. An Stelle des bei der Infanterie üblichen langen Seitengewehrs, das beim Kampf im dichten Unterholz nur hinderlich gewesen wäre, hatten sie an ihre Muskete ein kurzes messerartiges Bajonett befestigt. Dieser Ranger hat offensichtlich gerade den Ringkragen eines Offiziers gefunden. Diese Ringkragen wurden sowohl von britischen als auch französischen Offizieren getragen, gelegentlich sogar von befreundeten Indianerhäuptlingen, denen sie als Zeichen ihrer Würde verliehen wurden.

Bild 10: Generalmajor (Major-General) James Wolfe, Quebec, 1759

Ein Hauptmann namens Harvey Smythe, Adjutant des britischen Generalmajors James Wolfe, fertigte einst von dem jungen und von vielen umschwärmten Sieger der Schlacht um die Höhen von Abraham eine Zeichnung an, die dieser hier gezeigten Abbildung teilweise zugrunde liegt. Zu jener Zeit gab es keine fest vorgeschriebene Uniform für Generäle. Vor allem bei Feldzügen kleideten sie sich nach Belieben, wenn sie auch versuchten, sich einen gewissen »militärischen Anstrich« zu geben. Selbst ein halbes Jahrhundert später noch pflegte Wellington seine Schlachten in einem dunkelblauen Gehrock zu lenken. Wolfe trägt einen roten Rock mit roten Ärmel- und Rockaufschlägen und zwei Knopfreihen, dazu eine rote Weste und eine blaue Kniehose. In einem späteren Porträt, das auf Smythes Zeichnung beruht, haben seine Hosen allerdings eine andere Farbe. Sein schwarzer Dreispitz ist nur mit einer schlichten schwarzen Bänderkokarde geschmückt. Seine Fußbekleidung besteht aus Schaftstiefeln aus sehr weichem Leder mit hellbraunen Umschlägen, ein damals sehr populäres Modell. Der schwarze Schal, Zeichen seiner Trauer um seinen erst kürzlich verstorbenen Vater, das Steinschloßgewehr und das Koppel mitsamt dem Seitengewehrgehänge wurden der Zeichnung von Smythe entnommen. Wolfe scheint das Seitengewehr, der Zeichnung zufolge ein Dillenhaubajonett, offensichtlich dem Degen vorgezogen zu haben, etwas verwunderlich bei einem General. Doch waren in einem Zeitalter, als noch viele Kommandeure im Kampf fielen, die Bajonette eine außerordentlich praktische Waffe. Der schwere Umhang hat eine Kapuze, die auf dieser Abbildung gefaltet aufliegt und daher den Eindruck erweckt, als würde es sich um einen Schalkragen handeln.

Bild 11: Soldat, Bataillonskompanie 60. (königlich-amerikanisches) Regiment zu Fuß, (Battalion Company, 60th (Royal American) Regiment of Foot), 1757

Das Massaker von Braddocks regulären Truppen im Jahre 1755 hatte bei der britischen Armee in Amerika so etwas wie eine »Personalknappheit« zur Folge, worauf sich das britische Parlament wenige Monate später schweren Herzens entschloß, die Aufstellung eines bisher noch nicht dagewesenen Verbandes zu bewilligen, der aus amerikanischen Siedlern formiert werden sollte. Das *62nd Royal American Regiment,* dessen Regimentsbezeichnung 1757 in *60th (Royal American) Regiment of Foot* geändert wurde, sollte aus vier Bataillonen bestehen und sich vornehmlich aus Rekruten aus Pennsylvania und Maryland, in geringerem Umfang auch aus Massachusetts, New York und North Carolina zusammensetzen. (Zu einem späteren Zeitpunkt traten dann auch Engländer in dieses Regiment ein). Infolge der Herkunft aus diesen Gebieten waren die Freiwilligen weitgehend deutscher und schweizerischer Abstammung, wie auch die Kommandeure der ersten zwei Bataillone schweizerische Berufssoldaten waren: Henry Bouquet und Friedrich Haldimand. Die Anweisung zur Aufstellung dieses Regiments enthält auch einen Passus, demzufolge bis zu fünfzig der Offiziere im Ausland — also in Amerika — geborene Protestanten sein konnten, die aber nur Dienst in den Kolonien — sprich: Amerika — verrichten durften.

Zeitgenössischen Urkunden zufolge muß es sich bei diesem Regiment um einen für die damalige Zeit außergewöhnlich spartanischen, harten und kampfstarken Verband gehandelt haben. Der Disziplin und sturem Drill wurde nicht allzu großer Wert beigemessen. Der Schwerpunkt der Ausbildung lag ganz auf der Vorbereitung für Waldkämpfe. Der hier abgebildete Soldat trägt eine relativ schlichte Uniform und bescheidene Ausrüstung, was ein besonderes Merkmal dieses Regiments war. Sein roter Rock mit den blauen Aufschlägen des *Royal Regiment* und seine rote Weste sind völlig schmucklos. An Stelle der Kniehose aus Stoff und der weißen Stoffgamaschen des Dienstanzuges trägt dieser Soldat im Feld robuste lederne Kniehosen und Stoffgamaschen aus festem braunen Drillich. Sein Rock ist hoch geschlossen, so daß die Kragenaufschläge klein ausfallen. Sein Haar ist ziemlich kurz geschnitten. Seine Ausrüstung besteht aus einer Muskete, einem Bajonett, einer Patronentasche, einem Brotbeutel und einer Feldflasche aus Zinn.

Das *60th (Royal American) Regiment of Foot,* Vorläuferverband des berühmten *British King's Royal Rifle Corps* — des britischen Königs Jägerkorps — kämpfte in allen Feldzügen des britisch-französischen Kolonialkrieges mit besonderer Bravour: bei Ticonderoga, Louisbourg, Quebec und bei den Expeditionen auf der Insel Martinique und in Havanna de Cuba. Das dritte und vierte Bataillon wurde 1763 aufgelöst, das erste und zweite jedoch verblieb bis 1775 in Amerika.

Bild 12: Kompanieoffizier, britische leichte Infanterie während eines Feldzuges, 1758

Die hier gezeigte Uniform ist eine Übergangslösung und typisch für die Phase zwischen dem Zeitpunkt, wo man einzusehen begann, daß sich die europäische Uniform jener Periode für Waldkämpfe nicht eignete, und dem Tag der offiziellen Indienststellung eines neuartigen Infanterieverbandes, nämlich der leichten Infanterie *(Light Infantry)*. Man schrieb das Jahr 1758, und der junge, dynamische und weitsichtige britische Brigadegeneral Viscount Howe war gerade im Begriff, seine Truppen gegen Ticonderoga zu führen, ein militärisches Unternehmen, das ihm sein Leben kosten sollte. Doch bevor es soweit war, hielt er den Zeitpunkt für gekommen, bezüglich der Ausrüstung und Bekleidung seiner Soldaten einige Änderungen herbeiführen zu müssen. Howe war nicht nur wegen seiner Warmherzigkeit beliebt, sondern auch weil er darauf bestand, jede Neuerung selbst auszuprobieren. So hatte er beispielsweise die Rogers Rangers bei einem ihrer Unternehmen begleitet, nur um die Taktiken bei Waldkämpfen studieren zu können. Auch zögerte er nicht, als erster seine eigenen Befehle auszuführen. In diesem Fall waren es Befehle, die bei den modebewußten britischen Offizieren nur auf wenig Verständnis stießen.

Erst einmal befahl er Offizieren und Mannschaft, die Haare auf eine Länge von etwa 2,5 cm zu schneiden. Dann ordnete er an, die Rockschöße der Uniformen zu stutzen und auf jeden unnötigen Zierat und jede überflüssige Ausrüstung zu verzichten. Ferner wurden die Männer angewiesen, ihre Degen abzulegen und sich stattdessen Beile oder den indianischen Tomahawk zu beschaffen. Im Feld sollte das schwere Gepäck beim Tross gelassen werden. Nur eine eingerollte Decke sollte mitgeführt werden, in die alles Notwendige zu verstauen war. Es wurde zusätzlich Munition ausgegeben, der Musketenlauf in seiner Länge gekürzt und alle Metallteile geschwärzt. Die zehn besten Schützen eines jeden Bataillons erhielten Gewehre mit gezogenem Lauf, vermutlich am Ort beschaffte deutsche Jagdbüchsen. Dieser Offizier hatte offenbar eine für sich ergattern können. Die Dreispitze wurden in einer Vielzahl verschiedener Formen getragen. Das heißt, vielfach waren sie als Dreispitze überhaupt nicht mehr zu erkennen, nachdem sie einer sehr eingehenden »Behandlung« unterzogen worden waren. Die häufigste Form war ein halbkugelartiger Kopfteil mit einem mützenschirmähnlichen runden Vorderteil, dem einzigen Überbleibsel der abgeschnittenen Hutkrempe. Wie sich herausstellte, war dieser Hut das Vorläufermodell jener bald darauf offiziell als Mütze der leichten Infanterie eingeführten Kopfbedeckung.

In einer späteren Phase des Krieges wurden die Streitkräfte aufgefordert, zur Aufstellung eines Verbandes leichter Infanterie Männer abzustellen, die erfahrene Waldkämpfer und hervorragende Schützen sein sollten, aufgeweckt und tatkräftig. Der schließlich aufgestellte Verband hatte eine Stärke von etwa 500 Mann, einschließlich einer Abteilung *Royal Americans*. Danach durchliefen die Männer eine sehr sorgfältige Waldkampfausbildung. Ihre Uniform war praktisch und eine Weiterentwicklung der improvisierten Montur aus Howes Tagen. Der Rock wurde ganz abgelegt, dafür die Rockärmel an die Weste genäht. Die Uniform erhielt besondere Ledertaschen, um Flint-Steine und Gewehrkugeln aufnehmen zu können. Die Stoffgamaschen wurden durch überkniehohe *leggings* ersetzt. Der Tornister wich einem Brotbeutel, der an einem Lederriemen diagonal über Schulter und Brust getragen wurde. Die Feldflasche erhielt einen Stoffüberzug. Zum Tragen des Beiles wurde ein zuknöpfbares Futteral entworfen. Die Mütze erhielt Ohrenklappen, die bei kaltem Wetter heruntergeklappt und unterm Kinn zusammengebunden werden konnten. Einige der Soldaten gingen noch einen Schritt weiter und entwickelten Uniformen, die mehr denen der Ranger ähnelten als denen der regulären Truppe. Die Erfolge der leichten Infanterie waren so durchschlagend, daß, nach Beendigung des britisch-französischen Kolonialkrieges, die britische Armee einige neue Regimenter aufstellte, die in Erinnerung und in Anlehnung an diesen Verband als *»Light Armed« Regiments*, also als »leicht bewaffnete« Regimenter geführt wurden. Später sollte jedes Infanteriebataillon neben seiner Grenadierkompanie und den Bataillonskompanien noch eine solche leichte Kompanie erhalten.

Bild 13: Soldat, Virginia-Regiment, 1755–62

Die ersten zwei 1754 zum Frontdienst einberufenen Kompanien der Virginia-Miliz hatten den Auftrag, ein Fort zu errichten, und zwar an einem Ort, der heute als Pittsburgh bekannt ist.

1
2
3
4
5

6
7
8
9
10

11
12
13
14
15

Als die Lage sich ständig verschlechterte und ein Krieg mit allen Konsequenzen nur noch eine Frage der Zeit war, drang Gouverneur Dinwiddie wenig später darauf, die Gesamtstärke seiner Territorialeinheiten auf ein Regiment zu sechs Freiwilligenkompanien zu erhöhen. Der erste Kommandeur dieses Regiments im Range eines Oberstleutnants war ein Gentleman aus Virginia namens George Washington. Nachdem das Regiment in einzelne Kompanien aufgelöst worden war, wurde es 1755 unter der Führung des mittlerweile zum Oberst beförderten George Washington wieder zusammengelegt, gleichzeitig aber auf eine Stärke von sechzehn Kompanien gebracht. Einige der Kompanien, die bei dem so unglücklich verlaufenen Unternehmen von General Braddock dabeigewesen waren, stammten aus diesem Regiment.

Anfangs trugen die Männer Zivilkleidung, doch wurden ihnen nach der Reorganisation des Regiments 1755 auf Washingtons Drängen eine Uniform verpaßt. Während die zuerst ausgegebene Regimentsuniform von schlechtem Zuschnitt, minderer Qualität und rot war, war die neue Uniform aus bis auf den heutigen Tag unbekannten Gründen dunkelblau. Den Rock hatte man gekürzt, was vermutlich der damaligen Mode entsprach. Die Rockaufschläge waren scharlachrot, die Ärmelaufschläge verziert. Eine scharlachrote Weste und blaue Kniehosen vervollständigten die Uniform. Der Dreispitz entsprach der damals üblichen Form. Offiziere trugen eine ähnliche Uniform, nur waren Rock und Weste zu Paradezwecken mit einer Silberborte verziert. Befanden sie sich jedoch im Einsatz, waren Offiziere angewiesen, die Uniform des einfachen Soldaten zu tragen. Zweifellos besaßen auch sie Stoffgamaschen und eine Feldausrüstung britischen Typs. Trotzdem kann man davon ausgehen, daß sich ihre Uniform und Ausrüstung von der der Briten erheblich unterschieden haben wird.

1762 wurde das Virginia-Regiment schließlich aufgelöst. Doch es sollte nicht das letzte Mal gewesen sein, daß britische Soldaten auf ein von George Washington geführtes und blau-uniformiertes Regiment gestoßen waren.

Bild 14: Soldat, Bataillonskompanie, 42. Regiment zu Fuß (Battalion Company, 42nd Regiment of Foot), 1758

Einer der britischen Verbände, der sich bei der heroischen Niederlage anläßlich des im Juli 1758 von General Sir Ralph Abercromby geführten Sturmangriffs auf das französische Fort Carillon besonders hervortat, war das *42nd Regiment of Foot.* Das auch *»Black Watch«* genannte Regiment war der erste Verband aus dem schottischen Hochland — dem *Highland* — in britischen Diensten. Das schon 1739 aufgestellte Regiment traf im Juni 1756 in Amerika ein, wo es eine langwierige und speziell auf amerikanische Verhältnisse zugeschnittene Ausbildung durchlief, um für den für dieses Regiment ins Auge gefaßten Einsatz vorbereitet zu werden. Gemeinsam mit dem *27th, 44th, 46th* und *55th Regiment,* Teilen des *60th Regiment of Foot* und etwa 900 Freiwilligen aus den Provinzen segelten die *Highlanders* im Juli 1758 den Lake George hinunter, um das auf der Landzunge zwischen dem Lake George und dem Lake Champlain bei Ticonderoga strategisch so günstig plazierte Fort Carillon anzugreifen. Festungskommandant des Forts, das inzwischen auf eine Gesamtstärke von etwa 5000 Mann gebracht worden war, davon ungefähr 2500 reguläre Soldaten und etwa 2500 Kolonialsoldaten und irreguläre Truppen, war der französische Feldmarschall in Kanada, der Marquis de Montcalm höchstpersönlich. Die Hindernisse im ausgedehnten Vorfeld des Forts waren schier unüberwindlich: Gräben, eine unübersehbare Zahl angespitzter und in den Boden gerammter Pfähle und gefällte Bäume, deren Äste abgesägt und zugespitzt worden waren. Dieses Gelände, in Reichweite der französischen Feldbefestigungen und Artilleriebatterien, sollte den *Highlanders* zum Schicksal werden. Fast vier Stunden lang tobte die Schlacht, während der die Briten sich durch die Hindernisse hindurchzukämpfen versuchten, um die Feldbefestigungen zu erobern. Doch die Hindernisse erwiesen sich als stärker. Bald begannen sich die geschlossenen Reihen der Briten aufzulösen. Von nun an war jeder Soldat auf sich allein gestellt. Auch bei den Franzosen riefen die *Highlanders* Bewunderung hervor. Viele der Schotten warfen ihre Gewehre einfach beiseite und griffen zu ihren Breitschwertern, als sie ihren Angriff aufgehalten sahen. Tatsächlich gelang es auch einer großen Anzahl, die Brustwehr zu erstürmen. Nur mit viel Mühe konnten sie von den Franzosen wieder zurückgeschlagen werden. Nachdem die Verluste der Briten auf 2000 Mann angewachsen waren — davon allein 650 *Highlanders* —, zog Abercromby seine

Kompanien zurück. Den Rückzug abzusichern und die Verwundeten zu bergen war Aufgabe des *42nd Regiment of Foot.* Zeitgenössischen Berichten zufolge mußten die Schotten drei Mal zum Rückzug aufgefordert werden, ehe sie diesem Befehl nachkamen.
Die Abbildung zeigt die Uniform der *Highlanders* zur Zeit ihres Dienstes in der britischen Armee. Über der scharlachroten Weste wurde eine kurze scharlachfarbene Jacke getragen, die mit der bei diesem Regiment üblichen Litze besetzt war und sandfarbene Rock- und Ärmelaufschläge hatte. Bei besonderen Anlässen wurde ein weiter, mit einem Gürtel zusammengehaltener Überwurf getragen, im Feld und zum Dienst aber der Schottenrock *(kilt).* In dem in gedeckten Farben gehaltenen Schottenmuster *(tartan)* aller Schottenröcke befand sich ein roter Streifen, der ansonsten nur noch in den Überwürfen der Grenadierkompanien vorkam. Offiziere wie Mannschaften der Bataillonskompanien trugen eine Schottenmütze *(bonnet)* mit einem Bärenfellpuschel, die Grenadiere die mitraförmige Grenadiermütze, ebenfalls mit einem Bärenfellpuschel. Breitschwerter wurden von allen Dienstgraden getragen. Im Kampf waren Offiziere wie auch Sergeanten mit Musketen bewaffnet. Zur damaligen Zeit war der *Sporran,* ein unterhalb des Koppels getragener Beutel aus Ziegenleder, noch von sehr einfacher Machart. Zum Arbeiten trugen die *Highlanders* an Stelle ihres Schottenrockes Drillichhosen und Stoffgamaschen.
Kurz nach der Katastrophe bei Ticonderoga erhielt das Regiment die Mitteilung, daß es wegen seiner Verdienste in dieser Schlacht die zusätzliche Ehrenbezeichnung *»Royal«* verliehen bekommen hatte. Als »Königliche Einheit« konnte sich das Regiment nunmehr *42nd (Royal Highland) Regiment of Foot* nennen. Gleichzeitig änderte das Regiment die Farbe der Rockaufschläge von Sandfarben in Blau. Später fand das Regiment 1759 noch unter dem britischen General Jeffrey Amherst Einsatz sowie in mehreren Feldzügen im amerikanischen Unabhängigkeitskrieg (1776 und 1783).

Bild 15: Hauptmann (Captain), 11. New Hampshire Regiment (11th New Hampshire Regiment), 1774

Die Jahre nach der Kapitulation Kanadas und Inbesitznahme durch die Briten waren keineswegs friedlich. In den südlichen Provinzen revoltierten die Tscherokesen und griffen Siedlungen und Forts an. Im Gebiet um den Niagara und Detroit begab sich der große Indianerhäuptling Pontiac, dessen Name noch heute in der amerikanischen Geschichte ein fester Begriff ist, auf den Kriegspfad. Es war also kein Wunder, daß in dieser unruhigen Zeit auf eine schlagkräftige Miliz großer Wert gelegt wurde. Viele der Freiwilligeneinheiten, die mitunter kurzfristig zu unabhängigen Kompanien der Provinzregimenter zusammengefaßt wurden, hatten damals Einsatz gefunden. Zusammen mit den Veteranen des britisch-französischen Kolonialkrieges sollten diese im Kampf erprobten Männer den Kolonien im bevorstehenden amerikanischen Unabhängigkeitskrieg noch sehr gut zupasse kommen. Entlang der unruhigen Grenzen gehörten die Kämpfe gegen die Indianer zum Alltag. Kaum jemand nahm von ihnen noch Notiz. Daß die kriegerischen Auseinandersetzungen mit den Franzosen ihr Ende gefunden hatten, bedeutete dort nur wenig.
Das *11th New Hampshire Regiment* war ein solches Provinzregiment und typisch für diese Verbandsart. New Hampshire besaß eine gut unterhaltene Miliz und auf dem Papier einen Truppenbestand von insgesamt zwölf Regimentern. London unterstützte diese Anstregungen, denn es war bemüht, einen Teil der Schwierigkeiten und Unkosten zur Verteidigung dieser Territorien auf seine amerikanischen Provinzen abzuwälzen, womit es sie noch stärker an sich zu binden hoffte. Hin und wieder wurden die Unteroffiziere und Mannschaften zum Exerzieren herangezogen. Ansonsten hielten sie sich für einen Notfall in Bereitschaft. Uniformen besaßen sie nicht. Die Offiziere hingegen trugen eine Uniform, die ihnen vom Gouverneur der Kolonie, der gleichzeitig auch Befehlshaber der Miliz war, vorgeschrieben wurde. Im Grunde genommen war es eine britische Uniform, nur hinkte sie hinter der neuesten britischen Armeemode um fünf Jahre hinterher. Von 1768 an waren Weste und Kniehose aller britischen Infanterieverbände sandfarben oder weiß. Der rote Rock des hier abgebildeten Kompanieoffiziers hat ein himmelblaues Futter und gleichfarbige Rock- und Ärmelaufschläge. Auch Weste und Kniehose sind himmelblau. Zur Verzierung ist die Uniform mit weißer Litze besetzt.

2. Der Große Aufstand

Zeitgenössische Zeichnung von einem amerikanischen Soldaten in einem mit Fransen besetzten Jagdhemd und mit einer der leichten Infanterie nachempfundenen Kopfbedekkung. Die Zeichnung wurde 1776 von dem aus Augsburg stammenden Johann Martin Will angefertigt und auch veröffentlicht. J. M. Will war bayerischer Offizier und hatte in der britischen Armee in Amerika gedient.
Anna S. K. Brown Military Collection

Dieses Buch ist nicht der richtige Ort, um detailliert die zahlreichen politischen und sozialen Faktoren zu schildern, die die »Dreizehn Kolonien« Nordamerikas schließlich bewogen haben, sich 1775 zum bewaffneten Aufstand gegen die Britische Krone zu erheben. Es genügt zu erwähnen, daß die im Anschluß an die »Boston Tea Party« im Dezember 1773 von der britischen militärischen und politischen Führung getroffenen Maßnahmen die Verstimmung unter der Bevölkerung in einem Maße gesteigert hatten, daß im September 1774 der Erste Amerikanische Kongreß *(First Continental Congress)* zusammentrat und die Vertreter der verschiedenen Gemeinden der Kolonien Gegenmaßnahmen beschlossen, um ihre Freiheit zu bewahren. In den einzelnen Kolonien schickten sich daraufhin Revolutionsregierungen an, das Kommando über die örtliche Miliz zu übernehmen, indem sie der Krone ergebene Offiziere durch Männer der eigenen Wahl ersetzten und militärische Vorratslager übernahmen. Ein Drittel einer jeden Stadtmiliz — gewöhnlich das jüngere und aktivere Drittel — wurde zu sogenannten *»Minutemen«* zusammengefaßt, die kurzfristig (das heißt, innerhalb von Minuten; daher auch der Name *»Minutemen«*) einsatzbereit zu sein hatten.

Im April 1775 entsandte Major-General Thomas Gage, Kommandierender General der britischen Truppen in Nordamerika und ein Überlebender von Braddocks Massaker, eine Streitmacht von Boston nach Concord, Massachusetts, um ein in die Hände der Aufständischen gefallenes Munitionslager zurückzuerobern oder zu zerstören. Nachdem sie von Paul Revere und William Dawes alarmiert worden war, verlegte eine kleine Gruppe *»Minutemen«* den Rotröcken bei Lexington den Weg. Da gab eine nervöse Hand, von der man bis auf den heutigen Tag nicht weiß, wem sie gehörte, einen Schuß ab, »der auf der ganzen Welt gehört wurde«. Ohne auf einen Befehl zu warten, schossen daraufhin die Rotröcke in die Reihen der Siedler, von denen sie acht töteten. Dem Rest gelang es zu fliehen. Danach zog die britische Streitmacht nach Concord, wo sie ihren Auftrag ausführte. Doch auf dem Rückweg brachten ihr Heckenschützen beträchtliche Verluste bei, denn mittlerweile hatten die Siedler zu ihren Musketen und Jagdgewehren gegriffen, um die Briten aus dem Hinterhalt unter Feuer zu nehmen. Eine Entlastungsstreitmacht mußte ausgesandt werden, um das britische Kommando einzuholen, das inzwischen fast 300 Mann verloren hatte. Die

Flamme des Aufstandes *(rebellion)* zündete, und es dauerte nicht lange, bis sich bewaffnete Siedler in jeder Provinz zusammenrotteten. Boston wurde belagert, und die Aufständischen *(rebels)* besetzten die britische Garnison in Ticonderoga und Crown Point, wo sie die Kanonen eroberten.
Im Mai 1775 erhielt Gage drei neue Regimenter zugeführt, wodurch seine Truppenstärke auf 6500 Mann erhöht wurde. Mit ihnen trafen gleichzeitig auch drei Generäle aus England ein: nämlich Howe, Clinton und Burgoyne. In den darauffolgenden Monaten begannen die Aufständischen auf Breeds Hill Schützengräben auszuheben, von denen aus sie in südlicher Richtung einen guten Überblick über Boston hatten.
Fest entschlossen, dieser Provokation ein Ende zu bereiten und diesen ungehobelten Farmern zu zeigen, wozu reguläre britische Soldaten fähig waren, setzte Howe mit 2200 Mann in der festen Absicht über die Hafenbucht von Boston, am 17. Juni die Aufständischen aus ihren Gräben zu vertreiben.
Die Siedler warteten mit ihrem Feuer, bis die Rotröcke den Abhang heraufgestapft waren und sich ihren improvisierten Verteidigungsstellungen bis auf 45 Meter genähert hatten. Als sie dann das Feuer eröffneten, war die Wirkung verheerend. Die britischen Linien begannen sich aufzulösen und zurückzufallen. Doch sie formierten sich erneut und stürmten noch einmal den Berg hinauf. Und abermals empfing sie ein tödlicher Kugelhagel, der ihre Reihen lichtete und sie zum Rückzug zwang. Wiederum scharten sich die Überlebenden zusammen, um den entsetzlichen Abhang erneut anzugehen. Über die Leichen ihrer zuvor gefallenen Kameraden stolpernd, nahmen sie beim drittenmal den Bergrücken mit aufgepflanztem Seitengewehr. Howe hatte zwar seinen Sieg, aber um den Preis von 1000 Gefallenen. Demgegenüber hatten die Aufständischen nur 400 Mann verloren. Die Schlacht von Breeds Hill — oder Bunker Hill, wie dieser Hügel auch genannt wird — zeitigte einige Lehren, nämlich, daß die Farmer, die überzeugt waren, für eine gute Sache zu kämpfen, es mit den britischen Rotröcken durchaus aufnehmen konnten. Einige der Farmer hatten zwar das Weite gesucht, als sie die geschlossene Front der Bajonette ein drittesmal aus dem Pulverrauch auf sich zukommen sahen. Auch wollen Augenzeugen beobachtet haben, daß in einigen Fällen ein einziger Verwundeter von sage und schreibe zwanzig (!) freiwilligen Helfern ins rückwärtige Gebiet gebracht worden war. Aber so unverständlich war dies nicht, denn diejenigen, die nicht geflohen waren, hatten alleine durch ihr Ausharren so etwas wie ein Wunder vollbracht. Bunker Hill wurde bei den Siedlern zu einem Symbol, und die Kampfmoral erhielt einen ungeahnten Auftrieb. Die Rotröcke aber, die halb betäubt und angeschlagen den Hügel beim dritten und entscheidenden Mal genommen hatten, kehrten schweigend und nachdenklich in ihr Lager zurück. Auch sie hatten ein kleines Wunder vollbracht, ein Wunder an Standhaftigkeit, Disziplin und Loyalität. Doch waren es nicht Wunder landläufiger Art, die in den Kolonien letzten Endes die Oberhand behalten sollten.
Bis zum Sommer 1775 standen die Freiwilligen aus New England immer nur kurzfristig unter Waffen. Doch im Juni beschloß der Zweite Amerikanische Kongreß *(Second Continental Congress)*, eine eigene »Armee« aufzustellen, und bald trafen Einheiten auch aus anderen Kolonien ein. Die erste »Nationale Armee« aus amerikanischen Bürgern setzte sich aus Freiwilligen aus Massachusetts und Connecticut zusammen, aus einigen Jäger-Kompanien aus Pennsylvania, Maryland und Virginia, und einer einzigen Artillerieabteilung aus Massachusetts. An die Spitze dieser Armee stellte der Kongreß einen Gentleman aus Virginia, der mit der Führung von Truppen bereits einige Erfahrung hatte: George Washington. Trotz seiner Teilnahme am britisch-französischen Kolonialkrieg war Washington der erste, der sich dessen bewußt war, daß seine Erfahrungen nicht ausreichten, Unternehmen der ins Auge gefaßten Größe zu befehligen. Doch er war nicht nur wegen seiner persönlichen Eigenschaften und wegen der erhofften Wirkung auf die öffentliche Meinung im Süden auserwählt worden, sondern auch wegen seiner anderen Fähigkeiten. Die persönlichen Eigenschaften sollten von dem zusammengewürfelten Haufen, den er jetzt kommandierte, bald einer harten Probe unterzogen werden. Nicht nur hatten sich diese militärischen Einheiten für eine unterschiedliche Dienstdauer verpflichtet, sondern sie waren auch durchweg desorganisiert, schlecht diszipliniert, streitsüchtig, unterschiedlich bewaffnet und vertraten verschiedene Ansichten. Die Offiziere wurden von den Soldaten ernannt und je nach Laune wieder entlassen. Diesem wagemutigen Haufen mangelte es nicht nur an der entsprechenden Ausbildung, an Versorgungsgütern, vorschriftsmäßigen Unter-

Bild auf S. 32 unten Mitte. Bekleidungs- und Ausrüstungsgegenstände eines Soldaten der »Loyalisten« (königstreue Siedler) im amerikanischen Unabhängigkeitskrieg (gestellt). Anfangs genauso buntgekleidet wie die »Rebellen«, dann in grüne Uniformröcke gesteckt, war das Provinzkorps um 1778 mit den gleichen ziegelroten Uniformröcken bekleidet wie die reguläre britische Armee. Zu den weißen Unterkleidern trug man halbhohe schwarze Stoffgamaschen. Die Rockaufschläge waren dunkelgrün und die Knopflöcher mit einfachem weißem Stoffband verziert. In die Knöpfe waren die Buchstaben RP eingestanzt (RP = *Royal Provincials* = königstreue Provinzbewohner). Das Lederzeug war sandfarben und gehörte zur Standardausrüstung der britischen Armee. Auf der schwarzen Patronentasche war eine mit rotem Tuch unterlegte Kupferplatte angebracht, die ein Emblem zierte. Der schwarze Filzhut war mit schwarzem Stoffband eingefaßt und mit einer Kokarde versehen. Das Provinzkorps und die Grenadiere waren mit der »Land«-Muskete (lang), die anderen Truppen mit der »Land«-Muskete (kurz) bewaffnet. Der Tornister war aus schwerem hellbraunem Leinen und durch drei Zinnknöpfe verschließbar. Die Feldflasche war aus Zinn.
Katcher

Bild unten links: Soldat der amerikanischen Armee um 1776 beim Wachdienst (gestellt). Die gestrickte Mütze und das blaukarierte Hemd waren die gebräuchlichste Bekleidung. Der kurze braune Zivilrock hat »Matrosenaufschläge«. Die weißen Leinenüberhosen sind von jener Machart, wie sie General Washington besonders empfahl. Die Munition für die französische »Charleville«-Muskete befindet sich in der ledernen Patronentasche in Koppelmitte in dem Zinnbehälter auf der rechten Hüfte. Diesen hatte man eingeführt, als das Leder knapp wurde. Neben der Patronentasche ist am Koppel auch das Seitengewehr angebracht, das hier allerdings verdeckt ist.
Bild rechts: Typische Unterkleider dieser Periode, nach zeitgenössischen Mustern nachträglich angefertigt (gestellt). Fast alle Nationen trugen damals derartige Kniehosen, Strümpfe, Hemden und ärmellose Westen. *Katcher*

künften und der notwendigen Hygiene. Auch die Erkenntnis, nunmehr nicht mehr lokalpatriotisch denken zu dürfen, sondern einer übergeordneten Sache dienen zu müssen, hatte sich noch nicht durchgesetzt.
Während ein ständig tagendes Kriegsgericht *(court martial)* versuchte, der Aufständischen-Armee etwas Disziplin beizubringen, und während die Belagerung von Boston andauerte, nahm der Plan zur Aufstellung einer amerikanischen Bundesarmee *(Continental Army)* immer festere Formen an. Doch diesmal sollten sich die Freiwilligen nicht für ihre jeweilige Kolonie verpflichten, sondern für den amerikanischen Kongreß, von dem sie einheitlich besoldet, versorgt und verwaltet werden sollten. Ihre Dienstzeit sollte bis Ende 1776 dauern. Die Gesamtstärke der Armee wurde auf 26 Infanterieregimenter zu je 700 Mann, auf ein Artillerieregiment und ein Jäger-Regiment festgesetzt. Jedes Infanterieregiment sollte sich aus acht Kompanien zu je vier Offizieren und 86 Mann zusammensetzen. Bei den Aufständischen fand dieser Plan nur wenig Zustimmung. Offiziere, die diesem Plan zufolge einen niedrigeren Dienstgrad als bisher erhalten sollten, protestierten lauthals. Einige der Mannschaften, die darauf bestanden, in ihren angestammten Einheiten unter den von ihnen gewählten Offizieren zu dienen, gingen einfach nach Hause. Im Dezember 1775 erklärten die Freiwilligen aus Connecticut trotz der Überredungskünste Washingtons ihre ursprünglich eingegangene Dienstzeit für beendet und machten sich in Massen auf den Heimweg. Im März 1776 hatte Washington von den ins Auge gefaßten 20 000 amerikanischen Soldaten nur 9000 Mann, so daß er gezwungen war, die Lücken durch kurzdienende Milizeinheiten zu schließen. So ernst der Mangel an Soldaten war, so bedenklich war auch das Fehlen von militärischem Gerät jeder Art. Da ein Teil seiner Armee sogar mit Lanzen ausgerüstet war, sah sich Washington zwangsläufig gezwungen, einige seiner offensiven Unternehmen zu begrenzen. In der Zeit vom Sommer 1775 und dem darauffolgenden Frühling besserte sich die Situation jedoch langsam, besonders nach der Eroberung einiger britischer Versorgungsschiffe, nach dem Kauf von Versorgungsgütern in den französischen und holländischen Kolonien auf den Westindischen Inseln und nach Eintreffen der Artillerie aus Ticonderoga unter Colonel Henry Knox, deren Verlegung nach Osten unter kaum beschreiblichen Bedingungen vonstatten gegangen war.
Als Washington im März 1776 gegen Boston vor-

Zwei handkolorierte Kupferstiche von Berger nach Angaben von Daniel Chodwiecki, 1784 in Berlin bei Haude & Spener veröffentlicht. Sie zeigen (auf dem linken Bild) einen amerikanischen Scharfschützen, bekleidet mit einem befransten Leinenrock, Schlapphut und Überhosen, in der Hand eine deutsche Jagdbüchse, ferner einen Soldaten der regulären Infanterie von Pennsylvania, bekleidet mit einem blauen Rock mit weißen Aufschlägen. Diese Uniform entsprach den amerikanischen Armeebestimmungen von 1779. Auf dem rechten Bild ist ein Angehöriger von General Washingtons berittener Leibgarde zu sehen, bekleidet mit weißem Rock und blauen Aufschlägen, sandfarbenen Hosen und schwarzem Lederhelm mit rotem Stoffwickel. Zur Verzierung ist auf dem Helm ein Fuchsschwanz angebracht. Ferner ist auf dem rechten Bild ein Offizier von General Washingtons »Unabhängiger Kompanie« zu sehen, in blauem Rock mit weißen Aufschlägen, Goldtressen und weißen Unterkleidern. Man beachte die weiß-blaue Kokarde zu Ehren der französischen Allianz.
Anna S. K. Brown Military Collection

rückte, profitierte er von einer falschen Lagebeurteilung der Briten, einer von vielen. Howe, der jetzt den Oberbefehl hatte, war zu Recht mit seiner beengten Lage in Boston unzufrieden gewesen. Er hatte daher die Stadt aufgegeben und seine Streitkräfte nach Halifax, Neuschottland, verschifft, wobei er Unmengen all jener Dinge zurückgelassen hatte, die Washington so verzweifelt nötig hatte. Unter anderem waren auch 250 Kanonen zurückgelassen worden. Diese fette Beute wurde jedoch von einer falschen Lagebeurteilung der Amerikaner gleicher Tragweite wieder ausgeglichen. Schon seit dem vergangenen September hatten zwei Aufständischengruppen unter Montgomery und Benedict Arnold versucht, Quebec zu erreichen und zu erobern, noch bevor die britische Garnison dieser Stadt verstärkt worden war. Doch alles, was man sich nur vorstellen kann, war bei dieser Expedition schiefgelaufen. Zwar hatten Kommandeure wie Soldaten tapfer gekämpft, doch waren die Gruppen durch Hunger, Krankheit und Fahnenflucht fast bis zur Kampfunfähigkeit dezimiert worden. Schließlich wurde dieser Plan im Frühjahr 1776 ganz aufgegeben. Das hatte zur Folge, daß New York für einen britischen Angriff aus Kanada außerordentlich verwundbar geworden war.

Hingegen entwickelten sich die Dinge für die Aufständischen im Süden weitaus besser. Obwohl es in Virginia und Carolina von militanten Loyalisten *(»Tories«)* nur so wimmelte, hatte Großbritannien es versäumt, diese rechtzeitig zu unterstützen, mit dem Ergebnis, daß sie bis zum Eintreffen einer britischen Expedition in Charleston im Juni 1776 von der Aufständischenmiliz in alle Winde zerstreut worden waren. Mit schweren Verlusten wurde auch die britische Expedition zurückgeschlagen, die daraufhin nach Norden zurückkehrte, um zu Howe zu stoßen, der mittlerweile plante, New York anzugreifen. Der Krieg dauerte nun schon ein volles Jahr, und noch immer konnte keine Seite behaupten, nennenswerte Vorteile erzielt zu haben. Beide Seiten warteten die Gelegenheit ab und bauten in fieberhafter Eile ihre Truppenstärke auf, um für die bevorstehenden Aufgaben gerüstet zu sein. Was für Aufgaben das sein würden, stellte sich heraus, als am 4. Juli 1776 die amerikanische Unabhängigkeitserklärung *(Declaration of Independence)* verkündet wurde.

Die Kolonien — nunmehr »Staaten« — wachten zwar eifersüchtig über ihre gemeinsame Unabhängigkeit, doch kam ihr Zögern, den amerikanischen Kongreß zur Eintreibung von Geldmitteln und Aufstellung von Truppen mit zentralen Vollmachten auszustatten, der gemeinsamen Kriegführung kaum entgegen. Dem Kongreß wurde lediglich gestattet, Quoten festzusetzen, die von den einzelnen Bundesstaaten ihren Mitteln entsprechend erfüllt werden sollten. Soweit es Soldaten betraf, wurden diese Quoten nur selten erfüllt, die Quoten für Geld hingegen nie. Überhaupt funktionierte der ganze Regierungsapparat nur sehr unzulänglich, was nicht weiter verwunderlich war. Bei ihrem Versuch, die Verwaltungsmaschinerie in Gang zu bringen, durchlitten Washington und die anderen Aufständischenkommandeure Höllenqualen. Was aber die Sache noch verschlimmerte, war die in Kongreßkreisen vorhandene Furcht, Washington oder irgendein anderer Truppenkommandeur könnte seine Macht mißbrauchen, nachdem der Kongreß ihnen militärisch in den Sattel geholfen hatte. Daher mußte Washington einen Großteil seiner Zeit dazu verwenden, die Gemüter zu beruhigen, wann immer er irgendwelche Wünsche anmeldete.

Es würde zu weit führen, hier den unterschiedlichen Verlauf der Feldzüge von 1776 und 1777 detailliert schildern zu wollen. Es genügt zu erwähnen, daß Washington genug damit zu tun hatte, in Zeiten der Inaktivität diese Karikatur einer Armee bei der Stange zu halten; daß er ihre Leistungsfähigkeit voll ausschöpfte, um Zeit zu gewinnen; daß es ihm gelang, trotz gelegentlicher ernsthafter militärischer Fehler, die zu Niederlagen führten, die Dinge im Griff zu behalten. Im Sommer 1776 erlitten die Aufständischen um New York eine Reihe von Niederlagen, die für sie noch relativ glimpflich verliefen, da die Briten es unterließen, ihre Siege voll auszukosten. Der Dezember dieses Jahres sah die in ziemlicher Auflösung begriffenen Reste der Aufständischenarmee auf dem Rückzug in südwestlicher Richtung über den Delaware. Doch der britische General Charles Cornwallis, der ziemlich sicher war, diesem kleinen Resthaufen im Frühjahr den Garaus machen zu können, zog es vor, seine Armee in die Winterquartiere zu verlegen, anstatt in Pennsylvania einzumarschieren und die Sache ein für allemal zu erledigen. Obwohl durch Fahnenflucht, Krankheiten und das Abspringen kurzdienender Einheiten stark geschwächt, fiel Washingtons Armee nicht auseinander. Indem er den Delaware abermals überquerte und am ersten Wochentag nach Weihnachten 1776 über die unter britischer Flagge kämpfenden hessischen Truppen bei Trenton einen imponierenden kleinen Sieg errang, gelang es ihm sogar, die stark angeschlagene Moral seiner Soldaten und der Zivilbevölkerung beträchtlich zu verbessern. Danach mußte er seine ganze Geschicklichkeit aufbieten, dem britischen Gegenschlag aus dem Wege zu gehen. Schließlich gelang es ihm, seine ziemlich ramponierten Bataillone sicher in die Winterlager zu führen.

Zum Jahreswechsel begann Washington abermals mit dem Aufbau einer neuen Armee, diesmal jedoch vom Kongreß mit der Vollmacht versehen, eine Armee von 60 000 Mann auf die Beine zu stellen, die sich an Stelle der bisher üblichen kurzen Dienstdauer für die Dauer des ganzen Krieges verpflichten sollte. Die schwachen Punkte des Systems waren durchaus noch nicht alle beseitigt. Doch erstmalig mit fast diktatorischen Vollmachten ausgestattet, die es ihm erlaubten, Offiziere zu ernennen und zu entlassen, Truppen zu rekrutieren und zu kommandieren, besaß Washington nunmehr eine reelle Chance. Und dennoch: die Männer, die sich auch wirklich für eine längere Zeitdauer verpflichteten, waren immer in der Minderzahl. Tatsächlich hatte Washington in den Feldzügen von 1777 nie mehr als 10 000 Mann gleichzeitig unter Waffen. Durch den nun langsam anrollenden Nachschub an Versorgungsgütern und Waffen aus Frankreich und durch die Ankunft ausländischer Militärfachleute als Berater und Ausbildungsoffiziere konnte jedoch mit den wenigen Soldaten schon wesentlich mehr angefangen werden. Einige dieser Militärfachleute waren zwar nichts weiter als Abenteurer, doch andere — wie etwa die Polen Kosciuszko und Pulaski, die Franzosen Portail und Lafayette, vor allem aber der Preuße Friedrich von Steuben — sollten sich für die Sache der Aufständischen noch als unbezahlbar erweisen.

Das ganze Frühjahr und den ganzen Sommer 1777 über lagen Washington und Howe in New Jersey in einem ständigen Schlagabtausch, der jedoch zu keinem entscheidenden Ergebnis führte. Im August verschiffte Howe seine Truppen und segelte die Chesapeake-Bay hinauf, um auf Philadelphia vorzustoßen, damals die Hauptstadt der Vereinigten Staaten. Washingtons Verteidigungslinie vor Philadelphia wurde am Brandywine River von Lord Cornwallis geschickt umgangen, und obwohl es den Aufständischentruppen gelang, der britischen Umklammerung zu

Sergeant des amerikanischen Bundesheeres in Marschordnung (gestellt). Das *Regiment of Foot Guards* (Garderegiment zu Fuß) unter Führung von Colonel Hartley wurde 1776 im Raum York, Pennsylvania, aufgestellt. Die weiße Rose auf dem Tornister ist ein Wahrzeichen der Stadt York. Der Hut ist mit Silberlitze eingefaßt. Der ziemlich kurz geratene Rock ist blau und hat sandfarbene Aufschläge. Mitunter wurden die Rockschöße geopfert, um stark ramponierte Uniformen ausbessern zu können. Die roten Epauletten geben seinen Dienstgrad an wie auch der britische Hirschfänger *(»hanger«)* aus dem Jahre 1742, der hier an einem diagonal von der rechten Schulter herabhängenden sandfarbenen Lederbandelier befestigt ist. Dieser Hirschfänger war bei vielen Sergeanten aller am amerikanischen Unabhängigkeitskrieg beteiligten Armeen außerordentlich beliebt. Das Bajonett für die »Charleville«-Muskete (Mod. 1774) wird mit dem Hirschfänger in einem Doppelgehänge getragen. Die Patronentasche ist aus braunem Leder und hängt an einem Tragriemen aus weißem Stoff. Die Feldflasche aus Zinn ist ein Nachbau der britischen Feldflasche.
Katcher.

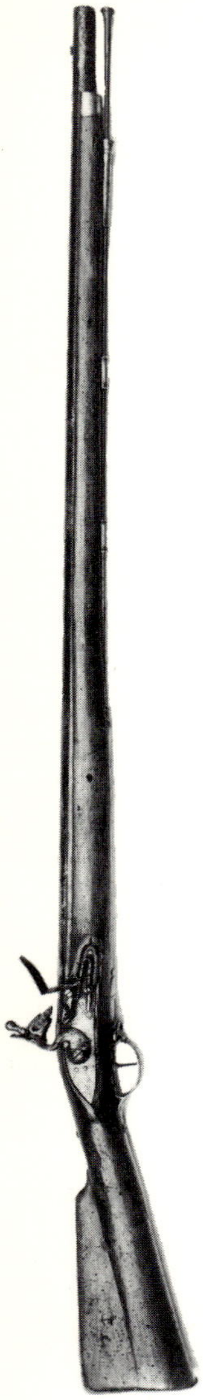

Eine Muskete, die als Typbezeichnung den blumigen Namen »Komitee für öffentliche Sicherheit«-Muskete trägt. Sie war eine in Amerika gefertigte Kopie der britischen Standardwaffe jener Tage, der »Braunen Elisabeth« *(»Brown Bess«)*. Diese hier abgebildete Muskete ist den Markierungen zufolge in Maryland hergestellt worden.
H. L. Peterson Collection

entgehen, konnten sie Philadelphia nicht vor der Besetzung durch die Rotröcke bewahren. Doch so leicht gab sich Washington nicht geschlagen. Nördlich von Germantown griff er die Briten abermals an, wiederum ohne Erfolg. Währenddessen stießen Burgoynes Truppen aus Kanada südwärts vor mit dem Fernziel, Albany zu erobern. Mit der Unterstützung der Loyalisten und Indianer erzielten die Briten um Lake Champlain und im Mohawk Valley auch beträchtliche Erfolge. Haßgefühle jedoch sollte noch die Tatsache hervorrufen, daß die Briten in diesem Feldzug Indianer gegen die Siedler einsetzten. Die verzweifelten Verzögerungsmanöver der Aufständischenkommandeure aber hatten Burgoynes Vormarsch so verlangsamt, daß er sich schließlich vor die Entscheidung gestellt sah, entweder noch vor Wintereinbruch Albany zu erreichen oder möglicherweise mit seinen Truppen einer Katastrophe entgegenzugehen. Seine Versorgungsgüter waren fast aufgebraucht, und auch sonst standen die Dinge nicht zum besten. Eine mörderische Schlacht im August bei Oriskany hatte seine Indianer dermaßen entmutigt, daß ihre Zahl dahinschmolz wie Märzschnee in der ersten Frühjahrssonne. Burgoyne aber, von jeher eine Spielernatur, entschloß sich aufs Ganze zu gehen und auf Albany vorzustoßen, ohne jedoch die nötige Vorsicht walten zu lassen, was nicht ohne Folgen bleiben sollte. Von den Aufständischen aufgehalten, ausmanövriert und schließlich eingeschlossen und fast am Verhungern, kapitulierte seine Armee bei Saratoga.

Obwohl die Aufständischenarmee im Winter 1777/78 immer noch stark unterbesetzt war und unter der Entschlußlosigkeit der Bundesstaaten zu leiden hatte, sollte Saratoga den Aufständischen neben der Zerschlagung dieser kampfstarken britischen Armee, die sehr wohl die Vereinigten Staaten hätte in zwei Teile spalten können, noch einen weiteren Erfolg bescheren, der nicht mit Gold aufzuwiegen war. Die Nachricht von Burgoynes Kapitulation veranlaßte nämlich die französische Regierung mit den Aufständischen einen Vertrag abzuschließen, der fast einer Kriegserklärung Frankreichs gegen Großbritannien gleichkam. Der offiziellen amerikanischen Geschichte der US Army zufolge war das französische Engagement ausschlaggebend für den Endsieg der Aufständischen.

Den Winter 1777/78 verbrachte Washington in tiefem Schnee im Winterlager von Falley Forge, mit einer Armee von nicht ganz 6000 Mann. Durch das Versagen der mit der Versorgung der Truppen beauftragten zivilen Lieferanten litt diese kleine Armee entsetzliche Not. Daß sie diesen Winter überhaupt überlebte, kann als ein kleines Wunder bezeichnet werden, gereicht der Nation aber nicht zur Ehre. Als das Wetter schließlich umschlug und die Nachschubgüter wieder in erträglichem Umfang einzutreffen begannen, traf mit ihnen in Falley Forge auch ein gewisser Baron von Steuben ein, Ex-Stabsoffizier der Armee Friedrichs des Großen, der von den Franzosen überredet worden war, sich Washington zur Verfügung zu stellen. Nachdem von Steuben in Falley Forge die Truppen inspiziert hatte, war Washington von seinem Bericht so beeindruckt, daß er ihn umgehend zum Generalinspekteur ernannte und ihn anwies, detaillierte Ausbildungsrichtlinien für das amerikanische Bundesheer *(Continental Army)* auszuarbeiten. Mit Sorgfalt und viel Geduld und nicht ohne vorher eine »Versuchskompanie« aufgestellt zu haben, die er persönlich ausbildete, brachte von Steuben den militärisch völlig unbedarften Soldaten erst einmal die Grundbegriffe des Soldatenhandwerks bei. Er entwarf eine etwas vereinfachte Form der preussischen Exerzieranweisung, die er den örtlichen Verhältnissen anpaßte. Er kümmerte sich um die Nöte der Soldaten und wurde so zum Beispiel für die anderen Offiziere, von denen es bis dahin nur sehr wenige für nötig befunden hatten, für das Wohlbefinden ihrer Männer zu sorgen. Er brachte den Soldaten nicht nur den korrekten Umgang mit Waffen bei, sondern auch deren Pflege. Vor allem aber zeigte er den Amerikanern, wie man mit einem Bajonett umgeht. Bis dahin war den Amerikanern stets das Herz in die Hose gerutscht, wenn sie sich einem britischen Bajonettangriff ausgesetzt sahen. Denn die Briten waren Meister im Gebrauch dieser entnervenden Waffe. Doch mit Geduld, seinem profunden Fachwissen und nicht zuletzt mit Hilfe seiner gotteslästerlichen Flüche — die einzigen englischen Wörter, die er kannte, waren nicht druckreif — gelang es von Steuben, aus potentiellen Soldaten wirkliche Soldaten zu machen.

Frankreichs Eintritt in den Krieg änderte die Lage Großbritanniens grundlegend. Nun galt es für Großbritannien, das gesamte britische Imperium gegen die immer stärker werdende französische Flotte zu schützen. Howes Nachfolger, General Sir Henry Clinton, mußte daher Teile seiner

Eine interessante Zeichnung von Germanns von einem britischen Wachsoldaten in kanadischer Winteruniform. Sie enthält gewisse Merkmale, die bis zu den Anfangsjahren der Besiedlung Neufrankreichs zurückreichen. Die rote Mütze hat einen braunen Pelzbesatz und ist mit einem Fuchsschwanz geschmückt. Die geknöpften Überhosen — möglicherweise handelt es sich auch um *»leggings«* — sind blau. Der Mantel, auf der Brust mit einer blauen Verschnürung, ist weiß und hat eine große Kapuze. Die Ärmelaufschläge und der Saum sind mit einem blauen Stoffband besetzt. Am Tragriemen der hinten baumelnden Tasche ist eine Rosette angebracht.

Eine zeitgenössische kolorierte Zeichnung von einem Soldaten des britischen *62nd Regiment of Foot* (62. Regiment zu Fuß) in Amerika aus dem Jahre 1778. Sie ist von Friedrich von Germann angefertigt worden, einem Offizier vom hessisch-hanauischen Füsilierregiment »Erbprinz«. Von Germann hinterließ eine ganze Anzahl dieser Zeichnungen, die mit zu den wichtigsten zeitgenössischen Quellen zählen. Unter der Zeichnung steht in Deutsch: »außer geringen Änderungen an den Beinkleidern dieselbe Uniform auch beim 20., 21., 24. und 47. Regiment.« Die Mütze des Soldaten entspricht ungefähr der Kopfbedeckung der leichten Infanterie, mit einem weißen Kamm, Knopf und Schleife. Vorn an der Mütze scheint ein weißes Mützenblech angebracht zu sein. Der Soldat trägt einen roten Rock mit sandfarbenen Aufschlägen. Der Schulterriemen ist rot und die Knöpfe weiß. Die Unterkleider sind sandfarben, das Lederzeug und die Strümpfe weiß. Die Seitengewehrscheide wie auch die Patronentasche und Stoffgamaschen sind schwarz.

Von Germanns Zeichnung von einem schottischen *Highlander*. Das Regiment ist unbestimmt, doch handelt es sich vermutlich um die *Royal Highland Emigrants*. Die kurze rote *Highland*-Jacke hat einen dunkelblauen Umhang und ebensolche Rock- und Ärmelaufschläge. Die Knopflöcher sind weiß eingefaßt, und auch das Futter ist weiß. Ebenfalls weiß ist die Weste, der Schottenrock in der Grundfarbe grün mit grauen und roten Streifen. Die Strümpfe sind rot-weiß gestreift, das Lederzeug schwarz. Die Schottenmütze ist dunkelblau mit einem blauen Pompon und einer schwarzen Puschel.

Von Germanns Zeichnung von einem amerikanischen Offizier mit schwarzem Hut, braunem Rock mit roten Aufschlägen, rotem Futter, gelben Epauletten und messingfarbenen Knöpfen sowie sandfarbenen Hosen. Das Hemd, das Lederzeug und die Strümpfe sind weiß, die Weste senkrecht rot-weiß gestreift.

Dieser amerikanische Soldat trägt einen schwarzen Hut mit einer braunen Hutpuschel. Die Jacke ist grau und hat gelbe Aufschläge, ein gelbes Futter und messingfarbene Knöpfe. Die Hosen sind braun, die Weste weiß, Dazu trägt er blaue Strümpfe. Das gesamte Lederzeug ist schwarz.

Sämtliche Bilder New York Public Library

Truppen abgeben, die zur Verteidigung von Kanada, Florida und den Westindischen Inseln gebraucht wurden. Er wurde angewiesen, Philadelphia zu räumen, und setzte sich mit seinen 10000 Mann in Richtung New York in Marsch, gefolgt von Washington, dessen Truppen wiederum auf 13500 Mann gebracht worden waren, aber besser ausgebildet und bewaffnet als je zuvor. Am 17. Juni griff er die Briten bei Monmouth an. Obwohl sich das neugewonnene Selbstvertrauen in Form eines Bajonettangriffs niederschlug, endete die Begegnung unentschieden, nicht zuletzt wegen der Unentschlossenheit des amerikanischen Generals Charles Lee. Dies war das letzte Zusammentreffen in den nördlichen Kolonien. Washington errichtete zum Schutz New Yorks einen Verteidigungsgürtel, und obwohl örtliche Gefechte nach wie vor stattfanden, kam es an der Nordfront zu einem Stillstand, der den Rest des Jahres 1778 und das ganze Jahr 1779 über andauerte.

Nun richteten die Briten ihre Aufmerksamkeit auf den Süden, wo gewisse Sympathien für die »Tories« die Hoffnung aufrecht erhielten, die Südstaaten für die Britische Krone doch noch zurückgewinnen zu können. Gleichzeitig schlugen die Briten zu und überrannten im Winter 1778/1779 den nur dünn besiedelten Staat Georgia. Dadurch und durch die erfolgreichen Überfälle auf Virginia ermutigt, bereiteten sie sich auf einen Generalvormarsch auf das Aufständischenzentrum Charleston vor. Als im Mai 1780 General Clintons britische Truppen in Charleston eintrafen, wurde die Hafenstadt durch General Lincoln dem Feind übergeben. General Washington hatte die Briten von ihrem Vormarsch von New York nach dem Süden nicht abhalten können, da er nicht über genügend Truppen verfügte. Diese Kapitulation kostete die Aufständischen mehr als 5000 wertvolle Soldaten. Eine zu spät entsandte Entlastungsstreitmacht der Aufständischen wurde von der unter dem Kommando des ebenso brillanten wie rücksichtslosen Colonel Tarleton stehenden britischen Kavallerie bei Waxhaws abgefangen und niedergemacht. Die Kampfhandlungen der Aufständischen im Süden beschränkten sich in der Folgezeit auf eine wütend ausgetragene Guerillakriegführung zwischen Patrioten und Regierungstreuen. Im Juni entsandte Washington ein kleines Kontingent seiner Armee nach North Carolina, wo dieses Kontingent den Kern bilden sollte, um den sich die örtlichen Widerstandsgruppen scharen konnten. Doch führte das übertriebene Selbstvertrauen ihres Kommandeurs, General Gates, im August zu einer vernichtenden Niederlage durch die Briten. Obwohl die stark verbesserten amerikanischen Truppen sich vorzüglich schlugen, konnten sie die Niederlage nicht abwenden, da sie von den in ihren eigenen Reihen kämpfenden Milizeinheiten, die vor den Bajonetten von Cornwallis' Rotröcken und den Säbeln von Tarletons Kavallerie das Weite suchten, im Stich gelassen wurden.

In den kritischen Tagen des Jahres 1780 vollbrachte Washington Wunder, indem es ihm trotz allem gelang, die Armee zusammenzuhalten. Der unerwartet lange Krieg hatte ungeheure Verknappungen und Enttäuschungen zur Folge. Das Geld war mittlerweile fast völlig wertlos geworden, mit dem Ergebnis, daß die Truppen nicht mehr vernünftig versorgt, ausgerüstet und besoldet werden konnten. Der Menschenmangel stellte ein weiteres ernsthaftes Problem dar trotz der Zuweisung von Milizsoldaten durch die verschiedenen Bundesstaaten. Die Auswirkungen innerhalb der Truppe waren Meutereien in den Jahren 1780 und 1781, die durch rücksichtsloses Eingreifen niedergeschlagen werden konnten.

Gewisse Verwaltungsreformen trugen dazu bei, die Vorbereitungen für einen letzten Energieausbruch im Jahre 1781 etwas zu erleichtern. Die von Washington vorgeschlagenen Personalbesetzungen einiger Schlüsselpositionen wurden angenommen und in den Süden bewegliche Streitkräfte entsandt, die sich den Guerilla-Einheiten anschließen sollten. Im Januar 1781 gelang es, den verhaßten Tarleton zu überlisten und durch Morgans Miliz bei Cowpens entscheidend zu schlagen. Cornwallis reagierte prompt. Um den Vormarsch seiner Hauptstreitmacht zu beschleunigen, ließ er sogar einen Teil seines Trosses zurück. Der Kommandeur der Aufständischen im Süden, Nathaniel Greene, führte ihn danach in den Wäldern des Landes solange an der Nase herum, bis die britische Streitmacht nur noch ein Schatten ihrer selbst war. Ein Aufeinandertreffen im März bei Guilford Court House kostete Cornwallis hohe Verluste, worauf sich Greene jedoch zurückzog, ohne sich nochmals zu stellen. Cornwallis führte nun seine stark angeschlagenen Truppen zur Küste zurück und übernahm den Oberbefehl über sämtliche britischen Streitkräfte in Virginia, ungefähr 7000 Mann, etwa ein Drittel aller in Amerika befindlichen regulären Trup-

pen Großbritanniens. Schließlich errichtete Cornwallis auf Clintons Befehl in Yorktown, in unmittelbarer Nähe der Chesapeake-Bay (Chesapeake-Bucht), einen großen Stützpunkt, im übrigen den einzigen in diesem Gebiet.
Washington erkannte sofort seine Chance, den Briten einen entscheidenden Schlag zu versetzen. Indem er den Vorteil wahrnahm, der sich ihm durch die Ankündigung der französischen Flotte bot, demnächst der Chesapeake-Bay einen Demonstrationsbesuch abstatten zu wollen, löste er sich geschickt von Clinton und marschierte südwärts. Zuvor hatte er bei Newport etwa 4000 französische Soldaten seinem Kommando unterstellt. Als die französischen Schiffe eintrafen, die weitere 3000 Mann an Land setzten, sorgten sie dafür, daß Yorktown nunmehr weder von See her versorgt noch evakuiert werden konnte. Diese neuen Truppen und ein nicht unbeträchtliches Aufgebot örtlicher Miliz brachte Washingtons Gesamtstreitkräfte auf über 16000 Mann, wodurch er den Briten dort endlich in einem Verhältnis von mehr als 2:1 überlegen war. Die von französischen Fachleuten ausgeklügelte und nach konventionellem europäischen Muster geplante Belagerung von Yorktown begann. Am 19. Oktober 1781 kapitulierte Cornwallis.
Die Armeen Washingtons und Greenes verblieben aber noch zwei weitere Jahre im Feld; einige kleinere Kampfhandlungen im Süden standen noch bevor. Doch insgesamt gesehen war mit der Belagerung von Yorktown der amerikanische Unabhängigkeitskrieg *(War of Independence)* zu Ende. Zwar standen noch eine Reihe sich über Monate hinziehender diplomatischer Verhandlungen um Detailfragen des Friedensvertrages aus, bei denen es nicht zuletzt darum ging, das Gesicht zu wahren, doch stand das Ergebnis jetzt schon außer Frage. Der weite amerikanische Kontinent hatte damit aufgehört, lediglich jener mit Reichtümern gesegnete Tummelplatz zu sein, auf dem die Staaten der Alten Welt die Nebenkriege ihrer Jahrhunderte dauernden europäischen Machtkämpfe austrugen. Er sollte die Geburtsstätte einer neuen Republik werden, Austragungsort eines sozialen Experiments ohnesgleichen in der Geschichte. Der Verlauf dieses Experiments sollte sich jedoch als so stürmisch herausstellen, daß nach Yorktown noch weitere 135 Jahre vergehen mußten, bis zum letzten Mal fremde Truppen bewaffnet US-Territorium betraten und amerikanische Staatsbürger töteten.

Bild 16: Soldat einer Grenadierkompanie, Britisches 33. Regiment zu Fuß (British 33rd Regiment of Foot), 1776

Das *33rd Regiment of Foot* — das in späteren Jahren das »Regiment des Herzogs von Wellington« hieß und das einzige Regiment in der britischen Armee war, das nicht den Namen eines Mitglieds des britischen Königshauses führte — war während des amerikanischen Unabhängigkeitskrieges in den Kämpfen auf Long Island und den Harlem Heights, bei Charleston, Camden, King's Mountain, in Guilford Court House und Yorktown eingesetzt gewesen. Von einer Abteilung dieses Regiments wird behauptet, sie habe 1777 den britischen General John Burgoyne auf einer seiner Expeditionen begleitet. Ursprünglich war das Regiment 1702 als das Regiment des Earls of Huntington aufgestellt worden.

Die Grenadiere aller Grenadierbataillone wurden wegen ihrer Größe und Stärke ausgesucht. Die hohen Grenadiermützen, die nicht zuletzt deshalb eingeführt wurden, weil sich die Dreispitze beim Handgranatenwerfen als hinderlich erwiesen hatten, taten das Ihre, die Soldaten noch größer erscheinen zu lassen, als sie ohnehin schon waren. Doch mittlerweile war an Stelle der hohen Grenadiermütze eine ähnlich geformte, doch etwas niedrigere Mütze getreten, die stark mit schwarzem Pelz verbrämt war. Vorn war an der Mütze eine schwarzlackierte Metallplatte (Mützenblech) angebracht, in die das Wappen und der Wahlspruch eingestanzt waren. Aus Gründen der Zweckmäßigkeit band man mitunter das Haar hinten zusammen.

Der rote Rock dieses Grenadiers hat rote Aufschläge und ein weißes Futter. Die Regimentslitze ist weiß mit einem roten Streifen in der Mitte. Die Unterkleider — also Kniehose und Weste — waren seit 1768 weiß, in einigen wenigen Fällen sandfarben. Dazu wurden Strümpfe und schwarze Halbgamaschen getragen. Die Feldausrüstung bestand aus den damals üblichen Gegenständen. Das hier abgebildete Bandelier mit der Patronentasche hat zudem noch auf Brusthöhe ein Büchslein aus Messing für das »Zündkraut«, ein Relikt aus früheren Tagen und Erinnerungsstück an die traditionelle Rolle der Grenadiere.

Bild 17: Soldat, The Royal Greens, 1777

Es ist allgemein bekannt, daß der Ruf nach Unabhängigkeit die Siedler in Amerika in zwei Lager spaltete. Man nimmt an, daß etwa zwei Drittel von ihnen für eine Erhebung und etwa ein Drittel »Loyalisten«, also für die Britische Krone waren. Weit davon entfernt, nur eine kleine Minderheit zu sein, konnten die »Tories« — also die konservativen »Loyalisten« — in allen Provinzen immerhin 60 000 Mann auf die Beine bringen. In einigen Kolonien waren sie sogar in der Überzahl. Zahlreiche Verbände loyaler Truppen wurden aufgestellt, von denen nicht wenige von prominenten Großgrundbesitzern und Geschäftsleuten finanziert und unterhalten wurden. Es lag in der Natur der Sache, daß die Kämpfe zwischen den »Loyalisten« und »Rebellen« weitaus härter ausgetragen wurden als jene zwischen »Rebellen« und den regulären britischen Truppen. Man weiß, daß bei den Kämpfen zwischen »Loyalisten« und »Rebellen« zahlreiche Greueltaten verübt wurden. Viele Verbände der »Loyalisten« waren ausgezeichnet, nur ließ die Führung und die Unterstützung durch die britische Armee sehr zu wünschen übrig. In den Streitkräften der »Tories« befanden sich so namhafte Verbände wie *The Queen's Rangers*, die ursprünglich von Robert Rogers im britisch-französischen Kolonialkrieg aufgestellt worden waren. Ferner die Brigade des de Lancey aus New York; die Rangers des Butler, eine aus Grenzbewohnern zusammengestellte Truppe, die wegen ihrer Rücksichtslosigkeit berüchtigt war; die britische Legion des Tarleton; sowie weitere in Maryland, Pennsylvania, North und South Carolina und in New York aufgestellte Freiwilligenverbände.

Der Mittelpunkt loyaler Gesinnung war New York. Unter den vielen Verbänden, die in diesem Gebiet aufgestellt wurden, befand sich auch ein Verband mit der Bezeichnung *The Royal Greens*. Ursprünglich 1776 von Sir John Johnson formiert, erhielt diese Einheit zwei Jahre später die Bezeichnung *The King's Royal Regiment of New York*. Der Verband hatte Regimentsgröße, doch schwankte im Verlauf des Krieges die Mannschaftsstärke ganz erheblich. Die Männer stammten zum großen Teil aus abgelegenen Siedlungen im Norden des Staates New York. Es dauerte nicht lange, und das Regiment war berühmt geworden für seine Geschicklichkeit, Waldkämpfe auszutragen.

Die hier abgebildete Uniform entspricht dem Stil der damaligen Zeit, nur ist sie nicht rot, wie seinerzeit üblich, sondern grün. In den Jahren von 1776—78 war es Brauch, die »Loyalisten« mit grünen anstatt roten Uniformen auszustatten. 1778 hingegen erhielten die »Loyalisten« wiederum rote Uniformen. Die Farbe der Rockaufschläge variierte. (In der Anfangsphase des amerikanischen Unabhängigkeitskrieges waren die »Loyalisten« ebenso uneinheitlich uniformiert wie die »Rebellen«. Einige kämpften in Zivilkleidung und diejenigen schottischer Herkunft sogar im Schottenrock und mit schottischem Breitschwert.) Sowohl die Rockaufschläge als auch Weste und Kniehose der *Royal Greens* waren weiß und hatten die britische Uniform zum Vorbild. Auf den Zinnknöpfen waren die Buchstaben »RP« (für *»Royal Provincials«* = königliche Provinztruppe) eingestanzt. Berichten zufolge trugen die Soldaten kniehohe Gamaschen aus braunem Stoff und benutzten britische Ausrüstungsgegenstände. Die herzförmigen Messingschnallen zum Befestigen der umgeschlagenen Rockschöße entsprachen der damaligen Mode. Man nimmt an, daß als Emblem der »Loyalisten« an den Hüten eine rote Kokarde getragen wurde. In der Manier vieler Soldaten des 18. Jahrhunderts hat dieser »Tory«-Soldat seine verlorengegangene oder abgenutzte Kokarde durch ein Büschel rotgefärbter Federn ersetzt. Das Lederzeug war in der Regel sandfarben.

Bild 18: Offizier, Der Königin 16. leichtes Dragonerregiment (16th (Queen's) Light Dragoons), 1777

Die einzigen britischen Kavallerieregimenter, die während des amerikanischen Unabhängigkeitskrieges nach Amerika verschifft wurden, waren das *16th* und *17th Light Dragoons Regiment*. Das *16th Regiment* war ursprünglich von General John Burgoyne aufgestellt worden, der auch im Range eines Oberstleutnants Kommandeur dieses Regiments blieb, bis er nach seiner Kapitulation bei Saratoga (im amerikanischen Unabhängigkeitskrieg) zeitweise in Ungnade fiel. 1761 kämpfte das Regiment bei Belle Isle (Neufundland) und in den darauffolgenden Jahren in Portugal, wo es sich besonders auszeichnete. 1776 wurde es nach Amerika verlegt, wo es in zahlreichen Kämpfen Einsatz fand, von denen allerdings die meisten recht unbedeutend waren. Bei White Plains und Brandywine Creek schlug sich das Regiment allerdings bravourös. Nach schweren Verlusten wurde es 1778 nach England zurückverlegt, wo ein Großteil der Überlebenden dem *17th Light Dragoons Regiment* zugeführt wurde.
Der hier abgebildete Offizier trägt den von den Dragonern in den letzten zwanzig Jahren verwendeten Helm aus steifem Leder, der vorn ein Mützenblech mit dem königlichen Monogramm trägt. Im übrigen hat der Helm einen messingverkleideten Kamm, einen roten Federbusch sowie einen Stoffwickel in der Regimentsfarbe Blau. Da es sich hier um einen Verband des Königshauses handelt, sind auch die Aufschläge des roten Rockes blau.
Unteroffiziere und Mannschaften trugen eine ähnliche Uniform, nur wurde an Stelle der Silberlitze weiße Litze verwendet. Die Bewaffnung der leichten Dragoner bestand aus einem kurzen Steinschloßkarabiner, der an einem Karabinerhaken am Lederbandelier mitgeführt wurde, sowie aus einem Degen und zwei Pistolen in Sattelhalftern.

Bild 19: Grenadier, Hessisch-Hanauisches Musketierregiment »Erbprinz«, 1780

Seit der Vereinigung der Königshäuser von Großbritannien und Hannover zu Beginn des 17. Jahrhunderts hatte Großbritannien bei mehr als einer Gelegenheit auf deutsche Truppen zurückgegriffen, wenn es galt, im Vereinigten Königreich oder in seinen Kolonien brenzlige Situationen zu bereinigen. Zur Zeit des amerikanischen Unabhängigkeitskrieges hatte die britische Armee eine Gesamtstärke von 33 000 regulären Soldaten, zuwenig, um gleichzeitig gegen die amerikanischen Siedler anzutreten, das Mutterland zu verteidigen und sich in den übrigen überseeischen Besitzungen vor unliebsamen Entwicklungen zu schützen. Folglich wurden zahlreiche Verträge abgeschlossen, um sich der Dienste großer Kontingente deutscher Truppen zu versichern, die vor allem aus allen Teilen Hessens kamen. Insgesamt dienten in Amerika etwa 40 000 deutsche Soldaten, die unabhängig von ihrer tatsächlichen Herkunft von Freund wie auch Feind pauschal als »Hessen« bezeichnet wurden. Zu welchem Zeitpunkt auch immer, stets waren ein Drittel aller während des amerikanischen Unabhängigkeitskrieges in Nordamerika eingesetzten britischen Soldaten deutsche Söldner, wobei der Begriff Söldner hier im wahrsten Sinne des Wortes gebraucht wird, denn die Soldaten verblieben in ihren nationalen Regimentern und behielten auch ihre deutschen Offiziere bei.

Das Hessisch-Hanauische Füsilierregiment »Erbprinz« ging im Juni 1776 in Quebec an Land und kämpfte bei Ticonderoga, Freeman's Farm, Benis Heights und Saratoga. 1780 wurde aus dem Füsilierregiment ein Musketierregiment mit gleichzeitiger Änderung der Regimentsfarbe von Rosa in Karmesinrot. Obwohl es nun ein Musketierregiment geworden war, behielt das Regiment stets eine Grenadierkompanie bei. Der blaue Rock und die weiße Hose wurden von fast allen hessischen Verbänden getragen. Nur die Farbe der Westen und der Aufschläge variierte. In das Mützenblech der Grenadiermütze ist in sehr sorgfältiger Arbeit das hessische Wappen eingestanzt. Die karmesinrote und weiße Hutpuschel ist ein besonderes Erkennungszeichen dieses Regiments. Die Patronentasche, die genau in der Mitte des Koppels getragen wurde, trägt das Monogramm des Erbprinzen Wilhelm von Hessen. Während die Unteroffiziere und Mannschaften einer Tradition folgend Schnurrbärte trugen, waren die Offiziere glattrasiert.

Bild 20: Jäger, Braunschweigisches leichtes Infanteriebataillon von Barner, 1777

Schon seit jeher belieferte das Herzogtum Braunschweig Großbritannien mit Soldaten. Im Januar 1776 wurde zwischen den beiden regierenden Häusern ein Vertrag unterzeichnet, demzufolge sich das Herzogtum Braunschweig verpflichtete, für den Einsatz in Amerika ein Infanteriekorps in Stärke von knapp 4000 Mann und ein Dragonerregiment zu stellen. Unter den Infanterieverbänden befand sich auch das leichte Infanteriebataillon von Barner, das nach seinem Kommandeur benannt war und sich aus vier leichten Infanteriekompanien und einer Jägerkompanie zusammensetzte.

Die beim Saratoga-Feldzug 1777 vom Schicksal so schwer getroffene britische Armee des Generals Burgoyne bestand zum großen Teil aus diesem braunschweigischen Korps. Es kämpfte darüber hinaus bei Ticonderoga, Hubbardton, Freeman's Farm, Benis Heights und schließlich bei Bennington, wo es schwere Verluste hinnehmen mußte. Nachdem über 1000 Mann gefallen waren, wurde das Korps nach Saratoga zurückverlegt. Unter den besten von »Gentleman Johnny« Burgoynes Verbänden befand sich auch das leichte Infanteriebataillon von Barner, ein Eliteverband, der sich vornehmlich aus Förstern des Herzogtums Braunschweig zusammensetzte. Bei den in Amerika üblichen Waldkämpfen erwiesen sie sich als außerordentlich geschickt und fachkundig. Die leichten Infanteriekompanien trugen blaue Röcke mit schwarzen Samtkragen und Aufschlägen, die Jägerkompanie hingegen grüne Röcke und grüne Westen mit roten Aufschlägen. Der hier abgebildete Jäger trägt sandfarbene Lederhosen und lederne Stulpenhandschuhe, wie sie von allen Dienstgraden getragen wurden. Offiziere wie Mannschaften waren mit Degen und Gewehr bewaffnet und trugen in der Mitte des Koppels eine lange Patronentasche. Die Gewehre, mit denen die Förster meisterhaft umzugehen verstanden, waren von hervorragender Qualität und entweder selbst gekauft oder ein Geschenk. Um die rechte Achsel trugen alle ein Achselband (frz. *aiguilette*): ein silbernes die Offiziere, ein weißes die einfachen Soldaten. Ähnlich verhielt es sich mit den Portepees: silberne trugen die Offiziere, grüne die einfachen Soldaten.

Bild 21: Milizsoldat der Kolonien, 1775

Bis 1779 besaß die amerikanische Armee überhaupt keine Anzugordnung. Davor, und teilweise auch noch danach, präsentierten sich die amerikanischen Revolutionsstreitkräfte als ein ziemlich buntgekleideter Haufen. Die weitaus meisten Freiwilligen trugen während des gesamten Unabhängigkeitskrieges Zivilkleidung. Selbst die Linienregimenter sahen sich infolge von Beschaffungs- und Lieferschwierigkeiten gezwungen, zu improvisieren. Es war General Washington durchaus klar, wie wichtig eine einheitliche Uniform war und wie positiv sie sich auf das Zusammengehörigkeitsgefühl auswirken mußte. Doch angesichts des ihm zur Verfügung stehenden wenigen Materials mußte er mit dem auskommen, was er besaß.

Die übliche Kopfbedeckung der Truppen war der Hut mit vorn und hinten hochgeschlagener Krempe, dem Dreispitz ähnlich, oder einer der vielen anderen breitkrempigen Hutmodelle. Doch eigentlich wurde so ziemlich alles getragen: gestrickte Mützen, Pelzmützen, Ledermützen oder die schirmmützenähnliche Kopfbedeckung der leichten Infanterie. Der bevorzugte »Feldanzug« war noch immer das hier abgebildete Jagdhemd, auch dann noch, wenn der Träger dieses Hemdes Angehöriger der wenigen privilegierten Provinzverbände gewesen sein sollte, die zufriedenstellend uniformiert worden waren. Selbst Washington empfahl es. Es war außerordentlich praktisch, konnte sowohl im Winter über andere Bekleidungsstücke gestreift als auch im Sommer auf der nackten Haut getragen werden, ohne den militärischen Eindruck einer einheitlich in Jagdhemden gekleideten Gruppe von Männern zu zerstören. Washington zufolge war das Jagdhemd für die Briten gleichbedeutend mit habichtäugigen Scharfschützen, und es genügte schon das bloße Auftauchen eine solchen Hemdes, um sie nervös zu machen. Dieser Milizsoldat trägt sein eigenes Gewehr, eine schwere Vogelflinte, sowie sein eigenes Pulverhorn und seinen eigenen Kugelbeutel, Ausrüstungsgegenstände, die er ansonsten nur zur Jagd benutzte. Seine wenigen Habseligkeiten führt er in einem groben Leinensack mit sich, den er an einem Strick um die Schulter geschlungen trägt.

Bild 22: Soldat, 1. Pennsylvania Bataillon (1st Pennsylvania Battalion), 1776

Gelegentlich gab es in den einzelnen amerikanischen Staaten Freiwilligenverbände, in deren Reihen auch Uniformierte anzutreffen waren. Fast immer waren es besonders angesehene Einheiten. Für die Auswahl der Uniformen sorgte die örtliche Miliz, wobei sie an die Qualität keine allzu hohen Anforderungen stellte und nahm, was gerade billig zu haben war. Eine einheitliche Uniformfarbe gab es nicht, doch schien braun sehr beliebt gewesen zu sein. Als Washington seine Linienregimenter aufzustellen begann, machte er daher aus der Not eine Tugend und verfügte, daß künftig die Infanterieuniform braun zu sein habe. Die Farbe der Aufschläge war selbst innerhalb der einzelnen Staaten höchst unterschiedlich. Nicht selten war der Rock der einzige Ausrüstungsgegenstand, der ausgegeben wurde. Die Beschaffung von Hut, Hose, Weste und Schuhen blieb den Soldaten überlassen.
Der hier abgebildete Soldat aus Pennsylvania ist in voller Montur, vermutlich eine Sternstunde in seiner gesamten militärischen Laufbahn. Das *1st Pennsylvania Battalion* bildete den Kern, aus dem im Oktober 1776 das *2nd Pennsylvania Regiment* der regulären pennsylvanischen Truppen des amerikanischen Bundesheeres formiert wurde. Im Feld wurden zwar immer noch die Jagdhemden oder Stoffjacken getragen, doch als Ausgehuniform besaß dieser Verband bereits einen braunen Rock mit grünen Aufschlägen. Berichten zufolge schien es aber immer noch ein paar Kompanien gegeben zu haben, die auch diese Kombination zu beschaffen nicht imstande gewesen waren. Braune Uniformen mit sandfarbenen Aufschlägen oder blaue Uniformen mit roten Aufschlägen waren ebenso anzutreffen wie zahlreiche andere Farbkombinationen. Sandfarbene Hosen, weiße Strümpfe, schwarze halbhohe Stoffgamaschen und weißes Lederzeug vervollständigen die Uniform. In der Hand trägt dieser Soldat einen Kessel, wie er seinerzeit im Feldlager allgemein benutzt wurde.

Bild 23: Sergeant, 1. Connecticut-Regiment (1st Connecticut Regiment), 1780

Nach zahlreichen mißlungenen Anfängen, Fehlschlägen in der Versorgung, Betrügereien durch Kriegsgewinnler und nicht erfüllten Stoffbestellungen für Uniformen aus Frankreich und Holland gelang es Washington schließlich, 1779 dem Kongreß die Zustimmung für eine einheitliche Infanterieuniform abzuringen. Der ursprüngliche Gedanke, alle Truppen mit blauen Röcken, weißen Unterkleidern und je nach Zugehörigkeit zu einem der dreizehn Staaten mit verschiedenfarbigen Aufschlägen auszurüsten, war inzwischen wieder aufgegeben worden. Die Schwierigkeiten, die sich bei der Beschaffung von Stoffen in dreizehn verschiedenen Farben ergeben hatten, hatten sich als unüberwindlich erwiesen. Mittlerweile war Dunkelblau ohnehin zur häufigsten Uniformfarbe avanciert, mit Braun (mit roten Aufschlägen) an zweiter Stelle.
Also stattete man die Truppe wie folgt aus: die Infanterie von New Hampshire, Rhode Island, Massachusetts und Connecticut erhielt blaue Röcke mit weißem Futter und weißen Aufschlägen; die von New York und New Jersey blaue Röcke mit weißem Futter und sandfarbenen Aufschlägen; die Infanterie von Pennsylvania, Dela-

ware, Maryland und Virginia blaue Röcke mit weißem Futter und roten Aufschlägen; die von Georgia und von North und South Carolina dunkelblaue Röcke mit hellblauen Aufschlägen, weißem Futter und weiß eingefaßten Knopflöchern. Einheitlich sollten dazu weiße Unterkleider — also Hose und Weste — getragen werden. An die Stelle der Kniehose und Strümpfe trat die hier abgebildete Überhose, die je nach Jahreszeit aus verschiedenartigem Material gefertigt sein konnte. Sie reichte bis zu den Knöcheln und wurde dort durch vier bis fünf Knöpfe geschlossen. Unteroffiziere waren an weißen Epauletten erkenntlich, Kompanieoffiziere an silbernen. Zusätzlich zu ihrer Muskete und ihrem Bajonett trugen Sergeanten noch einen Säbel. Offiziere trugen um die Taille eine Feldschärpe, einen an einem Wehrgehänge befestigten Säbel und einen Sponton, den sie im Kampf vermutlich aber gegen ein Gewehr eingetauscht haben dürften. Die schwarzen Hüte der Mannschaft mit vorn und hinten hochgeschlagener Krempe hatten eine weiße Stoffbandeinfassung. Ob die Soldaten es mit der Bandeinfassung aber so genau genommen haben werden, ist unwahrscheinlich. Vermutlich wird ihnen mehr an einem guten Hut gelegen gewesen sein als an solchen Feinheiten. Etwa um 1780/81 wurde die Farbe der Hutkokarde zu Ehren der amerikanisch-französischen Allianz in Schwarz-Weiß geändert. Die Uniformknöpfe waren aus weißem Metall.

Bei allem sollte jedoch bedacht werden, daß es mindestens ein Jahr dauerte, bis die 1779 getroffenen Entscheidungen in die Tat umgesetzt werden konnten. In Anbetracht der damals herrschenden Zustände — wie der Versorgungsschwierigkeiten, der räumlichen Trennung der Verbände von den Depots, der Unabhängigkeit, derer sich so mancher Verband erfreute, die er mitunter sogar forderte — muß es zahlreiche Einheiten gegeben haben, die 1783 aufgelöst wurden, ohne je die neuen Uniformen gesehen zu haben, da die Ausrüstung seinerzeit alleinige Sache der einzelnen Bundesstaaten war.

Bild 24: Reiter, 4. Dragonerregiment der amerikanischen Bundesarmee (4th Continental Dragoons), 1779

Der schwache Punkt der amerikanischen Armee zur Zeit Washingtons war ihr ständiger Mangel an berittenen Verbänden. Vornehmlich bei den Kämpfen von Brandywine Creek hatte sich das Fehlen von Kavallerie negativ bemerkbar gemacht. 1777 genehmigte der Kongreß die Aufstellung von vier Kavallerieregimentern *(Continental Cavalry)*, die als Bestandteil der amerikanischen Bundesarmee nach dem Muster der britischen leichten Dragonerregimenter formiert und aus sechs Trupps zu je 60 Mann bestehen sollten. Doch wie schon der Infanterie, machten die Versorgungsschwierigkeiten auch der Kavallerie zu schaffen. Oft reichte der Pferdebestand nur für 25 Mann eines jeden Trupps, so daß die übrigen Dragoner nicht selten gezwungen waren, als »gewöhnliche« Infanteristen zu kämpfen. Neben den Kavallerieregimentern des amerikanischen Bundesheeres *(Continental Army)* gab es aber auch noch berittene Milizverbände in den einzelnen Bundesstaaten. Insbesondere die der Südstaaten waren recht schlagkräftig. Doch keiner dieser berittenen Verbände ist je nach Art europäischer Kavallerieregimenter eingesetzt worden. Sie wurden fast ausschließlich zu Kundschafter- und Kurierdiensten herangezogen.

Die Uniformierung der berittenen Verbände war ebenso unterschiedlich wie die der Infanterie. Die vier Kavallerieregimenter des Bundesheeres trugen die damals üblichen Uniformröcke, wenngleich auch mit etwas kürzeren Rockschößen, eine Weste, enge Hosen und Stulpenstiefel. Als Kopfbedeckung wurde gewöhnlich ein aus steifem Leder oder Messing gefertigter Helm getragen, der zur Verzierung um den Helmkegel mit einem breiten Stoffband umwickelt war oder einen Feder- oder Pelzkamm hatte. Das *1st Continental Dragoon Regiment* (Kommandeur Bland) trug einen blauen Rock mit roten Aufschlägen, das *2nd Continental Dragoon Regiment* (Kommandeur Sheldon) einen blauen Rock mit sandfarbenen Aufschlägen, das *3rd Continental Dragoon Regiment* (Kommandeur Baylor) einen weißen Rock mit blauen Aufschlägen und das *4th Continental Dragoon Regiment* (Kommandeur Moylan) seit 1779 einen grünen Rock mit roten Aufschlägen. Die Form der Kopfbedeckung und Farbe der Federbüsche und Helmstoffbänder waren sehr unterschiedlich und wechselten im Verlauf des Krieges bei jedem Regiment mindestens einmal. Die Reithosen waren gewöhnlich aus sandfarbenem Leder.

Die Waffe der Kavalleristen war der Säbel, sowohl aus Tradition als auch wegen des ständigen

16
18
17
19
20

21
22
23
24
25

Mangels an Handfeuerwaffen. Zeitgenössische Berichte sprechen davon, daß mehr als ein Dutzend verschiedener Säbelarten in Gebrauch waren. Die Unterschiede waren jedoch nur minimal. Pistolen steckten gewöhnlich in Sattelhalftern oder waren an Koppelhaken befestigt. Karabiner hingegen waren außerordentlich rar und wurden mit Gold aufgewogen. Soweit bekannt, besaßen die Kolonien in dieser Zeit keine eigene Gewehrproduktion. Die von den Kavalleristen benutzten Gewehre waren entweder gekürzte Musketen oder erbeutete britische oder importierte französische Karabiner. Einen davon hält der hier abgebildete Soldat in seinen Händen und kann sein Glück offenbar noch nicht so recht fassen. Sogar uralte lange Musketen wurden noch verwendet. Es soll einen Zeitpunkt gegeben haben, wo General Washington ernsthaft mit dem Gedanken spielte, die Kavallerie einheitlich mit alten Donnerbüchsen auszurüsten. Doch wurde nichts aus diesem Vorhaben.

Bild 25: Füsilier, Französisches Infanterieregiment Soissonais, 1780–83

Neben der Hilfe durch die französische Flotte erhielten die amerikanischen Streitkräfte im Unabhängigkeitskrieg auch Unterstützung durch französische reguläre Infanterie. Bevor das im Juni 1780 bei Newport im Bundesstaat Rhode Island gelandete französische Expeditionskorps unter Comte de Rochambeau sich nach Yorktown aufmachte, um an der Belagerung dieser Stadt teilzunehmen, wurde es zuerst noch in den Kämpfen im Raum New York eingesetzt. Unter den Verbänden dieses Expeditionskorps befanden sich die Regimenter Bourbonnais, Royal Deux-Ponts, Soissonais und Saintonge sowie die irischen und polnischen Söldner einer unter Führung von Lauzun stehenden Fremdenlegion. Als Admiral d'Estaing wenig später auf den Westindischen Inseln ein zweites Expeditionskorps aufstellte, befanden sich diesmal auch Angehörige der Regimenter Agénois, Gatinois, Touraine, Armagnac, Cambrésis, Champagne, Auxerrois und vieler anderer Regimenter darunter.

Der hier abgebildete Füsilier des Regiments Soissonais trägt eine fesche neue Uniform und Ausrüstung, das Ergebnis der französischen Armeebestimmungen von 1779. Rock, Weste wie auch Hose sind weiß. Die karmesinroten Aufschläge wurden nur von Regimentern der »siebenten Klasse« getragen. Dazu muß zur Erläuterung gesagt werden, daß die sechzig französischen Linienregimenter in zehn »Klassen« zu je sechs Regimentern unterteilt waren und jede »Klasse« andersfarbige Aufschläge hatte. Darüber hinaus waren die Regimenter numeriert, wobei das Regiment Soissonais auf seinen gelben Metallknöpfen die Nummer 41 trug. Das Regiment bestand im wesentlichen aus Füsilierkompanien. Die wenigen Grenadier- und *Chasseur*-(Jäger)-Kompanien, beides sogenannte leichte Kompanien, waren an ihren verschiedenen Epauletten und Rockschoßhaltern zu erkennen. Füsiliere besaßen keine Degen, sondern hatten im Gegensatz zu den Grenadieren und *Chasseuren* nur ein Bandelier, an dem die Patronentasche und das Seitengewehr befestigt waren. Der Brotbeutel ist aus unbearbeitetem Kalbfell. Seinen Wasservorrat trägt dieser Soldat noch in einer Kürbisflasche. Im Feld wurden schwarze, zur Ausgehuniform weiße Stoffgamaschen getragen. Die verschiedenen Unteroffiziersdienstgrade waren an der Anzahl der Streifen auf den Ärmelaufschlägen und Rockärmeln zu erkennen.

Die karmesinroten Aufschläge scheinen im Amerika ziemlich schnell verblaßt zu sein, denn zeitgenössische Berichte bezeichnen sie als rosafarben.

Während die in Brest verschifften Regimenter mit Musketen Mod. 1777 ausgerüstet waren, besaßen die von den Inseln Martinique und Guadeloupe kommenden Regimenter ältere Modelle.

3. Ein Sieg mit Folgen

Ein Soldat vom *16th US* Infantry Regiment, dem 16. US-Infanterieregiment, in einer Uniform aus dem Jahre 1814 (gestellt). Der kurze Rock alter Art hat einen roten Kragen und rote Aufschläge. Obwohl diese Uniform 1813 offiziell von der gesamtblauen Uniform abgelöst worden war, wurde sie auch 1814 noch getragen. Der Rock ist mit weißem Stoffband oder weißer Litze verziert. Die Ärmelaufschläge haben vier Knopflöcher, obwohl hier nur drei zu sehen sind. Unter den weißen Leinenhosen werden halbhohe schwarze Stoffgamaschen und schwarze Schnürschuhe getragen. Der schwarze Ledertschako (Mod. 1813) ist mit dem weißen Federstutz und der weißen Hutkordel der Infanterie versehen. An einem der beiden Bandeliere ist die schwarze Patronentasche aus Leder angebracht, am anderen, das auf Brusthöhe mit einer Messingplatte verziert ist, das Bajonett für sein »Springfield«-Gewehr Mod. 1812, einen Nachbau der »Charleville«-Muskete. Die an der linken Hüfte baumelnde hölzerne Feldflasche – eigentlich schon mehr ein hölzernes Tönnchen – ist hellblau gestrichen, ebenso der Tornister aus Drillich. Bemerkenswert sind die langen Ärmel des kurzen Rockes. Wie bei den umgeschlagenen Rockschößen ersichtlich, ist der Rock weiß gefüttert.
Katcher

Mit dem amerikanischen Sieg im Unabhängigkeitskrieg von 1776—1783 entstand eine Legende, die der jungen Nation fast ein ganzes Jahrhundert lang kaum vorstellbare Schwierigkeiten bereiten sollte, eine Legende, die erst in den Anfangsmonaten des amerikanischen Bürgerkrieges *(Civil War)* und nach der ersten Schlacht von Bull Run ihr Ende fand. Diese völlig aus den Fingern gesogene Geschichte, die aber im Volk tiefe Wurzeln geschlagen hatte, war durch die nach der Befreiung vom gemeinsamen britischen Joch entstandene tiefgreifende Uneinigkeit unter den jungen US-Bundesstaaten um so gefährlicher geworden. »Das erhabene Bild der Freiwilligen« wäre die wohl treffendste Überschrift dieser Legende, und die wichtigsten Bestandteile dieses Bildes könnten etwa folgendermaßen beschrieben werden: Ein stehendes Bundesheer *(standing army)* sei eine ständige Bedrohung der Freiheit jedes einzelnen Staatsbürgers und eine Verneinung all dessen, wofür die amerikanische Republik eintrete. Es solle ausschließlich Sache der Bundesstaaten sein, aus den Reihen ihrer Bürger Soldaten zu rekrutieren und die Geldmittel für ihre Ausrüstung und ihren Unterhalt zu kontrollieren. Niemals sollten die Truppen eines Bundesstaates gezwungen werden, unter dem Kommando eines anderen Bundesstaates zu dienen, der möglicherweise sie — die Soldaten — und die Steuergelder ihres Bundesstaates nur für eigene Zwecke auszunutzen beabsichtige. Im übrigen habe der Sieg über die Briten hinlänglich bewiesen, daß stehende Heere nicht notwendig seien. Sollte die Nation als Ganzes tatsächlich einmal bedroht werden — ein Umstand, den die einzelnen Bundesstaaten nur nach sorgfältiger Überprüfung anzuerkennen bereit wären —, würden die wackeren Bürger eben ihre Pflüge beiseite stellen, ihre Gewehre zur Hand nehmen, ihre Jagdhemden überstreifen und sich in die Wälder begeben (nur für eine ganz bestimmte Zeit, versteht sich), um den Feind noch vor Beginn der Ernte eins überzubraten. Danach würden die Gruppen sich wieder auflösen, ohne

Rückansicht eines US-Infanteristen in voller Feldausrüstung aus der Zeit des Krieges von 1812.
Artist's Collection

ihrem Staat Geldprobleme verursacht, ihn zu notwendigen Entscheidungen gedrängt oder ihn mit der unerwünschten Ansammlung von bewaffneten Männern belastet zu haben.

Es braucht wohl nicht besonders betont zu werden, wie unsinnig diese Legende war und wie verheerend sie sich auswirken mußte. So geschah es gelegentlich, daß einzelne Bundesstaaten ohne einen Finger zu krümmen seelenruhig zusahen, wie andere Bundesstaaten in Gefahr gerieten. Die »Freiwilligen« *(Volunteers)* hatten sich gewöhnlich nicht freiwillig gemeldet. Da sie von den Bundesstaaten meistens nur durch Druck auf ihre Gemeinden zum Dienst gepreßt wurden, waren sie im Kampf nur bedingt zuverlässig. Die Offiziere wurden meistens aus den Reihen der ortsansässigen Prominenz ausgewählt und konnten gewöhnlich noch nicht einmal die elementarsten militärischen Grundbegriffe. Die periodischen Übungen entarteten mit der Zeit und dienten schließlich nur noch als Vorwand für Saufgelage. Das schlimmste aber war, daß die von Friedrich von Steuben so geduldig eingebleuten Lehren von fast allen wieder vergessen worden waren. Denn nicht die habichtäugigen Jäger hatten Amerika die Unabhängigkeit gebracht, sondern die gut ausgebildeten, diszipliniert und in geschlossener Gefechtsformation angreifenden Verbände der regulären amerikanischen Bundesarmee *(Continental Line)*. Heckenschützen *(snipers)* können einer konventionellen Armee zwar arg zusetzen, doch wird es ihnen kaum gelingen, sie zum Rückzug zu bewegen. Hierzu sind schon ganze Bataillone notwendig.

Noch bevor der Vertrag mit Großbritannien unterzeichnet war, setzte bereits der Verfall der amerikanischen Armee ein. Die sehr eingehenden Friedensverhandlungen zogen sich bis 1783 hin. Währenddessen war die Armee, die mit dem Sold im Rückstand lag und in deren Feldlagern es vor Gerüchten nur so schwirrte, vor Unzufriedenheit kaum noch zu halten. Gegen Ende des Jahres wurde sie zwar endlich ausbezahlt, doch die Frage einer Friedensarmee war noch immer nicht entschieden. Zwischenzeitlich wurde vom Kongreß die Aufstellung eines Wachkommandos zur Bewachung der Arsenale bewilligt, dessen Stärke einschließlich Offizieren und Mannschaften genau 87 Mann betrug. Schließlich kam man überein, ein einziges Regiment zu acht Infanteriekompanien und zwei Artilleriekompanien mit einer Gesamtstärke von ungefähr 700 Mann

nachdem St. Clair den Feldzug um zwei Monate über das vorgesehene Datum hinaus verschoben hatte, war er nicht in der Lage, die 2000 Freiwil-

Zeichnung von einem US-Artilleristen neben einem für diese Periode typischen Munitionswagen. Bei seiner Mütze handelt es sich um den sogenannten »Leichte-Artillerie-Tschako« ohne die »falsche« Vorderfront des Infanterietschakos. Die hier abgebildete Uniform wurde zwischen 1813 und 1821 getragen.
US Signal Corps

ligen aufzutreiben. Schließlich verließ er im September 1791 mit 600 regulären Soldaten und 1400 Milizionären Cincinnati und marschierte beizubehalten. Doch bis Ende 1784 waren erst etwa 400 Mann unter Waffen. New Jersey, Pennsylvania, New York und Connecticut wurden aufgerufen, Wehrpflichtige *(draftees)* zu stellen, doch nur die ersten zwei dieser Bundesstaaten kamen dieser Aufforderung nach. Doch langsam begannen die Dinge Form anzunehmen. Befehligt wurde diese unterbemannte Streitkraft von Lieutenant-Colonel Josiah Harmar aus Pennsylvania. Bis etwa 1790 mußte sich das Land mit Unruhen, die in einem Fall bis zur offenen Rebellion ausarteten — sie konnte nur mit Gewalt niedergeschlagen werden —, und dem Gezänk über Geldfragen und Fragen der Autonomie der Bundesstaaten auseinandersetzen. Unruhen an den Grenzen führten schließlich zur Aufstellung einer Streitmacht, die in der Zeit von 1792—1796 zwischen 5000 und 6000 Mann betrug. Die wohl bemerkenswertesten Ereignisse dieser Periode waren die Niederlage von Lieutenant-Colonel Harmar, das Massaker der Truppen von Arthur St. Clair und der Sieg von Waynes Legion.

Im Juni 1790 wurde beschlossen, den unruhestiftenden Indianern in Ohio eine Lektion zu erteilen, die der Würde der jungen Republik entsprach. Mit dieser Aufgabe wurde Lieutenant-Colonel Harmar beauftragt, dem hierfür ein zusammengewürfelter Haufen überlassen wurde, der sich aus etwa 300 Mann der winzigen regulären Armee und etwa 1400 Milizionären aus Pennsylvania und Kentucky zusammensetzte. Von Cincinnati führte er diese Streitmacht durch die Weite der Wälder bis zu einem Punkt, der heute als Fort Wayne im US-Bundesstaat Indiana bekannt ist. Diesem Haufen Disziplin beizubringen hätte auch die Kräfte anderer Kommandeure überstiegen. Die Freiwilligen machten, was sie wollten. Nachdem zwei Gruppen von den Indianern in Hinterhalten übel zugerichtet worden waren, führte Harmar den armseligen Rest nach Cincinnati zurück. Aber das Schlimmste stand noch bevor.

Im nächsten Jahr entschied der Kongreß, es noch einmal versuchen zu wollen, und beauftragte Arthur St. Clair, den Gouverneur des Nord-West-Territoriums und neuernannten General, ein zweites reguläres Infanterieregiment aufzustellen und weitere 2000 Freiwillige zu verpflichten, letztere für eine Zeitdauer von sechs Monaten. Auch

nach Norden. Am 3. November, als die Streitmacht etwa 160 km von Cincinnati entfernt für die Nacht das Lager aufschlug, wurden sie von ungefähr 1000 Indianern überfallen. Panik brach aus, und nachdem 900 Mann gefallen waren, zogen sich die Überlebenden in Auflösung zurück. Nun begann man langsam aufzuwachen. Der Kongreß bewilligte zwei weitere reguläre Infanterieregimenter und eine gemischte Einheit aus Infanterie und Dragonern, mit deren Führung der tüchtige »Mad Anthony« (verrückte Anton) Wayne, Kommandeur der regulären Verbände von Pennsylvania *(Pennsylvania Line)* und Held von Stony Point, beauftragt wurde. In dreijähriger harter Arbeit formte Wayne seine »Legion« *(Legion)*, wie die reguläre Bundesarmee jetzt genannt wurde, zu einer sehr kampfstarken Streitmacht, die nach überraschend modernen Gesichtspunkten gegliedert war. Und zwar war sie in vier Unterlegionen *(Sublegions)* gegliedert, jede von ihnen eine selbständige Kampfgruppe *(combat group)*, bestehend aus zwei Infanteriebataillonen und (nur in der 1. und 2. Unterlegion) einem Jäger-Bataillon, einer Artilleriekompanie und einem Trupp Dragoner. Befehligt wurden die Unterlegionen jeweils von einem Brigadier-General. Wayne führte seine Legion gegen die Indianer etwa auf gleichem Weg wie seine unglücklichen Vorgänger, doch marschierte er langsam und sicherte das rückwärtige Gebiet durch Forts und Blockhäuser. Dann bezog er ein Winterlager, in dem er jede freie Minute zur Ausbildung seiner Männer verwendete. Bevor er sie in die Schlacht schickte, versuchte er mit den Indianern auf dem Verhandlungswege einig zu werden. Ihre Antwort war ein wütender Angriff auf das Fort Recovery im Jahre 1794. Dieser Angriff wurde entscheidend zurückgeschlagen, was die Moral der Legion in genau dem richtigen Augenblick stärkte. Voller Selbstvertrauen und Eifer setzte sich diese kleine Armee wieder in Marsch. Im August wurde der Feldzug bei Fallen Timbers zu einem erfolgreichen Abschluß gebracht. Anschließend entsandte Wayne seine Legionäre und berittene Miliz über das Land mit dem Befehl, die gesamte Ernte und sämtliche Dörfer niederzubrennen. Dann zog er sich geordnet nach Cincinnati zurück. Die Züchtigung der Indianer fiel mit einer Reihe lange hinausgezögerter internationaler Übereinkommen zusammen, die schließlich zur Auflösung des letzten britischen Grenzpostens im Norden der Vereinigten Staaten führte.

Ein Original-Tschako der britischen Infanterie aus der damaligen Periode (Modell »Waterloo«) mit »falscher« Vorderfront und dem Mützenblech. Der Federstutz ist zwar noch vorhanden, doch leider ist die weiße Mützenkordel abhanden gekommen. Einige der nach Amerika verlegten britischen Regimenter waren mit diesem Tschako bekleidet. Andere wiederum, die nicht direkt aus Großbritannien, sondern aus anderen britischen Provinzen nach Amerika kamen, trugen noch den alten »Ofenrohr«-Tschako. *Hinton/Robson*

Diese im vorangegangenen Abschnitt beschriebene Gliederung der Legion wurde 1796 jedoch wieder aufgegeben. Die Streitmacht, die dem amerikanischen Kongreß im darauffolgenden Jahr zur Verfügung stand, setzte sich aus vier Infanterieregimentern, zwei Dragonerkompanien und einem Artillerie- und Pionierkorps zu vier Bataillonen zusammen. Insgesamt etwa 3000 Mann, von denen allerdings die Hälfte in kleinen Abteilungen verstreut entlang der südlichen und westlichen Grenze lag. Der Rest bewachte die Grenze zu Kanada. Der erste Krieg zwischen England und dem Frankreich der Revolutionszeit rief überall Spannung hervor und führte auch in Amerika zur Erweiterung der Streitkräfte, was sich in der Aufstellung eines Artillerieregiments und des ersten *Marines-Regiment* — also eines Marineinfanterie-Regiments — äußerte. In dieser Periode der Ungewißheit wurde für die Dauer der Krise die Aufstellung einer »Vorläufigen Armee« *(Provisional Army)* angeordnet, die sich aus zwölf Infanterieregimentern und einem Kavallerieregiment zusammensetzte. Als diese Armee schließlich im Juni 1800 wieder aufgelöst wurde, hatten die 4000 Mann mittlerweile eine 6—12-

Der Offiziers-Ringkragen aus Messing war lange Zeit fester Bestandteil britischer Uniformen. Das Exemplar links mit dem schwungvollen königlichen Monogramm wurde zu Beginn des 19. Jahrhunderts eingeführt und war mit Sicherheit auch im britisch-amerikanischen Krieg von 1812–14 getragen worden. Der Ringkragen rechts mit dem königlichen Wappen ist ein Vorläufermodell und wurde im amerikanischen Unabhängigkeitskrieg (1776–83) getragen.

monatige Ausbildung genossen, eine durchaus nützliche Investition für die Zukunft.
Im Verlauf der nächsten fünf Jahre wurde das stehende Heer wieder langsam, aber stetig in seiner Stärke verringert, bis schließlich nur noch 3000 Mann übrig blieben. Obwohl die Kavallerie völlig von der Bildfläche verschwand, vermehrte man den Anteil der Artillerie ganz erheblich, wie sich überhaupt die Qualität der Truppe gegenüber früheren Jahren wesentlich verbesserte. Dieser Leistungsstand konnte bis zum Krieg von 1812 beibehalten werden. Zu den wichtigsten Neuerungen gehörte die Gründung der Militärakademie von West Point, ursprünglich unter der Schirmherrschaft der Artillerie und Pioniere ins Leben gerufen, doch bald darauf Lehrstätte für alle Gebiete der Militärwissenschaft. (Übrigens teilten sich an diesem Punkt die beiden technischen Zweige der Armee abermals, nämlich in ein Pionierkorps und in ein Artillerieregiment). Dieser erste Schritt zur Schaffung einer fachlichen Elite innerhalb der Nation, die ausländische Militärexperten überflüssig machte, war ein Meilenstein auf dem Wege zur späteren militärischen Perfektion.
Eine der Krisensituationen in dieser Zeit ergab sich aus der Tatsache, daß die nach Westen drängenden Siedler auf die Indianer gestoßen waren, die sich inzwischen unter der Führung des Shawnee-Häuptlings Tecumseh zu einem Bündnis zusammengeschlossen hatten. Angesichts dieser Situation unterbreitete William Harrison, Gouverneur des Territoriums Indiana und späterer amerikanischer Präsident, dem Kriegsminister *(Secretary of War)* einen Plan für einen vorsorglichen Angriff gegen die Indianer, der auch angenommen wurde. Im September 1811 führte Harrison eine Streitmacht aus etwa 300 Mann regulärer Infanterie und etwa 650 Milizsoldaten von Vincennes aus nach Norden. In Tippecanoe, dem Hauptlager der Indianer, schlug Harrison seine Zelte auf und nahm mit Tecumsehs Bruder Verhandlungen auf. Tecumseh selbst war zu diesem Zeitpunkt nicht anwesend. Im Morgengrauen griffen die Indianer ohne Vorwarnung an. Mit viel Mühe gelang es Harrisons Männern den Angriff abzuschlagen.

Das Gewehr der »Rotröcke«: die allgegenwärtige »Braune Elisabeth« *(»Brown Bess«)*, eine Muskete mit glattem Lauf, Modell »Indien«. Das hier abgebildete Exemplar ist um 1800 hergestellt worden.

Dann unternahmen sie selbst einen Gegenangriff, der die Indianer zum Rückzug zwang. Diese Schlacht, die am 7. November stattfand, erhielt in der Geschichte des Wilden Westens einen Ehrenplatz. Doch weder die Expedition noch das Niederbrennen der indianischen Dörfer nach der Schlacht können vom heutigen Standpunkt als Ruhmestaten gelten. Kein Zweifel besteht jedoch an der Tatsache, daß die kleine Streitmacht der Weißen tapfer gekämpft hatte. Harrisons Verluste beliefen sich auf 40 Tote und 150 Verwundete. Tippecanoe jedoch verdarb Amerika die Chance, mit Tecumseh zu einer Einigung zu gelangen. Als er von der Niederlage und den zerstörten Dörfern erfuhr, kehrte Tecumseh den Jagdplätzen den Rücken und zog mit seinen Kriegern nach Norden, wo er sich dem Schutz der Briten und der von ihnen bewachten kanadischen Grenze anvertraute.

Den Krieg von 1812 zwischen Amerika und Großbritannien könnte man auch als den »Krieg der unbeglichenen Rechnungen« bezeichnen. Nach Meinung vieler Briten hatte der amerikanische Unabhängigkeitskrieg durchaus keinen entscheidenden Charakter gehabt. Es mag unglaublich klingen, doch damals vertraten tatsächlich viele die Auffassung, daß einer »Meuterei« gegen die Britische Krone einfach nicht gestattet werden dürfte, Erfolg zu haben. Es gab zahlreiche Reibungspunkte zwischen Amerika und Großbritannien, nicht zuletzt wegen der Verhaltensweise britischer Marineoffiziere beim Umgang mit amerikanischen Handelsschiffen. Und da England sich gerade mit dem Frankreich Napoleons im Kriegszustand befand, hielten einige prominente amerikanische Persönlichkeiten den Zeitpunkt für gekommen, in Kanada einzumarschieren, das ohnehin eine Quelle ständigen Ärgernisses war. Es gab genügend Leute, denen die Anwesenheit der Briten auf dem amerikanischen Kontinent schon seit langem ein Dorn im Auge war.

Man konnte den Krieg bereits heraufziehen sehen, als der Kongreß im Januar 1812 beschloß, die reguläre Armee, die bis dahin eine Stärke von 7000 Infanteristen, Jägern, Dragonern und Artilleristen hatte, ganz erheblich zu verstärken. Die angeordnete Verstärkung belief sich auf 27500 Mann — dreizehn Regimenter — und eine Rekrutierung von 50000 Freiwilligen. Es braucht wohl nicht besonders hervorgehoben zu werden, daß bis zum Ausbruch des Krieges im Juni 1812 erst ein Bruchteil dieser Männer unter

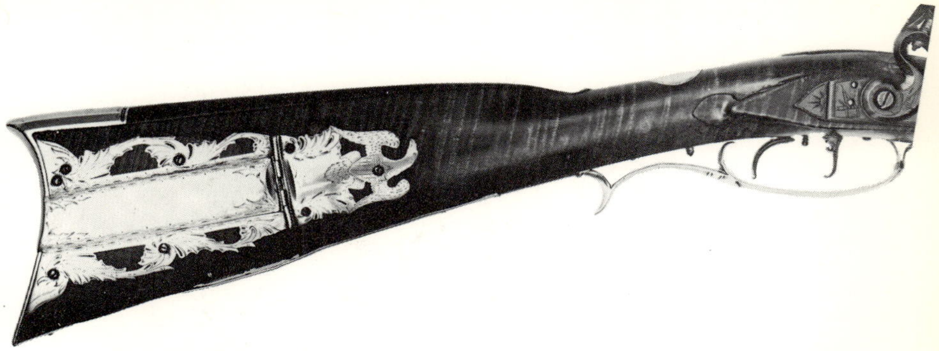

Waffen stand. Zu diesem Zeitpunkt hatte die Armee eine Gesamtstärke von 11800 Mann, von denen etwa 5000 blutjunge Rekruten waren. Einschließlich der regulären britischen Truppen, der ausgezeichneten kanadischen Miliz-Regimenter, freiwilligen Zivilisten und Tecumsehs 3500 Indianern konnte die Gegenseite hingegen mit 20000 Mann auf kanadischem Boden aufwarten. Die Einstellung der Amerikaner zu diesem Krieg war sehr unterschiedlich, was die geringe Bereitschaft der untereinander zerstrittenen US-Bundesstaaten zu einem solchen Vorhaben unterstreicht. Einige Staaten waren strikte Gegner dieses Krieges und rührten daher auch keinen Finger, um Truppen zu stellen oder anderweitig Unterstützung zu leisten. Andere reagierten teilnahmslos und entsandten das wenige, das sie abzugeben bereit waren, auch noch zu spät. Der Bundesstaat, der das geringste Interesse bekundete, war New England. Zwar machten aus den Häfen New Englands Freibeuter Jagd auf lukrative Beute, doch auf dem Festland wurden keinerlei Anstrengungen unternommen. Aus diesem Grund hatte man auch auf den einfachsten Invasionsweg in Richtung Montreal und damit ins Herz des besiedelten Kanada hinein verzichtet und die ersten Feldzüge dieses Krieges entlang den Grenzen der begeisterteren westlichen Bundesstaaten, die um die Großen Seen herum lagen, anlaufen lassen. Doch war Enthusiasmus noch nie ein vollwertiger Ersatz für erfahrene Truppenkommandeure und gut ausgebildete Soldaten gewesen, wie die Kämpfe am Detroit und an den Niagara-Fällen beweisen sollten.

Gouverneur Hull zog mit etwa 1800 Mann den Detroit hinauf, überquerte ihn, konnte sich aber zu keinem Entschluß über das weitere Vorgehen durchringen und wurde von den 700 regulären Soldaten und 600 Indianern des britischen Generals Brock vernichtend geschlagen. Hull übergab daraufhin prompt sämtliche Verteidigungs-

Im Vergleich zur schlichten Muskete der Briten, hier einige Details des berühmten »Kentucky«-Gewehrs aus der gleichen Periode. Das »Kentucky«-Gewehr, das seine Entstehung nach Pennsylvania eingewanderten deutschen und schweizerischen Emigranten zu verdanken hat, ist in die Geschichte eingegangen als die bevorzugte Waffe der habichtäugigen amerikanischen Hinterwäldler. Diese schönen und absolut tödlichen Gewehre sind auch von zahlreichen Freiwilligenverbänden im Krieg von 1812 eingesetzt worden. Häufig hatten besonders prächtige Exemplare im Schaft einen Behälter, der mittels einer kunstvoll verzierten Messingklappe verschlossen wurde. Das hier abgebildete Exemplar ist um 1800 von John (Hans) Vogler aus Salem (North Carolina) hergestellt worden. (Privatsammlung)

Obwohl phototechnisch nicht von bester Qualität, sind diese Photographien wegen ihres Seltenheitswertes geschichtlich bedeutsam. Sie zeigen einen echten Uniformrock eines Offiziers der US-Infanterie aus den Jahren 1812/13. Träger dieses Rockes war Captain John Ellis Wool vom *13th US Infantry Regiment.* Der Rock ist dunkelblau und hat einen roten Kragen, rote Ärmelaufschläge und weiße Rockaufschläge. Der Kragen ist mit Silberlitze besetzt, ebenso der Rand der linken Schulterklappe und die Schlinge auf der rechten Schulter, die zur Befestigung der Silberepaulette diente. Bedauerlicherweise ist die einfach getragene rechte Epaulette, das Dienstgradabzeichen der Hauptleute (Captains), abhanden gekommen. Die Rockschöße werden durch zwei karoförmige und mit Silberlitze eingefaßte Rockschoßhalter zusammengehalten.
Rensselaer County Historical Society

stellungen Detroits dem Feind. Stephen van Rensselaer, auf dem Marsch mit einer aus wenigen regulären Soldaten und unbeherrschten Freiwilligen aus New York zusammengesetzten Streitmacht, die unter dem Befehl des unfähigen Generals Smyth stand, wurde bei Queenstown Heights unter schweren Verlusten zurückgeschlagen. Der einzige Gewinn, den diese Schlacht für die Amerikaner erbrachte, war der Tod von General Brock, der als Anführer eines britischen Gegenangriffs fiel.

Das Jahr 1813 sah im Gebiet um die Großen Seen eine Reihe militärischer Begegnungen, aus denen Amerika stets als Sieger hervorging. Perrys Seesieg auf dem Erie-See und Harrisons Sieg am Thames River sind ein Teil dieser Erfolgskette, wobei der Sieg von Harrison nicht zuletzt der berittenen Miliz aus Kentucky zu verdanken war. Damit wurde im Hinblick auf die geringe Verläßlichkeit der Freiwilligenmiliz wieder einmal bewiesen, daß das einzig Verläßliche bei den Freiwilligen ihre Unberechenbarkeit war. In der Schlacht am Thames River fand auch Tecumseh den Tod. Damit war auch das Ende seines Indianerbündnisses gekommen. Diese für Amerika so günstige Lage verschlechterte sich gegen Ende des Jahres durch das katastrophale Versagen eines Zwei-Zangen-Angriffs gegen Montreal beträchtlich. Ursache dieses Versagens war der Mangel an gegenseitigem Vertrauen bei den Kommandeuren beider Heerzüge und ihre geringe Bereitschaft, an einem Strang zu ziehen. Im März 1814 wurde ein weiterer amerikanischer Angriff gegen Kanada, vorgetragen von 4000 Man unter Führung von General Wilkinson, am Richelieu River von nur 200 Rotröcken mit Unterstützung von ein paar Kanonenbooten blutig zurückgeschlagen. Die Leistungen der amerikanischen Truppenkommandeure und der Freiwilligen waren höchst unterschiedlich. Sie waren teilweise brillant, oft aber auch von geradezu stümperhaftem Zuschnitt. Es wurde klar, daß in Zukunft das Kommando in immer stärkerem Maße in die Hände junger befähigter Offiziere gelegt werden mußte, anstatt den Oberbefehl den von den einzelnen Bundesstaaten ernannten politischen Galionsfiguren zu überlassen. Langsam war bei den neuen Regimentern ein deutlicher Leistungsanstieg zu verzeichnen, obwohl ihre Nachschuborganisation während des ganzen Krieges sehr zu wünschen übrig gelassen hatte. Die Namen von Männern wie George Izard, Winfield Scott und Jacob Brown waren in aller Munde. Es war Brown, der im Juli 1814 bei Chippewa Amerika mit dem ersten wirklich bedeutenden Landsieg beglückte. Doch noch im gleichen Monat erlitten Browns und Scotts Truppen bei Lundrys Lane fürchterliche Verluste. Aber auch die Rotröcke kamen hier nicht ungeschoren davon. Es war die hartumkämpfteste und blutigste Schlacht des gesamten Krieges. Beide Seite kämpften bravourös und entschlossen — und beide Seiten nehmen auch heute noch den Sieg für sich in Anspruch.

Der Sommer 1814 sollte wegen der Landung von 4000 regulären britischen Soldaten unter General Ross im Patuxent River in die Geschichte eingehen. Es bedurfte lediglich der Hälfte dieser Streitmacht, um im späten August bei Bladensburg eine hastig zusammengestellte und schlecht vorbereitete amerikanische Armee von immerhin 6000 Mann in alle Winde zu zerstreuen, was Ross gleich dazu benutzte, nach Washington einzumarschieren, das Weiße Haus und das Kapitol niederzubrennen, um sich anschließend ungehindert zurückzuziehen. Diese nationale Schmach konnte im darauffolgenden Monat wieder getilgt werden, als die Miliz aus Maryland die auf Baltimore vorrückenden gleichen britischen Truppen zurückwarf, wobei General Ross den Tod fand. Fast gleichzeitig erlitten die Briten am Lake Champlain eine für Amerika wichtige Niederlage. Wichtig insofern, als die britische Öffentlichkeit dieses Krieges nun langsam müde wurde, da sie ihn angesichts des fast 20jährigen Krieges gegen Napoleon, eines Krieges, der seinem siegreichen Ende zuzusteuern schien, als bloße Nebensächlichkeit empfand.

Die britische Ernüchterung schlug im Januar 1815 in Bestürzung um, als General Sir Edward Packenham aus unerfindlichen Gründen seine in unzähligen Schlachten erprobten britischen Soldaten vor New Orleans auf engstem Raum über völlig offenes Gelände gegen die Kanonen und Jäger von Andrew Jackson antreten ließ. Der allgemein beliebte «Ned» Packenham, der in die Geheimnisse der Kriegskunst noch unter dem großen General Wellington in Spanien eingeweiht worden war — unvollständig wie es scheint —, bezahlte für diese Torheit mit seinem Leben. Nicht besser erging es einem Großteil seiner auf so sinnlose Weise geopferten Soldaten. Etwa 6000 Mann bester britischer Infanterie waren es, die ohne mit der Wimper zu zucken sich festen Schrittes gegen Jacksons Barrikaden, hinter denen 4500 Milizsoldaten und schwere Artillerie auf sie warteten, in Bewegung setzten. Über 2000 Rotröcke fielen. Der Kommandeur, der Packenham ablöste, entband die Soldaten von ihrem sinnlosen Kampf und ließ zum Rückzug blasen. Hätte er dies nicht getan, hätte die Schlacht durchaus anders ausgehen können. Denn in der Zwischenzeit war es einem gewissen Colonel Thornton gelungen, mit einem kleinen Verband britischer Infanterie auf das Westufer des Flusses überzusetzen, wo sie die amerikanischen Stellungen durchbrachen, eine Artilleriebatterie überrannten und Jacksons ganze Front in Gefahr brachten. Doch selbst wenn die Briten einen Sieg erzielt hätten, um ihn als Opfergabe auf die Gräber ihrer zahllosen gefallenen Soldaten zu legen, wäre dieser Sieg völlig sinnlos gewesen. Als nämlich die unerschütterlichen Reihen der schottischen Highlanders und der anderen britischen Infanterie von Jacksons Kanonen hingemäht wurden, war der Vertrag von Gent bereits drei Wochen alt. Als die Soldaten starben, herrschte bereits Frieden.

Dieser Krieg war für Amerika auf vielerlei Art nützlich. Nicht zuletzt durch ihn wurde die amerikanische Öffentlichkeit auf Männer wie Jackson und Winfield Scott aufmerksam. Allerdings hatte dieser Krieg nicht zur Folge, daß auf dem Gebiet, auf dem Amerika den größten Nachholbedarf hatte, nämlich auf militärischem Gebiet, nun gleich sofortige und tiefgreifende Reformen durchgeführt wurden. Zwar war die Öffentlichkeit von der Schlacht von New Orleans begeistert, was sie in unzähligen lustigen Liedern, in denen die Milizionäre die Helden und die Engländer »wie von Furien gehetzt davongelaufen waren«, zum Ausdruck brachte. Doch die Engländer waren nicht wie von Furien gehetzt davongelaufen. Ihr Verhalten im mörderischen Feuer von New Orleans hätte von keinem amerikanischen Verband auch nur annähernd erreicht werden können. Es gab aber ein paar weitsichtige amerikanische Offiziere, die sich diesen Spottliedern nicht anzuschließen vermochten, die darangingen, diesen von den Briten an den Tag gelegten Geist auch in der amerikanischen Armee ins Leben zu rufen. Sie stellten jedoch nur eine Minderheit dar.

In die vergoldeten Knöpfe (Durchmesser etwa 2,5 cm) von Captain Wool's Uniformrock war die Regimentsnummer 13 damals nachträglich eingestanzt worden.
Rensselaer County Historical Society

Bild 26: Trommler, New Jersey-Infanterie, 1782

Einem Brauch jener Epoche folgend trägt dieser Trommler einen Uniformrock, dessen Farben zwar identisch sind mit den Farben der Uniformröcke der anderen Verbandsangehörigen, doch in umgekehrter Reihenfolge zusammengestellt sind. Der Rock ist sandfarben (ansonsten bei den Regimentern aus New Jersey die Farbe der Aufschläge) und hat blaue Aufschläge. Die blauen Schulterklappen sind eine weitere Besonderheit von Militärmusikern. Der Rock ist an Stelle des normalerweise verwendeten weißen Stoffes mit sandfarbenem Stoff gefüttert. Ein weiteres Unterscheidungsmerkmal der Regimenter aus New Jersey und New York ist die Verwendung von gelben an Stelle von weißen Metallknöpfen, in die noch zusätzlich die Buchstaben »USA« eingestanzt wurden. Die Schirmmütze ist aus Leder, mit weißer Litze verziert, und ebenfalls eine Besonderheit von Militärmusikern. Die Bänderkokarde ist mit einer goldenen Schleife, auf der wiederum ein goldener Knopf mit den Buchstaben »NJ« (New Jersey) angebracht ist, an der Mütze befestigt. Zum Rock wurden die damals üblichen weißen Unterkleider getragen.

Bild 27: Amerikanischer Infanterist, 1786

Eine im Dezember 1782 erlassene Verfügung bestimmte, daß sämtliche Infanterieeinheiten einheitlich mit einem weißgefütterten blauen Rock und scharlachroten Aufschlägen bekleidet sein mußten, unabhängig davon, aus welchem Bundesstaat sie kamen. Es ist jedoch sehr unwahrscheinlich, daß die einzelnen Bundesstaaten sich in Anbetracht der Unkosten der Mühe unterzogen haben sollten, von Januar 1783 bis zum Zeitpunkt der Auflösung der amerikanischen Armee gegen Ende des gleichen Jahres ihre Soldaten neu einzukleiden. Die erste amerikanische Armee, die diese Anzugordnung befolgt haben könnte, wird wahrscheinlich die winzige US-Streitmacht des Jahres 1784 gewesen sein, also die erste US-Armee nach dem amerikanischen Unabhängigkeitskrieg, der von 1776—83 dauerte. In dieser Armee waren die Artillerieeinheiten am roten Rockfutter und den Messingknöpfen sowie an den Goldlitzen der Offiziersuniformen zu erkennen.

Ende der 1780er Jahre versuchten die Soldaten des kleinen stehenden Heeres ihre Uniformröcke zu schonen, indem sie zum Exerzieren und Arbeitseinsatz eine kurze Arbeitsjacke trugen, wie sie hier abgebildet ist. Bei der Arbeitsjacke konnte es sich sowohl um eine Neuanfertigung handeln als auch um einen vom Kompanieschneider geänderten alten Uniformrock, wobei man im letzten Fall gewöhnlich die roten Aufschläge beließ. Der vorn und hinten hochgeschlagene schwarze Hut hat eine weiße Stoffbandverzierung und eine schwarze Bänderkokarde. Sowohl der Hut als auch die weiße Weste, die weiße Überziehhose und das weiße Lederzeug gehörten zur Standardausrüstung der US-Armee. An den über Kreuz getragenen Bandelieren ist die Patronentasche und das Seitengewehr angebracht. Die zur Säuberung des Steinschloßgewehrverschlusses notwendigen Geräte — eine kleine Bürste und eine Räumnadel — hängen an einem dünnen Messingkettchen, das an einem Knopfloch befestigt ist.

Bild 28: Kanonier (Matross), Amerikanische Artillerie, 1791

Die zwei Artilleriekompanien, die von 1784—86 zusammen mit acht Infanteriekompanien das unter dem Kommando von Lieutenant-Colonel Josiah Harmar stehende *First American Regiment* bildeten, stammten aus Pennsylvania und New York und wurden von William Ferguson beziehungsweise John Doughty geführt. Die Artilleriekompanie aus New York war bereits 1776 von Alexander Hamilton aufgestellt worden und konnte sich daher rühmen, eine traditionsreiche Einheit zu sein, die schon in den ersten Jahren des amerikanischen Unabhängigkeitskrieges bestanden hatte, was kaum eine zweite Einheit von sich behaupten konnte. Gegen Ende des Jahres 1786 genehmigte der Kongreß eine hastige Erweiterung der Artillerieeinheiten, einschließlich der Aufstellung eines Artilleriebataillons, nachdem er durch Unruhen unter der Bevölkerung, die durch »Shays Rebellion« in Massachusetts ihren Höhepunkt erreichten, ziemlich aufgeschreckt worden war.

Befehlshaber der Artillerieverbände wurde Doughty. In Massachusetts wurden zwei weitere Artilleriekompanien aufgestellt und kurz darauf in den Süden verlegt, um bei der Bewachung der

spanisch-amerikanischen Grenze zu Florida eingesetzt zu werden. 1791 befanden sich die zwei »alten« Artilleriekompanien aus New Jersey und New York in Ohio, wo sie gegen Ende des Jahres bei dem Debakel des Arthur St. Clair fast vollständig aufgerieben wurden. Den Pfeilen der Miami-Indianer fielen nicht nur die beiden Kommandeure zum Opfer, sondern auch die Masse der Soldaten. Die zwei »neuen« Artilleriekompanien, die im Süden eingesetzt waren, wurden nun wieder aus Georgia abgezogen und aus ihnen ein hastig aufgestelltes Artilleriebataillon gebildet, das, unterbesetzt wie es war, der Legion Wayne zugeführt wurde. Nachdem es 1794 an den Kämpfen von Fallen Timbers teilgenommen hatte, wurde es kurz darauf in das neugegründete Artillerie- und Pionierkorps eingegliedert.
Dieser Soldat, der auf dem Bild gerade im Begriff ist, den Preis dafür zu bezahlen, daß er die Ehre hatte, unter Arthur St. Clair zu dienen, trägt einen blauen Rock mit roten Aufschlägen. Aus dem roten Rockfutter, den Messingknöpfen und der gelben Stoffbandverzierung am Hut ist zu entnehmen, daß er zur Artillerie gehört. Infolge des Mangels an weißen Überhosen wurden statt dessen blaue ausgegeben.

Bild 29: US-Infanterist, 1. Unterlegion (1st Sub-Legion), 1794

Die Uniform dieses Infanteristen, Teilnehmer an der siegreichen Schlacht von Fallen Timbers, entspricht ganz den Armeebestimmungen von 1779 mit Ausnahme seiner Mütze. Soweit bekannt, ist dieser Hut mit dem Bärenfellkamm zwischen 1792 und 1794 sowohl an Offiziere als auch Mannschaften der Legion Wayne ausgegeben worden. Jede Unterlegion *(Sub-Legion)* hatte einen Hut mit andersfarbigem Stoffbandbesatz: die *1st Sub-Legion* einen weißen, die *2nd Sub-Legion* einen roten, die *3rd Sub-Legion* einen gelben und die *4th Sub-Legion* einen grünen. Bei festlichen Anlässen wurden die Hüte noch zusätzlich mit Kokarden, Federbüschen und Stoffbändern herausgeputzt.
Offiziere und Sergeanten waren im Einsatz mit Spießen ausgerüstet, die sie jedoch weniger als Waffe benutzten als vielmehr in der Absicht, ihre Soldaten im Kampf in Reih und Glied zu halten. Darüber hinaus trugen sie rote Schärpen und einen Degen. Offiziere trugen zusätzlich noch ein einfaches Bandelier, das auf Brusthöhe mit einer ovalen Messingplatte verziert war. Typische Dienstgradabzeichen jener Tage waren eine einzelne rechte Epaulette aus Kammgarn für Korporale, zwei Epauletten aus gleichem Material für Sergeanten, eine einzelne linke Epaulette aus Silbergespinst für rangniedrigere Offiziere, eine rechte Epaulette aus Silbergespinst für Hauptleute und zwei Epauletten für Stabsoffiziere. Generäle trugen immer noch die Uniform aus der Zeit des amerikanischen Unabhängigkeitskrieges, also einen blauen Rock mit sandfarbenem Futter und ebensolchen Aufschlägen. Die Unterkleider waren ebenfalls sandfarben.

Bild 30: US-Dragoner, 3. Unterlegion (3rd Sub-Legion), 1794

Die Kavallerie, die sämtliche Unterlegionen mit Kundschaftern, Kurieren, Vorreitern und kleinen Kontingenten sogenannter »Sturmtruppen« versorgte, trug einen blauen Rock mit scharlachroten Aufschlägen, der jedoch etwas kürzer war als jener der übrigen Truppen. Die aus steifem Leder gefertigte Dragonermütze hatte einen ähnlichen Bärenfellkamm wie die Kopfbedeckung der Infanterie (Bild 29), zusätzlich aber noch einen farbigen Stoffwickel und einen Federschmuck. An Stelle der Überhosen und Schuhe der Infanterie trug die Kavallerie enge Reithosen und Reitstiefel. Der Säbel hing an einem einfachen Wehrgehänge. Im Einsatz wurde um die Schulter ein Brotbeutel und eine Feldflasche getragen. Befand sich die Legion im Standort, wurde streng auf Ordnung und Disziplin geachtet. Gepudertes Haar war dann bei der Legion Wayne an der Tagesordnung.

Bild 31: Spanischer Cuera-Dragoner, 1790er Jahre

Die Grenzpolizei von Spaniens Besitzungen auf dem nordamerikanischen Kontinent waren die sogenannten »Lederdragoner«. Das ganze 18. Jahrhundert über entfalteten sie im dortigen Grenzgebiet eine überaus rege Aktivität. Ihre Stützpunkte waren eine Kette kleiner Forts, die sich vom Golf von Mexiko bis nach Nordkalifornien erstreckten. Zu den Obliegenheiten der »Lederdragoner« gehörte neben der Kundschaftertätigkeit die Durchführung von Patrouillen, Erkundungsunternehmen und Strafexpeditionen. Als Mexiko 1823 unabhängig wurde, bedeutete dieses Ereignis für die auf mexikanischem Boden stationierte harte Polizeitruppe keineswegs das Ende. Sie tauschte lediglich ihre rot-gelb-rote Kokarde gegen eine grün-weiß-rote um und verrichtete ihren Dienst wie bisher. Offenbar war den »Lederdragonern« gestattet, nach Ablauf ihrer sechsjährigen Dienstzeit die Waffen und Ausrüstung zu behalten. Berichten zufolge konnte man noch Mitte des 19. Jahrhunderts in manchen kalifornischen Kleinstädten der eigentümlichen Rüstung der »Lederdragoner« begegnen.

Ohne Frage war die gepolsterte Rüstung das hervorstechendste Merkmal der Cuera-Dragoner. Sie bestand aus sechs oder sieben Lederschichten — daher auch der Name »Lederdragoner« —, die man im Stepptisch aufeinandergenäht hatte. Im Grunde genommen war diese Rüstung nichts weiter als eine Nachbildung der pfeilabweisenden gesteppten Baumwollanzüge gewisser mittelamerikanischer Indianerstämme und war schon im 17. Jahrhundert den ersten spanischen Eroberern aufgefallen. Lederne Beinlinge, deren oberen Teil man gewöhnlich herunterbaumeln ließ und die man unterhalb der Knie festband, schützten die Beine gegen Gestrüpp und Dornen. Zu Pferde trugen die Soldaten gelegentlich noch zusätzlich Lederschürzen, die man am Gürtel befestigte und über die Beine hängen ließ. Dadurch erhielten auch die Pferde einen gewissen Schutz. Zu diesem Zeitpunkt war der Hut — ein klassisches spanisches Modell — noch ohne jede Verzierung. Zu Beginn des 19. Jahrhunderts wurde er vorn hochgeschlagen getragen und erhielt eine Kokarde in den Nationalfarben. Das Haar wurde lang getragen. Der Feldanzug war eine schmucklose blaue Uniform mit rotem Kragen und roten Ärmelaufschlägen. Die Sitzfläche der Hose war lederbesetzt. In späteren Jahren tauchte dann auch eine etwas prächtigere Uniform auf. Zur Ausrüstung gehörte ferner ein ovaler oder herzförmiger Lederschild, der mit dem spanischen Wappen bemalt war. Am Koppel hing ein kurzer schwerer Säbel. Das einfache Lederbandelier war mit dem Namen des Standortes des Dragonerverbandes bestickt und diente als Tragriemen für die Patronentasche, in der sich 24 Patronen für das Steinschloßgewehr befanden. Vervollständigt wurde die Bewaffnung durch zwei Pistolen und eine 1,80 Meter lange Lanze.

Bild 32: Kanonier, 3. New York-Artillerieregiment (3rd New York Artillery Regiment), 1808

Internationale Spannungen im Jahre 1806 und ein Vorfall vor der Küste New Yorks veranlaßten die Obrigkeit dieses Bundesstaates, die Milizverbände zu erweitern. Zu diesem Zeitpunkt war die Miliz von New York ohnehin eine bereits sehr ansehnliche Streitmacht, wie es in den finanzkräftigen Bevölkerungszentren häufig der Fall war. Die aus Geschäftsleuten und Grundbesitzern bestehende örtliche »Aristokratie« ließ es sich aus einem Gefühl von Lokalpatriotismus nicht nehmen, für die Uniformen und Ausrüstung der Miliz selbst aufzukommen. Ein Artillerieregiment und ein selbständiges Bataillon waren bereits vorhanden. Ein weiteres Bataillon zu vier Kompanien kam jetzt noch hinzu, das man zusammen mit dem selbständigen Bataillon zu einem dritten Regiment formierte. Damals besaß nur das erste Bataillon eines jeden Artillerieregiments Kanonen. Das zweite Bataillon wurde infanteristisch, das heißt am Gewehr ausgebildet. Der hier abgebildete Soldat gehörte zum zweiten Bataillon.

Der überdimensionale und unhandliche Hut wurde diagonal getragen, das heißt mit der vorderen Spitze nach rechts außen! Der Grund für diese asymmetrische Tragweise geschah aus der Furcht, beim Präsentieren des Gewehrs den Hut vom Kopf zu schlagen. Kanoniere des ersten Bataillons trugen ihren Hut mit der riesigen Breitseite nach vorn. Bei dem Rock handelt es sich um das bei der Artillerie übliche Bekleidungsstück mit scharlachrotem Futter, scharlachroten Aufschlägen und messingfarbenen Knöpfen. Der kurze Rock war zwar schon im Kommen, doch sollte es noch eine Weile dauern, bis er überall eingeführt war. Beim Geschützexerzieren wurden blaue Überhosen getragen, beim Infanteriedrill weiße. Sowohl schwarze als auch sandfarbene Bandeliere waren gebräuchlich. Die Gewehre waren Privateigentum der Soldaten.

Bild 33: Soldat, Spanisches Louisiana-Infanterieregiment (Regimiento de Infanteria de Luisiana), Florida, 1790er Jahre

Nichts beleuchtet die Machteinbuße Spaniens besser als der Verlust seiner amerikanischen Kolonien. Doch blenden wir noch einmal kurz zurück:

1762 hatte Frankreich den größten Teil Louisianas an Spanien abgetreten, ohne jedoch die französisch sprechende Bevölkerung gehört zu haben, die es daraufhin übelgenommen hatte, daß sie lediglich als Figur in einem internationalen Schachspiel betrachtet worden war. Die Reaktionen waren nicht ausgeblieben. Spanien hatte sich daraufhin gezwungen gesehen, Truppen in seinen neuen Besitzungen zu stationieren. Doch hatten sich im Laufe der Zeit die Bürger des Landes mit der spanischen Herrschaft arrangiert. Das war die Situation, als der amerikanische Unabhängigkeitskrieg ausbrach. Daher waren die Spanier auch in der Lage, bei Ausbruch dieses Krieges ihr Regiment aus Louisiana gegen die britischen Außenposten in Florida antreten zu lassen, ohne befürchten zu müssen, daß ihnen die Bevölkerung Louisianas in den Rücken fiel. Zwischen 1779 und 1781 nahm das Regiment an mehreren Schlachten teil. Im Jahre 1800 übergab Spanien Louisiana wieder an Frankreich. Obwohl fast 40 Jahre in spanischem Besitz, hatte Louisiana Spanien eigentlich nur dem Namen nach gehört. Drei Jahre später verkaufte Napoleon, der sich weitaus mehr für seine Kriege in Europa interessierte als für diese abgelegene Kolonie auf einem weit entfernten Kontinent, Louisiana für 15 Millionen Dollar an die USA. Das spanische Louisiana-Infanterieregiment jedoch wurde unter Beibehaltung seines Namens nach Florida verlegt, wo es auch weiterhin im Namen Spaniens Dienst tat, bis im Rahmen eines Vertrages von 1819 auch dieses Regiment den Vereinigten Staaten von Amerika übergeben wurde.

Der hier abgebildete Soldat, der offensichtlich unter der brütenden Hitze der Everglades-Sümpfe von Florida zu leiden hat, trägt die weiße Uniform der französischen Bourbonen, hergestellt aus einem im Land produzierten Baumwollstoff. Der blaue Kragen und die blauen Aufschläge waren abknöpfbar. Die weiße Weste und Hose sind ebenfalls aus Baumwolle, die Stoffgamaschen, die durch Knöpfe und Kniegürtel in Position gehalten werden, aus Drillich. Die gekreuzten Bandeliere und der Tragriemen seines Steinschloßgewehres Mod. 1752 sind aus sandfarbenem Wildleder. Zur Ausrüstung gehörte ferner die übliche Patronentasche und das Seitengewehr. Bei Paraden und beim Ausgang wurde das Haar weiß gepudert.

Bild 34: Sergeant, US-Infanterie, 1813

Die Änderungen an den amerikanischen Uniformen vor dem Krieg von 1812—14 sind nicht mehr ganz eindeutig rekonstruierbar. Der lange Rock war mittlerweile durch den kurzen Rock abgelöst worden, der ursprünglich blau gewesen war und einen roten Kragen und rote Aufschläge hatte. Gelegentlich hatte der Rock auf der Brust auch »falsche« Knopflöcher, um die weiße Litze angebracht war. Zeitgenössischen Quellen zufolge waren infolge Materialknappheit neben den blauen Röcken auch schwarze und graue anzutreffen gewesen. Im zweiten Kriegsjahr jedoch scheint sich langsam eine Standarduniform entwickelt zu haben, die hier gezeigt wird. Der blaue Kragen ist mit weißer Litze verziert, die Brustpartie aber völlig schmucklos. Die zwei weißen Epauletten aus Seide sind Dienstgradabzeichen eines Sergeanten. Andere Dienstgradabzeichen dieser Periode waren eine einfache weiße rechte Epaulette für Korporale, eine einfache silberne linke Epaulette für subalterne Offiziere, eine einfache silberne rechte Epaulette für Hauptleute und zwei silberne Epauletten für Stabsoffiziere.

Der lederne Tschako ist das Modell von 1813 und ähnelt mit seiner »falschen« Vorderfront den von den Briten bei Waterloo getragenen Mützen. Dieser Tschako war das Nachfolgemodell der ähnlich geformten, doch aus Filz gefertigten Mütze von 1812, die sich wegen eben dieses Materials im Feld nicht bewährt hatte. Die Infanterie trug am Tschako eine weiße Federpuschel und weiße Schnüre. Der Tschako wurde sowohl von der Mannschaft als auch von Kompanieoffizieren getragen. Letztere hatten jedoch an Stelle der weißen Schnüre silberne. Die von diesem Sergeanten getragene Arbeitshose erinnert daran, daß bei der hastigen Erweiterung der Verbände 1812 die Versorgung mit dem Bedarf nicht ganz Schritt halten konnte. Als die Truppen schließlich ins Feld zogen, waren sie in Hosen fast jeder Farbe gekleidet. Ähnlich verhielt es sich mit den Gamaschen. Die rote Feldschärpe und der gerade Degen, der neben dem Gewehr und Bajonett mitgeführt wurde, waren ein weiteres Rangmerkmal der Sergeanten. Offiziere trugen einen Säbel. Die langen Ärmel des kurzen Rockes wurden in zeitgenössischen Berichten mehrfach erwähnt. Offenbar hatten die Ärmel die Angewohnheit einzulaufen und wurden daher schon vorsorglich entsprechend länger angefertigt.

Bild 35: Kompanieoffizier, Glengarry Light Infantry Fencibles, Kanadische Miliz, 1813

Schon sehr bald nach der Inbesitznahme Kanadas durch Großbritannien im Anschluß an den amerikanischen Unabhängigkeitskrieg begann die sehr zweifelhafte Loyalität der vornehmlich französischen Bevölkerung dieses Landes Großbritannien große Sorgen zu bereiten. Bis zum Ausbruch des Krieges von 1812 hatte sich aus dem anfänglichen Widerstreben gegen die britische Herrschaft jedoch ein solides Vertrauens- und Loyalitätsverhältnis entwickelt. Mittlerweile hatten sich in Kanada auch Tausende von Siedlern britischer Abstammung und solche aus befreundeten europäischen Ländern niedergelassen, mit deren Hilfe es gelang, die Nationalitätenfrage etwas ausgewogener zu gestalten. Scharen zäher Schotten waren darunter und ehemalige Loyalisten, Veteranen des amerikanischen Unabhängigkeitskrieges von 1776 bis 1783. Sie und andere sorgten dafür, daß sich das Gesicht der kanadischen Bevölkerung langsam zu wandeln begann und die Miliz kräftige neue Impulse erhielt. Indem es das alte Rom kopierte und den Freiwilligen in Kanada Grund und Boden versprach, gelang es Großbritannien, sich der unverbrüchlichen Treue weiter Kreise zu versichern, die nun alles daransetzten, »ihr« Land gegen die (amerikanischen) Angreifer aus dem Süden zu verteidigen.

Es gab damals unendlich viele Freiwilligenverbände, deren blumige Namen heute bedeutungslos geworden sind, damals aber über die Art des Verbandes viel aussagten. So gab es neben zahllosen anderen Einheiten beispielsweise die *Sedentary Militia*, die *Select Incorporated Militia*, die *Fencible Infantry*, die *Embodied Militia* und die *Royal Veteran Battalions*. Die meisten dieser Verbände waren im Stil der britischen regulären Truppen jener Tage gekleidet, also in ziegelroten kurzen Jacken, die verschiedenfarbige Kragen, Rock- und Ärmelaufschläge hatten, und in weißen oder grauen Hosen. Man trug sowohl den Tschako von 1800, das sogenannte »Ofenrohr«, als auch das »Waterloo«-Modell. Die Ausrüstung bestand aus der Standardausrüstung der britischen Armee, nämlich einer Patronentasche und einem Dillenhaubajonett (die an weißen Bandelieren hingen), einer Feldflasche aus Holz oder Zinn und der allgegenwärtigen »Braunen Elisabeth«. Im Feld wurden häufig im Land gefertigte Brotbeutel oder Tornister getragen, die nicht selten anstatt des üblichen Drillichs aus Leder oder Fell waren. Die fesch uniformierten *Glengarry Light Infantry Fencibles* trugen eine Uniform, die sich eng an die eines damaligen britischen Eliteregiments, nämlich des *95th Rifle Regiment* (95. Jäger-Regt.), anlehnte. Die *»Light Bobs«*, wie die Angehörigen dieses Jägerregiments auch genannt wurden, hatten sich in den britischen Feldzügen auf der spanischen Halbinsel — im sogenannten Peninsula-Krieg — unter Wellington einen Namen gemacht. Die *Glengarries* wurden 1812 aufgestellt. Bis zu seiner Auflösung im Jahre 1816 hatte der Verband an mehreren Schlachten teilgenommen, unter anderem auch im Juli 1814 in den blutigen Kämpfen von Lundy's Lane, wo er sich ganz besonders hervortat. Die Angehörigen des Verbandes mußten sich ausnahmslos für drei Jahre oder für die Dauer des Krieges verpflichten, je nachdem, was kürzer war. Die Besoldung bestand in Form von Bargeld und in dem Versprechen, nach Beendigung des Dienstverhältnisses mit einhundert Morgen bestem Acker- oder Weideland belohnt zu werden. Die Mannschaft erhielt die Uniform von der Kleiderkammer, die Offiziere mußten sich ihre selber kaufen. Der hier abgebildete Kompanieoffizier trägt einen eleganten dunkelgrünen Rock — nach dem Vorbild der *»Light Bobs«* — mit schwarzen Aufschlägen, zahlreichen Seidenverschnürungen auf der Brust und den für diesen Verband typischen drei silbernen Knopfreihen. Das Mützenabzeichen auf der Tschakovorderseite besteht aus einem silbernen Signalhorn, dem Erkennungsmerkmal der britischen leichten Infanterie. Auch die um die rechte Schulter getragene Schärpe ist ein solches Erkennungsmerkmal, die sonst bei den britischen Linienregimentern um die Hüfte und bei den schottischen *Highlanders* um die linke Schulter getragen wurde. Da sich die *Glengarries* sowohl als *Highlanders* als auch als Jäger empfanden, trugen ihre Offiziere dafür das einfache Lederbandelier um die linke Schulter. Die graue bequeme Hose, die im Schritt und auf den Hosenumschlägen mit eckiggezacktem Leder besetzt ist, war damals fast nur bei Offizieren von Jägerregimentern zu finden und war ein Teil ihrer Felduniform.

Bild 36: Freiwilliger, Maryland-Jäger (Maryland Rifles), 1814

Die Jägereinheit aus Maryland gehörte mit zu den zuverlässigsten amerikanischen Freiwilligenverbänden des Krieges von 1812—14 und hatte sich bei der Verteidigung von Baltimore besonders ausgezeichnet. Es wird allgemein angenommen, daß es zwei Jäger dieses Verbandes namens McComas und Wells waren, die den britischen Generalmajor Ross im Kampf erschossen. Da in dieser Schlacht aber auch sie selbst ums Leben gekommen waren, fehlt der letzte Beweis, um sie als Rächer für die Zerstörung des Weißen Hauses in Washington in die amerikanische Geschichte eingehen zu lassen.

Bei dem Tschako handelt es sich um das sogenannte »Leichte-Artillerie-Modell«, das damals sowohl an die Artillerie als auch an Jägerverbände ausgegeben worden war. Ohne die »falsche« Vorderfront des Infanterietschakos fällt der abgeflachte Tschako-Oberteil leicht nach hinten ab. Reguläre Jäger trugen auf der linken Mützenseite eine runde Messingplatte mit einem eingravierten Jagdhorn, eine mit einer gewöhnlichen Kokarde befestigte grüne Feder und gelbe Mützenschnüre. Die grünen Mützenschnüre, die weiße Feder und die in der Mitte angebrachte Kokarde des hier abgebildeten Milizionärs waren eine Besonderheit seines Bundesstaates Maryland. Das Jagdhemd, auch Jäger-Gehrock genannt, war bereits schon zu diesem Zeitpunkt fest in die amerikanische Geschichte eingegangen und wurde damals sowohl von regulären als auch freiwilligen Jägerverbänden getragen. Meistens aus grünem Leinen und mit einem befransten Umhang versehen, war die Verzierung des Jagdhemdes gewöhnlich in Gelb gehalten. Doch auch hier wieder tanzte Maryland aus der Reihe, denn die Fransen und die Schärpe der Maryland-Jäger waren rot. Die Beinkleider im Stil der Überziehhosen waren grün. Die Ausrüstung war sehr einfach und praktisch. Jeder war mit seinem eigenen Gewehr bewaffnet und mit Patronenbeutel und Pulverhorn ausgerüstet. Das Laden dieser etwas antiquierten Waffen nahm wesentlich mehr Zeit in Anspruch und mußte weitaus sorgfältiger durchgeführt werden, als wenn Papierpatronen verwendet worden wären. Da die von den Jägern mitgeführten Gewehre aber fast alle ein anderes Kaliber hatten, wäre die Ausgabe vorgefertigter Munition sinnlos gewesen. Messer, Beile und Feldflaschen verschiedenster Art sowie Brotbeutel vervollständigten die Ausrüstung.

Bild 37: Sergeant, Bataillonskompanie, Britisches 93. Regiment zu Fuß (Battalion Company, British 93rd Regiment of Foot), 1815

1814 und 1815 lag das 2. Bataillon des *93rd Regiment of Foot*, die *Sutherland Highlanders*, in Neufundland. Das aus etwa 900 Offizieren und Mannschaften bestehende 1. Bataillon wurde 1814 in England eingeschifft und Anfang Dezember des gleichen Jahres in Louisiana an Land gesetzt. Bereits am 8. Januar 1815 fand es Einsatz in der Schlacht von New Orleans. Nach Beendigung der Kämpfe am darauffolgenden Tag hatte dieses Bataillon bereits 75 Prozent aller seiner Offiziere und Soldaten verloren. Mit Ausnahme der leichten Kompanie, die Teil des erfolgreichen Angriffs gegen die rechte Flanke der Amerikaner gewesen war, war das 1. Bataillon in der Mitte in den Kampf geworfen worden. Amerikanische Gefechtsfeldbeobachter bestätigten später, daß die wegen ihrer Größe ausgesuchten riesigen *Highlanders* in dem mörderischen Kartätschen-, Kanonen- und Gewehrfeuer wie ein Fels in der Brandung gestanden hätten. Dementsprechend waren auch ihre Verluste gewesen.

Die Schottenmütze *(hummel bonnet)* dieses Sergeanten ist eine Besonderheit des *93rd Regiment of Foot*. Allerdings wurde sie von den *Highland*-Verbänden gewöhnlich nur als Arbeitsmütze getragen. Als Feldmütze diente ihnen das *Kilmarnock bonnet*. Der rote Pompon wurde nur von den Bataillonskompanien getragen. Grenadiere trugen einen weißen Pompon, die leichten Infanteriekompanien einen grünen. Der hier abgebildete kurze Infanterierock hat die zitronengelben Aufschläge des *93rd Regiment of Foot*. Ebenfalls zitronengelb ist die Unterlage der Winkel auf den Ärmeln. In der Schlacht von New Orleans trugen die *Highlanders* zwei Arten von Hosen. Einige waren noch immer mit den üblichen grauweißen Hosen der britischen Infanterie bekleidet, andere hingegen besaßen schon die sogenannten *trews*, enganliegende Hosen im Schottenmuster, die auch unter dem Schottenrock getragen werden konnten. Die kurzen, schwarzen Stoffgamaschen wurden von allen Soldaten getragen.

Offiziere und Soldaten der Bataillonskompanien trugen das schottische Breitschwert mit Korbknauf, allgemein als *claymore* bekannt. Sergeanten der Bataillonskompanien hatten überdies noch den Sponton. Um das Breitschwert auf der linken Seite tragen zu können, mußten die bei den Briten gebräuchliche hölzerne Feldflasche und der Brotbeutel aus grobem Drillich auf die rechte Seite ausweichen. Ein weiteres Rangmerkmal ist die karmesinrote Schärpe mit einem zitronengelben Mittelstreifen, die von den *Highlanders* um die linke Schulter getragen wurde.

Bild 38: Soldat, US-Infanterie, 1814 (British 21st Regiment of Foot), 1814/15

Die Stoffknappheit in jenen Jahren, von der die US Army in ganz besonderem Maße betroffen wurde, hatte zur Folge, daß viele der neuaufgestellten regulären Infanterieregimenter in Arbeitsanzügen aus grauem Kersey — einem grobgerippten Wollstoff —, die sie ansonsten nur zum Arbeitseinsatz trugen, ins Feld ziehen mußten. Doch die nur als Provisorium gedachte graue Uniform sollte bald ein Markenzeichen für besondere Güte werden, als nämlich 1814 die amerikanischen regulären Infanterieregimenter bei Chippewa einen blendenden Sieg über die Briten errangen. Ohne sich um das mörderische britische Feuer zu kümmern, waren die graubekleideten Reihen vorwärtsmarschiert. Nichts veranschaulicht den Respekt der britischen Kommandeure besser als die Worte angesichts der auf sie zukommenden Amerikaner: »Großer Gott, es sind *Reguläre*!«
Der hier abgebildete Soldat, der in Ermangelung eines Tornisters seine Habseligkeiten in einer zusammengerollten Decke mit sich führt, ist mit der enganliegenden grauen Jacke und den weiten Hosen des Arbeitsanzuges bekleidet. Das einzige vorschriftsmäßige Bekleidungsstück ist der Tschako.

Bild 39: Amerikanischer General, 1814

Die schmucke Uniform dieses amerikanischen Generals ist das Ergebnis der Anzugordnung von 1813 für Generäle und ihren Stab. Der blaue einreihige Rock hat schwarze Seidenverschnürungen im Fischgrätenmuster und wird vorn durch zehn goldene, kugelförmige Knöpfe zusammengehalten. Die Epauletten sind aus schwerem Goldgespinst. Sein riesiger Hut ist mit schwarzem Seidenband und goldenen Quasten verziert. In der Mitte der goldenen Kokarde ist ein Adler eingestanzt. Die hohen Stulpenstiefel durften nur von Generälen und Stabsoffizieren getragen werden.

Bild 40: Soldat, Britisches 21. Regiment zu Fuß

Das 21st Regiment of Foot — auch *Royal North British Fusiliers* genannt — war in Amerika in mehreren Kriegen eingesetzt worden. Nicht nur war dieses Regiment Teil jener Streitmacht unter Major-General Ross gewesen, die im Sommer 1814 den berühmten Marsch nach Washington unternommen hatte, sondern es war auch der erste Verband gewesen, der in diese Stadt einmarschiert war. Soldaten dieses Regiments waren es gewesen, die das Weiße Haus und das Kapitol niedergebrannt hatten. Danach war es um das Regiment ziemlich still geworden. Nachdem es auf Jamaika umgruppiert worden war, wurde es im Januar 1815 in der Schlacht von New Orleans eingesetzt, wo es über die Hälfte seiner Soldaten verlor.
Bei dem Tschako dieses Soldaten handelt es sich um das Modell des Jahres 1800, auch »Ofenrohr« genannt. Vermutlich war das 1. Bataillon dieses Regiments bei seinem Einzug in Washington noch mit diesem Tschako bekleidet gewesen. Möglicherweise aber erhielt das Regiment während seiner Umgliederung auf Jamaika den Tschako Mod. 1812. Als »Königliches Regiment« *(Royal Regiment)* trug das *21st Regiment of Foot* den bei diesen Verbänden üblichen roten Rock, und zwar einen leuchtend roten die Offiziere und Sergeanten und einen ziegelroten Rock minderer Qualität die Mannschaften. Die Aufschläge waren blau. An Stelle der Schulterwülste aus Stoff der Mannschaftsdienstgrade trugen die Offiziere solche aus Goldgespinst oder aus Metallschuppen. Die Beinkleider dieses Soldaten sind die grauen Überziehhosen des Arbeits- und Feldanzuges. Halbhohe Stoffgamaschen und Schnürstiefel vervollständigen die Uniform.
Auf der Abbildung ist die volle Feldausrüstung aus der Zeit der napoleonischen Kriege zu sehen. An den zwei über Kreuz getragenen weißen Bandelieren ist auf der linken Seite ein Dillenhaubajonett, hinter der rechten Hüfte eine Patronentasche angebracht. Der Brotbeutel und die Feldflasche baumeln an weiteren Tragriemen. Das weiße Lederzeug mit dem waagerechten Verbindungsriemen über der Brust dient zum Tragen des schwarzen Stofftornisters mit der zusammengerollten Decke obendrauf. Als Bewaffnung auch hier wieder die »Braune Elisabeth« *(»Brown Bess«)* mit glattem Lauf. Die von jedem Soldaten mitgeführte Marschausrüstung bestand aus 60 Schuß Gewehrkugeln, einem Paar Ersatzschuhen, sauberen Ersatzhemden und -strümpfen und einer Verpflegungsration für drei Tage.

26 27 28 29 30

31
32
33
34
35
SAN ANTONIO
U.S.

36
37
38
39
40

4. *Auf dem Weg zur regulären Armee*

Gleich nach Beendigung des Krieges von 1812 begann das Dilemma von neuem. Trotz der Warnung von erfahrenen und weitsichtigen Offizieren und Verwaltungsbeamten war der Kongreß fest entschlossen, die Stärke der US Army *(United States Army)* auf einen gefährlich niedrigen Stand zu verringern. 1815 hatte die Armee eine Gesamtstärke von 33 000 Mann. Jetzt reduzierte sie der Kongreß auf 10 000 Mann. Die Armee bestand nunmehr aus acht Infanterieregimentern, einem bespannten Artillerieregiment und acht schweren Artillerieabteilungen. Die Dragonereinheiten wurden abermals aufgelöst. Glücklicherweise entkamen einige wesentliche Armeezweige und -abteilungen dem Rotstift, wie beispielsweise der Generalstab, die Feldzeugmeisterei, der Sanitätsdienst und die Finanz- und Beschaffungsabteilung. Der Kriegsminister John Calhoun tat während seiner Amtszeit sein Bestes, wenn nicht die Schlagkraft, so doch zumindest das Potential der Friedensarmee zu erhalten. Als der US-Kongreß auf die Durchführung einer seiner Lieblingsideen drang, nämlich auf die Verringerung der Soll-Stärke auf die Ist-Stärke, versuchte Calhoun von jeder Einheit wenigstens einen Kader zu erhalten, der im Fall eines Krieges hätte erweitert werden können. Doch sein Versuch mißlang. Bis 1821 hatte der Kongreß die Armee bis auf 6000 Mann hinuntergeschraubt, einschließlich Offizieren und Mannschaftsdienstgraden. Die US Army bestand nunmehr nur noch aus sieben Infanterieregimentern und vier Artillerieregimentern, mit Kompanien in Stärke von lediglich noch 42 Mann. Die ursprüngliche Gliederung der Armee in einen nördlichen und südlichen Wehrbereich unter dem Oberbefehl der Generäle Jacob Brown beziehungsweise Andrew Jackson wurde geändert, und zwar in einen östlichen Wehrbezirk unter Winfield Scott und einen westlichen unter E. Gaines. Brown wurde nach Washington versetzt, wo er später Armeeoberbefehlshaber wurde. Jackson quittierte den Dienst und wurde Gouverneur von Florida.

Während der Schrumpfungsprozeß der US-Armee seinen Lauf nahm, flackerten sporadisch immer wieder Indianerkämpfe auf. Die Überfälle der Seminolen-Indianer von Florida aus im Jahre 1817 veranlaßten die Regierung, den Gouverneur

Auf dem Kupferstich von Ogden sind Infanteristen (links) und Kavalleristen (rechts) der Jahre um 1855 abgebildet. Die farbigen Mützenbänder, Rockkragen und Ärmelaufschläge waren mittlerweile wieder abgeschafft und durch Paspelierungen in der jeweiligen Waffenfarbe ersetzt worden. Die aus Messingschuppen bestehenden Metallepauletten wurden von allen Unteroffizieren getragen. Man beachte das Schwert, die Schärpe und das Bandelier des in der Mitte abgebildeten First Sergeant (Hauptfeldwebel).
US National Archives

von Florida, Jackson, anzuweisen, die Grenzen zu überschreiten, doch dabei die spanischen Garnisonen zu respektieren — eine frühe Form der »militärischen Verfolgungstaktik« von heute. Der hitzige Jackson stellte umgehend eine Streitmacht auf die Beine, bestehend aus etwa 1500 örtlichen Freiwilligen und der gleichen Anzahl Creek-Indianer, und streifte mit dieser kleinen Armee drei Monate lang durch spanisches Territorium, wodurch zwar die Seminolen ausgeschaltet werden konnten, was jedoch gleichzeitig zu diplomatischen Verwicklungen mit Spanien führte. Denn zur gleichen Zeit fanden zwischen Spanien und Amerika Verhandlungen statt über eine friedliche Eingliederung Floridas in die Vereinigten Staaten. Nach einer Reihe schwieriger Verhandlungen wurde ein Kompromiß gefunden. Zwei Wochen nach dem Abzug von Jacksons Truppen trat Spanien Florida an Amerika ab. Amerikas Gegenleistung war die Anerkennung des Sabine River als seine Südgrenze zum spanischen Mexiko.

In den nächsten zwanzig Jahren schob sich sozusagen als Vorhut der ungestüm nachdrängenden Trapper, Händler und Farmer die dünne Kette winziger Blockhäuser und vorgeschobener Forts, die jeweils nur von einer Handvoll »Regulärer« gehalten wurden, immer weiter nach Westen vor. Die Truppen, sowohl Soldaten als auch regierungsseitig beauftragte Wegbereiter, leisteten in diesem völlig unbekannten Gebiet Unglaubliches. 1833 wurde die reguläre Kavallerie erneut eingeführt mit der Erlaubnis, ein reguläres Dragonerregiment aufstellen zu dürfen, das den Auftrag erhielt, die durch Oregon nach Kalifornien rollenden Planwagenkolonnen zu begleiten.

Von den vielen Auseinandersetzungen, die in diesen Jahren zwischen Weißen und Indianern stattfanden, waren der Kriegszug des Häuptlings Black Hawk (»Schwarzer Habicht«) und der Zweite Seminolen-Krieg die wohl bedeutendsten. Black Hawk, Häuptling der Sac- und Fox-Indianer, versuchte mit anderen Indianerstämmen und den Briten ein Bündnis zu schließen, um die weißen Amerikaner aus dem von ihm erworbenen Stammesgebiet in Illinois zu vertreiben. Da es ihm nicht gelang, die Briten in Kanada für dieses Bündnis zu gewinnen, überschritt Black Hawk mit etwa 500 Kriegern den Mississipi nach Illinois im Alleingang. Um Black Hawk aufzuhalten, wurde unter der Führung von Brigadier-General Atkinson, dem Kommandanten von Fort

Die kurze Jacke *(»shell-jacket«)* der berittenen Verbände, eingeführt in den 1830er Jahren, als die Dragoner wieder fester Bestandteil der US Army geworden waren. Kragen, Ärmelaufschläge und Jackenrand sind mit farbiger Litze paspeliert: gelb bei Dragonern, scharlachrot bei der berittenen Artillerie (nach etwa 1845). Die Bedeutung des Balkens mit Stern oberhalb der Ärmelaufschläge ist nicht genau bekannt. Man nimmt an, daß es sich um irgendein Abzeichen für Freiwillige gehandelt hat.
Joseph Rosa

Leavenworth im Bundesstaat Kansas, eine Streitmacht in Marsch gesetzt, die sich aus regulären Truppen des *6th Infantry Regiment* und einem starken Kontingent Milizsoldaten aus Illinois zusammensetzte. Die Masse der Milizionäre war beritten. Währenddessen wurde Winfield Scott angewiesen, mit etwa 1000 Mann regulärer Infanterie und Artillerie aus dem Osten vorzustoßen. Nach einem unentschiedenen Scharmützel mit Black Hawks Kriegern entdeckten die meisten der Freiwilligen plötzlich zwingende Gründe, um nach Hause zurückzukehren. Es war einer der schwächsten Punkte der Freiwilligenrekrutierung, ihnen zu gestatten, die Länge ihrer Dienstzeit selbst zu bestimmen. Mit etwa 500 Mann regulärer Infanterie und einer Handvoll standhafter Milizsoldaten stieß Atkinson vor. Am 2. August 1832 traf er am Bad Axe River auf die Indianer. Sein Angriff hatte Erfolg. Die Indianer wurden in alle Winde zerstreut. 150 Krieger wurden entweder getötet oder verwundet und Black Hawk gefangengenommen. Fünf Tage später traf mit seiner Vorhut auch Scott ein, nachdem er die 2900 Kilometer von Virginia in nur achtzehn Tagen zurückgelegt hatte. Hätte er zum Transport nicht auch die Flüsse benutzt, hätte er es wohl nicht in dieser kurzen Zeit geschafft.

1835 befanden sich die Seminolen ein weiteres Mal auf dem Kriegspfad, nachdem sie zuvor zwei ziemlich starke, aus regulären Truppen und Freiwilligen bestehende Abteilungen massakriert hatten. Da General Gaines' westlicher Militärbezirk vollauf damit zu tun hatte, Schwierigkeiten an der Grenze zu Texas zu bereinigen, wurde mit der Durchführung der Strafexpedition gegen die Seminolen Winfield Scott beauftragt. Doch ohne sich an diese Anordnung zu halten, stellte General Gaines eigenmächtig seinerseits eine fast nur aus Milizsoldaten bestehende Streitmacht von etwa 1000 Mann auf, konfiszierte die mittlerweile für Scott bereitgestellten Versorgungsgüter und segelte nach Florida. Nachdem er nur durch das rechtzeitige Eintreffen einiger von Scotts Einheiten vor einer Katastrophe hatte bewahrt werden können, zog er sich bald darauf nach New Orleans zurück, wo er Florida für befriedet erklärte. In den nächsten sechs Jahren hatten die Generäle Scott, Jesup, Zachary Taylor und Walker Armistead reichlich Gelegenheit festzustellen, wie unberechtigt diese Behauptung war. Es war ein entsetzlicher Krieg, der da in der halbdunklen Hölle der Sümpfe von Florida ausgetragen wurde. Jedes nur erdenkliche Mittel war recht. Schließlich artete er bei den Weißen zu einem reinen Ausrottungskrieg aus. Als endlich 3000 halbverhungerte Seminolen — der Rest des einst so stolzen Stammes — mit Gewalt in den Westen deportiert worden waren, hatten in dem heimtückischen Dschungel Floridas 5000 reguläre Soldaten und weit über 20 000 kurzfristig dienende Freiwillige Einsatz gefunden. Von diesen waren fast 1500 Mann durch Krankheiten gestorben oder ihren Wunden erlegen. Demgegenüber hatten die Seminolen zu keinem Zeitpunkt

Sechsschüssiger »Colt«-Revolver der Dragoner (Zollkaliber .44 = 11,2 mm). Fand Einsatz in der Endphase des amerikanisch-mexikanischen Krieges (1846–48).

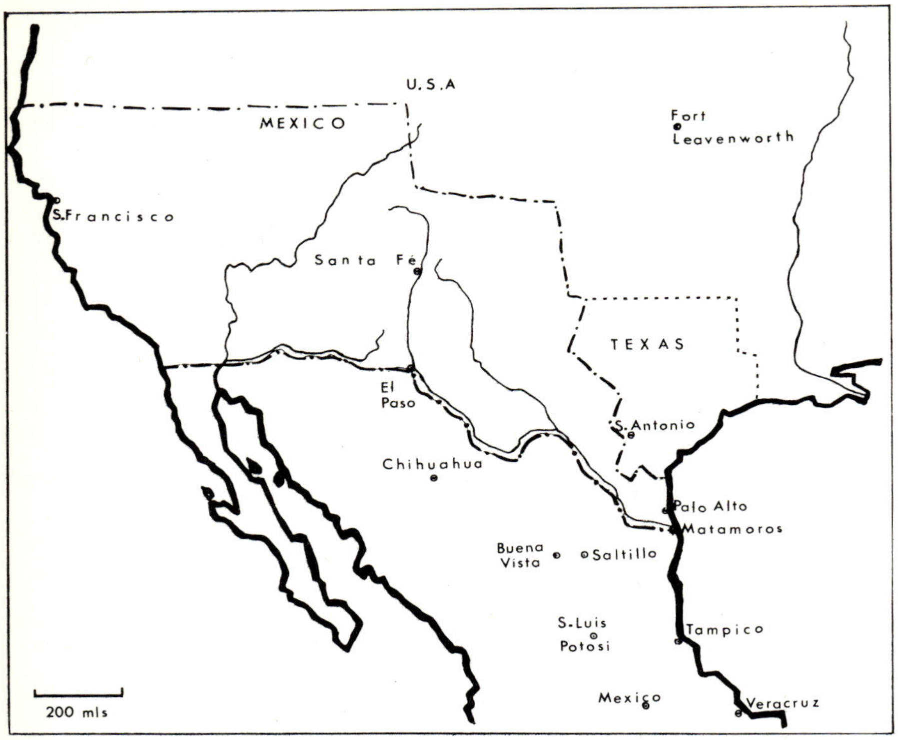

Der amerikanisch-mexikanische Krieg, 1846–48. Das Gebiet innerhalb der punktiert-gestrichelten Linie wurde im Vertrag von Guadalupe Hidalgo von Mexiko an die Vereinigten Staaten von Nordamerika abgetreten.

des Krieges über mehr als 1000 Krieger verfügen können.

Durch die geringen Fortschritte in Florida beunruhigt, befahl der Kongreß 1838 eine abermalige Vergrößerung der Armee. Indem man bereits bestehende Verbände erweiterte und ein neues Infanterieregiment aufstellte, wurden die Streitkräfte auf fast 13 000 Mann erhöht. Nunmehr bestand die US Army aus folgenden Verbänden: aus acht Infanterie-, vier Artillerie- und zwei Dragonerregimentern und dem Pionierkorps. (Das zweite Dragonerregiment war 1836 aufgestellt worden. 1842 sattelten die Dragoner wieder ab und wurden Schützen zu Fuß, 1844 berittene Jäger und 1861 das *3rd US Cavalry Regiment).* Während die Ist-Stärke der meisten Verbände über viele Jahre hinweg nur 60% ihrer Soll-Stärke ausmachte, scheint man in jener Zeit dem Prinzip angehangen zu haben, lieber bestehende Verbände zu verstärken und im Bedarfsfall wieder zu verringern, als völlig neue Verbände aufzustellen und sie später wieder ganz aufzulösen.

Schon seit Jahren hatten sich an Amerikas Südwestgrenze Schwierigkeiten abgezeichnet, bis schließlich in den 1830er und 1840er Jahren die Differenzen zwischen dem aufblühenden jungen Amerika und dem noch unsicheren, gerade erst selbständig gewordenen Mexiko mit blanker Waffe bereinigt wurden. Der Verfasser dieses Buches hat nicht die Absicht, hier auf die innenpolitische Entwicklung Mexikos in dieser Zeit näher einzugehen. Er wird daher lediglich von »Mexiko« sprechen, so als hätte stets nur eine einzige Regierung beziehungsweise Interessengruppe in diesem Land während dieser Zeit regiert. Die Gründe hierfür werden verständlich, wenn man sich vor Augen hält, daß zwischen Februar 1836 und Januar 1848 Mexiko nicht weniger als dreiundzwanzig (23) verschiedene Regierungen besaß, von denen nur ganz wenige auf friedlichem Wege an die Macht gekommen waren. Die längste Amtszeit eines Präsidenten von Mexiko in dieser Periode hatte dreiundzwanzig Monate, die kürzeste sieben (7) Tage betragen. Während dieser Zeit war Santa Anna nicht weniger als sechs Mal Präsident gewesen.

Mexiko war zwischen 1822—23 unabhängig geworden und auch von den USA als selbständiger Staat anerkannt worden. Während Mexiko den Sabine River als seine Staatsgrenze bezeichnete und Texas — damals noch ein weitgehend unbewohntes Land — als seine Provinz beanspruchte,

Das »Hall«-Gewehr (Perkussionskarabiner, Mod. 1843), benannt nach dem Büchsenmacher John Hancock Hall. Ein Steinschloß-Kammer-Hinterlader mit gezogenem Lauf, die Waffe der US-Dragoner in den 1840er und 1850er Jahren. Kammer samt Steinschloß ist hochgestellt, die Ladeöffnung (weist in Laufrichtung) liegt frei.

versuchte es gleichzeitig durch eine liberale Einwanderungspolitik Siedler aus den USA zur Ansiedlung in Texas zu bewegen. Bis 1830 waren etwa 30 000 Weiße und Tausende von Negern dem Ruf gefolgt. Doch sich deshalb als Mexikaner zu empfinden, kam ihnen nie in den Sinn. Unter den ständig wechselnden mexikanischen Regierungen hatten sie keinen leichten Stand, zumal deren Politik starken Schwankungen ausgesetzt war. Als sich schließlich die Neueingewanderten durch besonders rigorose Maßnahmen der Mexikaner bedroht sahen, brach 1835 eine offene Revolte aus. 1836 erklärte sich Texas zur unabhängigen Republik. Nach der 13tägigen Belagerung der Garnison von Alamo durch die Mexikaner, in deren Verlauf die gesamte Besatzung massakriert wurde, gab es in Amerika kein Halten mehr. Freiwillige strömten in den Süden, um Sam Houstons winzige texanische Armee aufzufüllen. Darüber hinaus wurde ein Kontingent amerikanischer regulärer Truppen fast sechs Monate lang südlich der Grenze bei Nacogdoches stationiert mit dem absichtlich vage gehaltenen Befehl, die Grenze zu bewachen. Am 21. April 1836 wurden bei San Jacinto Santa Annas 1600 mexikanische reguläre Soldaten von Sam Houstons Texanern entscheidend geschlagen. Den meisten Texanern ging es in erster Linie um die Loslösung von Mexiko. Sie vertrauten fest darauf, daß die USA die Republik Texas in aller Stille in den amerikanischen Staatenbund aufnehmen würden, sobald sich Amerika durch die Streitkräfte von Texas von der peinlichen Notwendigkeit befreit sähe, sich mit den Mexikanern anlegen zu müssen. Doch unglücklicherweise unterschätzten die Texaner die diplomatischen Verwicklungen in jener Zeit. Mittlerweile war nämlich die Sklavenfrage in den USA zu einem heiß debattierten Thema geworden. Und die Texaner galten als konsequente Befürworter der Sklaverei. Damit waren diese beiden Themen — Sklaverei und Eingliederung in den amerikanischen Staatenbund — untrennbar geworden. Das hatte zur Folge, daß Texas, durch Guerillakämpfe und unerklärte Kriege entlang der neuen Grenze zu Mexiko am Rio Grande ohnehin stark in Mitleidenschaft gezogen, noch weitere neun Jahre eine unabhängige Republik bleiben mußte. Mexiko aber war fest entschlossen, seine verlorene Provinz Texas zurückzugewinnen, und ließ Amerika wissen, daß eine Eingliederung von Texas in den amerikanischen Staatenbund als eine Kriegshandlung angesehen würde.

Vermutlich waren das Wirtschafts- und Handelspotential von Texas letzten Endes für Amerika von ebenso großer Bedeutung, einen Krieg mit Mexiko zu riskieren, wie moralische Erwägungen. Im Januar 1845 wurde in Amerika darüber abgestimmt, ob Texas aufgefordert werden sollte, dem amerikanischen Staatenbund beizutreten. Die Antwort war positiv. Präsident James Polk bot daraufhin Texas einen Platz in der Union an. Das Angebot wurde von Texas bereitwillig angenommen. Mexiko antwortete mit der Abberufung seiner Diplomaten aus Washington Ende März. Damit befanden sich die Vereinigten Staaten von Amerika zum ersten Mal in ihrer Geschichte in einem Krieg gegen einen fremden Staat. Dieser Krieg sollte Amerika wichtige Erfahrungen bringen.

Unter Führung von General Zachary Taylor wurde eine aus dem *3rd, 5th, 6th, 7th* und *8th US Infantry Regiment,* aus zwei Dragonerregimentern und aus einer nur teilweise bespannten Artillerieabteilung bestehende Armee nach Point Isabel verlegt, wo am Rio Grande gegenüber der

Das Koppelschloß aus Messing der US Army, Standardausgabe. Wurde in den 1850er Jahren von sämtlichen Infanterieverbänden getragen.
Hinton/Robson

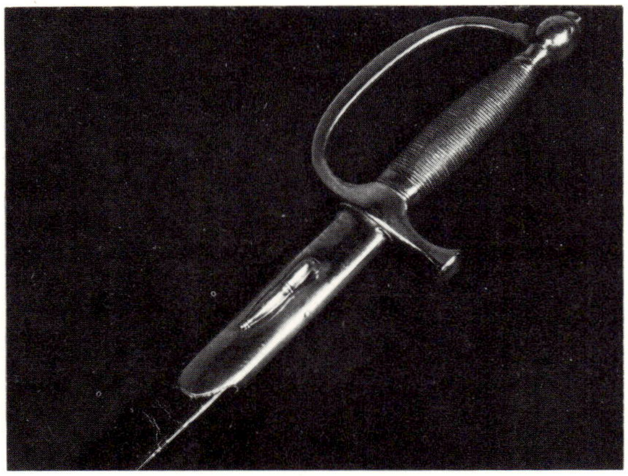

Das von Sergeanten der Infanterie und Militärmusikern getragene kleine, gerade Schwert mit Messingknauf.
Hinton/Robson

Bandelier-Metallplatte mit dem US-Adlermotiv.
Hinton/Robson

mexikanischen Stadt Metamores ein Fort errichtet wurde. Zwei Monate lang bewachten sich die gegenüberliegenden Armeen mit Argusaugen. Alle Verbände von Taylors Armee waren beträchtlich unter ihrer Soll-Stärke. In ihren Reihen befanden sich zahlreiche erst kürzlich in Amerika eingetroffene Emigranten. Die Offiziere waren zwar energische junge Männer, doch weitgehend unerfahren. Die damals modernen Perkussionswaffen waren nur in geringer Anzahl vorhanden. Die Masse der Soldaten war immer noch mit Steinschloßgewehren bewaffnet.
Die Mexikaner begannen in immer größerer Anzahl über den Rio Grande ins amerikanisch besetze Gebiet einzusickern; die Patrouillentätigkeit nahm zu. Daraufhin zog General Taylor die Masse seiner Truppen von ihrem isolierten Vorposten zurück. Am 3. Mai 1846 begann mexikanische Artillerie das nunmehr nur noch schwach belegte Fort mit Granaten einzudecken. Danach überschritten starke mexikanische Streitkräfte den Rio Grande, worauf Taylor sich gezwungen sah vorzurücken, um den vorgeschobenen Stützpunkt zu retten. Als am 8. Mai die beiden Armeen bei Palo Alto aufeinandertrafen, nahm die erste Schlacht dieses Krieges ihren Anfang. Obwohl sie einem doppelt so starken Gegner gegenüberstand, erzielte die amerikanische Armee einen glänzenden Sieg. Vor allem die Artillerie hatte sich als kaltblütig und zuverlässig erwiesen und zum Erfolg nicht unwesentlich beigetragen. Das *3rd* und *5th US Infantry Regiment* hatte sich zum Karree formiert und die angreifende mexikanische Kavallerie brillant zurückgeschlagen. Die Amerikaner hatten nur neun Tote und siebenundvierzig Verwundete zu beklagen, die Mexikaner hingegen 700 Mann. Unglücklicherweise befand sich unter den amerikanischen Gefallenen auch Major Ringgold, Kommandeur der so ausgezeichneten »Fliegenden Artillerie«. Am nächsten Tag rückten die US-Streitkräfte wieder vor, trugen am Trockenbett des Resaca ein Gefecht aus und jagten danach die Mexikaner wieder über den Rio Grande zurück. Nachdem General Taylor von Patrouillen erfahren hatte, daß in diesem Gebiet die Futterversorgung für die Pferde Schwierigkeiten bereiten würde, entschloß er sich zu bleiben, wo er war.
Die offizielle Kriegserklärung erfolgte erst am 13. Mai 1845. Hierfür waren nicht zuletzt die Entfernungen und die unzulänglichen Nachrichtenverbindungsmittel jener Tage schuld. Der

Kongreß beschloß, die Stärke der Armee zu verdoppeln, indem er die Stärke der Infanteriekompanien auf 100 Mann festsetzte. Darüber hinaus wurde die Aufstellung eines Regiments berittener Jäger angeordnet, ferner die Rekrutierung von 50 000 Freiwilligen für eine Dienstzeit von nicht mehr als einem Jahr. Präsident Polk sah einen schnellen Sieg voraus. Doch Winfield Scott, Oberbefehlshaber der Armee, war davon keineswegs so überzeugt. Mexiko hatte etwa 30 000 Mann unter Waffen und konnte überdies eine riesige Anzahl Milizsoldaten auf die Beine stellen. Die turbulenten Jahre nach Mexikos Unabhängigkeit hatten dazu geführt, daß jeder mexikanische Soldat Veteran zumindest eines Feldzuges war. Er war also ein erfahrener Kämpe. Überdies war das schwierige und mit Krankheitserregern infizierte Gelände bestens geeignet, unter den Soldaten der US Army einen hohen Tribut zu fordern. Dem Plan zufolge sollte die Offensive in Form eines Drei-Zangen-Angriffs erfolgen. Taylor sollte westwärts auf Chihuahua vorrücken. Stephen Kearny, dem eine weitgehend aus Freiwilligen bestehende und in Fort Leavenworth zusammengestellte Armee unterstand, sollte ebenfalls nach Westen und Süden vorrücken, mit Santa Fé als erstem Ziel und Kalifornien als Fernziel. Die Kriegsmarine sollte die Ostküste Mexikos blockieren und mit Kearny zusammenarbeiten, um das Küstengebiet Kaliforniens in Besitz zu bringen.

Der Krieg verlief nicht ganz so wie geplant — welcher Krieg tut das schon? —, war aber im Endergebnis so erfolgreich, daß Amerika dennoch stolz sein konnte. Der Vorstoß von Zachary Taylor durch Nordmexiko brachte im September 1846 die Eroberung von Monterrey, nachdem in Kämpfen von Haus zu Haus Taylors reguläre Soldaten sich prächtig geschlagen hatten. Währenddessen eroberte Kearny Santa Fé und zog danach über die Berge nach Kalifornien. Eine dritte, etwa 2000 Mann starke Streitmacht unter John Wool marschierte zuerst nach San Antonio, stieß dann südwestwärts auf Parras vor in der Hoffnung, sich in diesem reichen und fruchtbaren Gebiet mit den Truppen Taylors vereinigen zu können. Anfang Dezember 1846 war Taylor im Besitz von Saltillo und Victoria; Wool stand vor den Toren von Parras; Kearny befand sich in San Diego an der kalifornischen Küste; und der Marine war es gelungen, durch Seelandeunternehmen einige Häfen und Küstengebiete zu erobern. Die US-Streitkräfte waren jetzt im Besitz weiter Gebiete Nordmexikos. Um den Krieg rasch zu beenden, wurde beschlossen, eine neue Offensive in die Wege zu leiten. Dem Plan zufolge sollte ein Expeditionskorps bei Vera Cruz von See her landen, um von dort aus nach Mexiko City vorzustoßen. Mit dem Kommando dieses Expeditionskorps wurde Winfield Scott beauftragt, der sofort daranging, aus den Verbänden von Taylor und der anderen Kommandeure Soldaten abzuziehen, um aus ihnen sein Korps zu bilden. Nach Abzug von 4000 regulären Soldaten und einer ebenso großen Anzahl Freiwilliger, die nach Tampico verlegt wurden, um von dort nach Vera Cruz verschifft zu werden, verblieben General Taylor insgesamt nur noch etwa 5000 Mann, von denen nur zwei Dragonerschwadronen und eine kleine Artillerieabteilung zur regulären Truppe gehörten. Bis zum Februar 1847 hatten Taylor und Wool ihre stark reduzierten Armeen vereinigt — nicht weil sie sich in unmittelbarer Gefahr wähnten, sondern aus Vorsorge — und hatten südlich von Saltillo Stellung bezogen. Auf amerikanischer Seite wurde allgemein angenommen, daß die Masse der mexikanischen Armee bei Vera Cruz gebunden sein würde, da man davon ausging, daß die Mexikaner von den amerikanischen Angriffsabsichten im Süden, über die aufgrund nichtvorhandener Sicherheitsbestimmungen im amerikanischen Lager offen geredet wurde, mittlerweile erfahren haben mußten. Was Taylor aber nicht wußte, war, daß Santa Anna sich entschlossen hatte, diese Gelegenheit zu benutzen, die stark geschwächten US-Streitkräfte im Norden zu vernichten, und sich jetzt mit etwa 15 000 Mann auf dem Anmarsch von San Luis Potosi befand.

Am 21. Februar meldeten amerikanische Kundschafter das Nahen des Gegners. Daraufhin zog sich Taylor sofort auf das leichter zu verteidigende Gebiet von Buena Vista zurück. Die mexikanische Vorhut rückte in einem engen Tal vor, das beidseitig von Anhöhen begrenzt wurde. Auf diesen Anhöhen lagen nun unter Führung von Wool etwa 4800 amerikanische Soldaten, mit einer Artilleriebatterie und einem Freiwilligenregiment aus dem Bundesstaat Indiana im ersten Glied. Taylor selbst lag mit einigen Dragonern und den Jägern, einem Freiwilligenverband aus dem Bundesstaat Missisipi, der unter dem Kommando von Colonel Jefferson Davis stand, in Saltillo. Die Schlacht begann am 22. Februar und hielt den ganzen nächsten Tag über an. Die

Generalmajor und
Armeeoberbefehlshaber

Generalmajor

Brigadegeneral

Oberst

Oberstleutnant und Major
(silbernes Blatt) (goldenes Blatt)

Hauptmann

Oberleutnant

Leutnant

Hauptmann

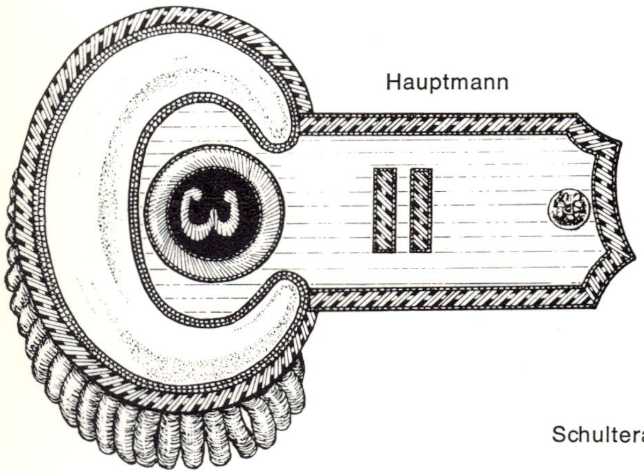

Knopf für Generäle
und Offiziere im
Stabsdienst

Brigadegeneral

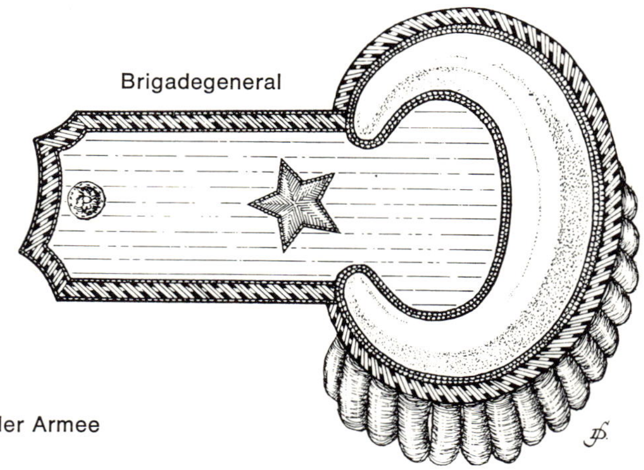

Schulterauflagen und Epauletten der Armee
der Nordstaaten

Offiziers-Dienstgradabzeichen der 1850er und 1860er Jahre. Die rechteckigen Dienstgradabzeichen (*»boxes«* = »Kästchen« genannt) wurden seinerzeit auf den Schultern des Uniformrocks des kleinen Dienstanzuges getragen. Man findet sie übrigens noch heute auf der neuesten Paradeuniform der US Army.
David Scheinemann

Mexikaner unternahmen wütende Angriffe, um die linke Flanke und Mitte der Amerikaner zu durchbrechen, und hatten auch schon beträchtlich an Boden gewonnen, als in dieser kritischen Situation — einige US-Freiwillige hatten bereits aufgegeben und waren geflohen — Taylor mit den Mississipi-Jägern anrückte. Durch den Einsatz dieses ausgezeichneten Freiwilligenverbandes sowie der Artillerie und der Infanterie von der etwas weniger gefährdeten rechten Flanke, gelang es ihm schließlich doch noch, die Situation zu bereinigen. Die schweren Kämpfe hielten bis Sonnenuntergang an. Nach Beendigung der Schlacht hatte Santa Anna, der über keinerlei Reserven verfügte, fast 2000 Mann verloren. Daraufhin zog er seine demoralisierte Armee zurück und machte sich auf den Rückmarsch nach San Luis Potosi. Taylor hatte 625 Tote, 450 Verwundete und einige Vermißte zu beklagen, doch hatte er die Genugtuung, die schwerste Schlacht des ganzen Krieges gewonnen zu haben.

Etwa eine Woche später stieß ein amerikanischer Verband, der aus 900 Freiwilligen aus Missouri bestand, unter Führung von Colonel Doniphan bei El Paso auf eine weit überlegene mexikanische Streitmacht. Der US-Verband, der von Kearnys Armee abgetrennt worden war, hatte sich auf dem Wege von Santa Fé nach Chihuahua befunden. Auch diese Mexikaner konnten von den Amerikanern geschlagen werden. Neben der Schlacht von Buena Vista war dies die einzige Kampfhandlung im nördlichen Kampfgebiet von Bedeutung.

Am Abend des 9. März 1847 gingen die ersten Soldaten von Scotts Expeditionskorps auf einem Küstenstreifen drei Kilometer südlich von Vera Cruz an Land. Die Armee bestand aus etwa 13 700 Mann, von denen ungefähr 5700 reguläre Truppen waren. Im Stab von Scott befanden sich ein paar junge Offiziere, deren Namen, so wie der des Colonel Jefferson Davis aus der Schlacht von Buena Vista, bald in aller Munde sein würden — zum Beispiel Pierre Beauregard, George Meade und Robert E. Lee. Die Landung verlief reibungslos; Widerstand wurde nicht angetroffen. Da der mexikanische Befehlshaber in diesem Abschnitt nur über etwa 4300 Mann verfügte, entschloß er sich angesichts der amerikanischen Überlegenheit, seine Truppen hinter den Stadtmauern von Vera Cruz zu belassen. Nach Beschießung von See und Land her kapitulierte die Stadt am 27. März; ein Sturmangriff hatte sich damit erübrigt. Scott stieß nun weiter ins Inland vor und traf im April etwa 50 Kilometer von Vera Cruz bei Cerro Gordo auf einen starken Sperriegel der Mexikaner. Santa Anna lag mit etwa 12 000 Mann gut verschanzt um einen Gebirgspaß, den Scott benutzen mußte, wollte er weiterkommen. Es war fast die gleiche Situation wie beim mexikanischen Debakel bei Buena Vista, nur mit vertauschten Rollen. Doch schien Santa Anna aus seinen Fehlern nichts gelernt zu haben. Ein Aufklärungstrupp unter Führung des jungen Captain Robert E. Lee fand einen Weg um Santa Annas linke Flanke. Scott führte zwei seiner drei Divisionen um die mexikanischen Stellungen herum und ließ sie die einzige ins Hinterland und damit in die Sicherheit führende Straße sperren, während er die dritte Division, einen Freiwilligenverband, die Mexikaner frontal angreifen ließ. Diesen Frontalangriff konnten die Mexikaner zwar abschlagen, doch als sie feststellten, daß sie eingeschlossen waren, gaben sie auf. Den 431 amerikanischen Gefallenen standen 3000 feindliche Gefangene, 4000 erbeutete Musketen, 43 Kanonen und 1000 Tote der Mexikaner gegenüber.

Ein sofortiger Weitermarsch nach Mexiko City war aber nicht so ohne weiteres möglich. Immerhin waren noch 270 Kilometer zurückzulegen. Überdies war Scotts Armee mittlerweile durch Krankheiten, Nachschub- und Nachrichtenverbindungsschwierigkeiten und durch den Abzug von sieben Freiwilligenregimentern, deren Dienstzeit abgelaufen war, ziemlich stark geschwächt worden. Daher rückte Scott lediglich bis Puebla vor. Im übrigen verhielt er sich abwartend, nachdem Versuche, Friedensverhandlungen einzuleiten, fehlgeschlagen waren. Und zwar waren sie fehlgeschlagen, unmittelbar nachdem Santa Anna von den Amerikanern eine »Anzahlung« in Höhe von 10 000 Dollar erhalten hatte! Als Scott seine Streitkräfte wieder auf etwa 10 000 Mann erhöht hatte, ging er Anfang August gegen die Hauptstadt Mexiko City vor. Da er aber nicht über genügend Truppen verfügte, war er auch nicht in der Lage, zur Sicherung der rückwärtigen Verbindungswege Soldaten abzustellen. In einem kühnen Entschluß verzichtete er deshalb ganz auf diese Sicherungsmaßnahme und rückte mit seiner gesamten Armee auf Mexiko City vor.

Mexiko City lag damals inmitten zahlreicher Seen und Sümpfe, die von Landstraßen durchzogen wurden, an deren Schnittpunkten starke Vertei-

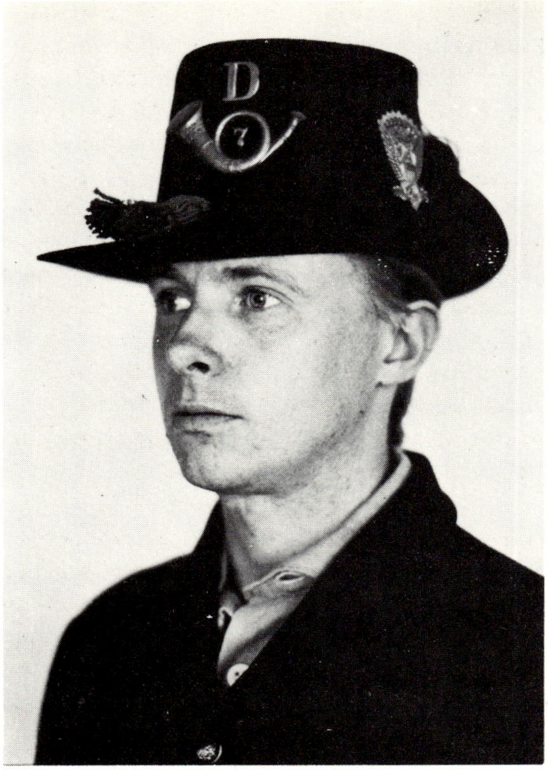

Der schwarze Hardee-Hut, der gegen Ende der 1850er Jahre den Tschako als Kopfbedeckung der Paradeuniform ablöste. Nur die berittene Artillerie behielt den Tschako mit Federstutz zur Paradeuniform bei. Die Hutkordel des hier gezeigten Hardee-Hutes ist sächsisch-blau und wurde in dieser Farbe nur von der US-Infanterie getragen. Vorn aufgesteckt aus Messing der Buchstabe der Kompanie, die Regimentsnummer und das Signalhorn, das Waffenabzeichen der Infanterie. Die Hutspange aus Metall mit dem eingestanzten US-Adler zur Befestigung der Hutkrempe ist deutlich zu sehen. Hinter der Krempe versteckt und kaum sichtbar der schwarze Federbusch.
Katcher

digungsstellungen angelegt worden waren. Die Berge der näheren Umgebung waren ebenfalls befestigt worden, um sie als äußeren Schutzgürtel verwenden zu können. Auf einem dieser Berge lag die Zitadelle von Chapultepec, die von Santa Anna zum Hauptbollwerk des außerhalb der Stadt liegenden Verteidigungssystems auserkoren worden war, obgleich die anderen Festungsanlagen ebenfalls besetzt waren. In zwei kurzen Gefechten am 19. und 20. August gelang es, die Mexikaner aus den meisten der vorgeschobenen Stellungen zu vertreiben. Danach setzte eine zweiwöchige Kampfpause ein, während der die Mexikaner vorgaben, zu Friedensverhandlungen bereit zu sein. Als es sich herausstellte, daß es sich nur um ein Täuschungsmanöver gehandelt hatte, um Zeit zu gewinnen, wurden in der ersten Septemberwoche die Angriffe wieder aufgenommen. Nach blutigen Kämpfen streckte am 13. September die Zitadelle von Chapultepec die Waffen. Es war die letzte bedeutende Schlacht dieses Krieges. Santa Anna und den Resten seiner geschlagenen Armee gelang es zwar in der darauffolgenden Nacht, im Schutze der Dunkelheit aus der Stadt zu entkommen, doch wenig später dankte Santa Anna ab. Kurz darauf wurden die noch aktiven Reste seiner Streitkräfte vernichtend geschlagen, als sie versuchten, auf der Straße nach Vera Cruz eine amerikanische Nachschubkolonne zu überfallen.

Der Grund, weshalb der Verlauf militärischer Unternehmen in diesem Kapitel etwas detaillierter beschrieben wurde als in anderen, ist in der Absicht des Verfassers dieses Buches zu sehen, die wesentliche Verbesserung der militärischen Fähigkeiten der US Army im amerikanisch-mexikanischen Krieg und ihre stärkere Hinwendung zum stehenden Heer klarer herauszustellen. Natürlich hatte diese Armee noch schwache Punkte. Nicht zuletzt die guten Leistungen aller Waffengattungen in diesen Kämpfen brachten diese schwachen Punkte ans Tageslicht, was wiederum zur Folge hatte, daß sie erkannt und im Laufe der Zeit schließlich ausgemerzt werden konnten. Es war ein Krieg, wie ihn die USA bisher noch nicht geführt hatten. Bedenkt man die zahlreichen Probleme, denen sich Taylor, Kearny, Wool und Scott ausgesetzt sahen, ist der amerikanische Erfolg zweifellos imponierend. Die regulären Truppen, eindeutig disziplinierter und verläßlicher als in früheren Jahren, hatten das erste Mal seit dreißig Jahren wieder in herkömmlicher fester Schlachtordnung gekämpft und sich gegen feindliche reguläre Infanterie, Kavallerie und Artillerie ausgezeichnet gehalten. Sie hatten Verteidigungsanlagen von nicht geringer Stärke erstürmt, eine Stadt Straße für Straße erobert und waren Tausende von Kilometern durch unwegsames und unbekanntes Gebiet marschiert, das so völlig anders war als jenes ihrer Heimat. Sie hatten das Meer überquert und waren mit einer Armee an feindlicher Küste gelandet. Sie hatten vom Land gelebt, obwohl dieses Land nicht viel zu bieten hatte.

Die Unterstützungs- und Versorgungszweige hatten fast ausnahmslos Leistungen vollbracht, wie sie in Anbetracht der Schwierigkeiten nicht zu erwarten gewesen wären. Wie in fast allen Armeen des 19. Jahrhunderts waren die Verluste durch Krankheiten erschreckend hoch gewesen, mißt man sie mit modernen Maßstäben. Doch waren sie nicht höher gewesen, als sie in einer anderen Armee jener Zeit gewesen wären. Es war gelegentlich schon einmal vorgekommen, daß die Nachrichtenverbindungen unterbrochen waren und der Nachschub nicht geklappt hatte, doch bei weitem nicht so häufig, wie es in Anbetracht der Länge der Verbindungslinien und der geographischen Verhältnisse hätte sein können. In den Wirren der Nachkriegszeit war die US Army der einzige stabilisierende Faktor in Mexiko gewesen, und Tagebücher weisen aus, daß diese ungewohnte Tätigkeit — Erledigung von Verwaltungsangelegenheiten und allem, was damit zusammenhängt — mit viel Geschick und Gerechtigkeitssinn ausgeführt worden war.

Durch den am 2. Februar 1848 geschlossenen Vertrag von Guadelupe Hidalgo kam Amerika in den Besitz eines riesigen neuen Territoriums, das zuvor zumindest dem Namen nach zu Spanien und Mexiko gehört hatte. Das neue Territorium umschloß Gebiete, die heute als die US-Bundesstaaten Arizona, New Mexico, Utah, Nevada und Kalifornien bekannt sind, sowie Teile der heutigen US-Bundesstaaten Wyoming und Colorado. Emigranten, goldhungrige Händler, Fallensteller, Sektierer und Farmer, die vom fruchtbaren Boden in den neugewonnenen Territoren träumten — zu Tausenden strömten diese neuen Pioniere in den Westen, in unbekanntes Land. Und es war die US Army, die sie geleiten und über ihre Sicherheit wachen mußte. Es gab zwischen Weißen und Indianern in den Jahren zwischen 1848 und 1860 etwa zwanzig bis dreißig verschiedene »Kriege«. Allein 1857 unternahm die US Army siebenunddreißig Strafexpeditionen, von denen eine bis zu einer regelrechten bewaffneten Auseinandersetzung ausartete, bei der es auch Verluste gab, von den anderen militärischen Unternehmen, die im Sande verliefen, ganz zu schweigen. Diese militärischen Handlungen spielten sich sämtlich in einem Gebiet ab, das nicht nur wild war, sondern neben Wasser und jagdbarem Wild nichts zu bieten hatte. Alle Versorgungsgüter mußten mitgeführt werden, entweder auf Planwagen oder Maultieren, auf dem Rücken der Pferde oder dem der Soldaten.

Es wäre sinnlos — und wegen Platzmangel hier auch nicht realisierbar —, die zahlreichen in dieser Zeit von der US Army durchgeführten militärischen Aktionen detailliert beschreiben zu wollen. Es genügt zu sagen, daß die ständigen Feldzüge, die Zersplitterung der Armee in unzählige kleine Einheiten, die über riesige Entfernungen verstreut lagen, in den Regimentern einen hervorragenden Geist hervorbrachten und Selbständigkeit und Härte erzeugten.

Ein Feldzug, der verdient, etwas näher beschrieben zu werden — und wenn auch nur wegen seines außergewöhnlichen Charakters —, ist die Strafexpedition gegen die Mormonen. Die *Church of Jesus Christ of Latter-Day Saints,* wie die Mormonen sich nannten, hatte auf dem Territorium von Utah mehrere eigene Gemeinden errichtet. 1857 wurde der Bundesregierung in Washington zugetragen, daß die Mormonen die Bundesgesetze mißachteten. Ob diese Bahuptung stimmte, darüber streitet man sich noch heute. Fest steht jedenfalls, daß Präsident Buchanan zur Begleitung der mit der Untersuchung beauftragten Regierungskommission 2500 Soldaten entsandte und daß diese Maßnahme in keinem rechten Verhältnis zur Ursache stand. Durch diesen Truppenaufmarsch aufs höchste alarmiert — wozu sie auch allen Grund hatten, denn immerhin bestand das Truppenkontingent aus dem *5th* und *10th US Infantry Regiment,* acht Kompanien der *2nd Dragoons* (dem 2. Dragonerregiment) und zwei Artilleriebatterien —, überfielen die Mormonen die Marschkolonne, als sie sich noch in einiger Entfernung von ihrem Ziel, dem Salt-Lake-Valley, befand. Es gelang den Mormonen, die Truppen von der Wagenkolonne zu trennen, die Wagen in Brand zu setzen und sich mit zahlreichen Pferden aus dem Staub zu machen. Die etwas aus der Fassung geratene Strafexpedition verbrachte anschließend einen ziemlich hungrigen Winter in den Rocky Mountains, bis sie im nächsten Frühjahr durch weitere 3000 Mann regulärer Truppen aller Waffengattungen aus ihrer mißlichen Lage befreit und verstärkt werden konnte. Bevor aber noch weiteres Blut vergossen wurde, war man mit den findigen Mormonen zu einer Einigung gelangt.

Die inneren Spannungen, die sich in der Union im Laufe der Jahrzehnte angesammelt hatten — Spannungen, die wenige Jahre später durch die Sklavenfrage zwar entzündet werden sollten, aber weitaus komplizierterer Natur waren —, erhielten 1860 durch die Wahl Abraham Lincolns zum Präsidenten neue Nahrung. Im Februar 1861 hatten sich South Carolina, Georgia, Alabama, Florida, Mississipi, Louisiana und Texas von der Union losgesagt und von den Forts, Arsenalen und Marineanlagen des Bundes Besitz ergriffen. Acht weitere sogenannte »Sklavenstaaten« — nämlich Delaware, Maryland, Virginia, North Carolina, Kentucky, Tennessee, Missouri und Arkansas — verblieben zwar in der Union, doch brodelte es in ihnen vor Unruhe. Die einzigen Standorte, die sich auf dem Gebiet der neugegründeten Konföderierten Staaten von Amerika *(Confederate States of America)* tatsächlich noch in der Hand der Bundesregierung von Washington befanden, waren das Fort Sumter im Hafen von Charleston und das Fort Pickens in Pensacola an der Golfküste von Florida. Im Süden geborene Offiziere quittierten den Dienst in der Bundesarmee. Jefferson Davis, Veteran der Kriege gegen den Indianerhäuptling Black Hawk und gegen Mexiko, wurde zum Präsidenten der Südstaaten ausgerufen, mit Amtssitz in Montgomery, Alabama. Die Situation glich einem Pulverfaß. Lincoln taktierte sehr vorsichtig, nur um ja nicht den anderen acht »Sklavenstaaten« einen Vorwand zum Austritt aus der Union zu liefern. Gleichzeitig aber war er fest entschlossen, die beiden Forts um keinen Preis aufzugeben. Da zwang ihn eine Aktion der Südstaatler zum Handeln. Nachdem sie den Festungskommandanten aufgefordert hatten, das Fort den Streitkräften der Südstaaten zu übergeben, und diese Aufforderung abgelehnt worden war, beschossen die Südstaatler am 12. April 1861 Fort Sumter und zwangen es zur Kapitulation. Der Vorfall polarisierte die öffentliche Meinung, worauf Lincoln die Gouverneure der regierungstreuen Bundesstaaten aufrief, zur Rettung der Nation Freiwillige abzustellen. Das wiederum hatte zur Folge, daß der größte Teil von Virginia, North Carolina, Tennessee und Arkansas den Südstaaten beitrat. Damit nahm der »Krieg zwischen den Staaten« — der Amerikanische Bürgerkrieg — seinen Anfang.

Bild 41: Soldat, US-Infanterie, 1825

Zu Beginn der 1820er Jahre wurde die amerikanische Uniform fescher, einheitlicher und durch die Einführung gewisser neuer Ausrüstungsgegenstände auch »amerikanischer«. Dieser Soldat in seiner Paradeuniform *(parade dress)* trägt den 1821 für alle Kompanieoffiziere und sämtliche Soldaten aller Waffengattungen eingeführten glockenförmigen Tschako. Der weiße aufrechtstehende Haarstutz auf dem Tschako besagt, daß dieser Soldat zur Infanterie gehört. Der Haarstutz der anderen Waffengattungen: gelb (Artillerie), weiß mit roter Spitze (leichte Artillerie), gelb (leichte Infanteriekompanien), grün (Jägerkompanien). Zwischen 1825 und den 1830er Jahren mußte jedes Infanterieregiment nach Art einiger europäischer Armeen eine leichte Infanterie- oder Jägerkompanie sowie eine Grenadierkompanie haben. Der Haarstutz der letzteren war rot. Das Mützenabzeichen, bestehend aus einem Adler mit einem Olivenzweig und einem Pfeilbündel in den Klauen, war je nach Waffengattung entweder aus gold- oder silberfarbenem Metall, desgleichen der aus Metallschuppen bestehende Sturmriemen. Die Mützenkordeln, je nach Dienstgrad aus einem Kammgarn- oder Metallgeflecht, folgten ebenfalls den Waffenfarben, waren also entweder gelb oder weiß, gold- oder silberfarben.
Der kurze dunkelblaue Rock Mod. 1821 *(full dress coatee)* hatte auf dem Kragen einen Litzenbesatz in der jeweiligen Waffenfarbe sowie gleichfarbige Schulterwülste. Da der Dienstgrad nun nicht mehr durch Epauletten angezeigt werden konnte, wurden jetzt erstmalig für sämtliche Unteroffiziersdienstgrade Ärmelwinkel in der Waffenfarbe eingeführt, die mit der Spitze nach oben zeigten. Der kurze Offiziersrock hatte große befranste Schulterwülste aus Metall oder Metallgespinst, je nach Waffengattung silber- oder goldfarben. Auch die Offiziere erhielten als Dienstgradabzeichen mit der Spitze nach oben zeigende Ärmelwinkel, die jedoch aus einem Metallgespinst gefertigt waren. Die Knöpfe aller Dienstgrade waren nach der Waffengattung gekennzeichnet. Die über Kreuz getragenen Lederbandeliere waren nach wie vor in Gebrauch. Es sollten noch zehn weitere Jahre vergehen, bis die ersten Koppel eingeführt wurden.

Bild 42: Leutnant (2nd Lieutenant), 1. US-Dragonerregiment (1st US Dragoons), 1835

Die Wiedereinführung der regulären US-Kavallerie geschah durch die Aufstellung eines US-Dragonerregiments im Jahre 1833. Gleichzeitig mit der Indienststellung wurde dem Regiment eine Feld- und eine Paradeuniform zugewiesen. Der hier abgebildete Leutnant trägt den Paradeanzug. Der Tschako war aus schwarzem Wollstoff oder Filz und hatte auf der Vorderseite ein Mützenblech in Form eines goldenen Sterns mit einem silbernen Adler darauf. Das Mützenabzeichen galt für alle Dienstgrade. Der Mützendeckel, Mützenschirm, Sturmriemen und die Mützeneinfassung waren aus schwarzem Lackleder. Vom Tschako wehte ein Schweif aus weißem Pferdehaar. Einfache Soldaten trugen einen etwas schlichteren Haarschweif. Stabsoffiziere fügten ihrem noch ein paar rotgefärbte Haarsträhnen hinzu. Die Kordeln und zahlreichen Troddeln der Offiziersmütze waren aus goldenem Geflecht, die der einfachen Soldaten aus gelbem Kammgarngeflecht. Später erhielt diesen Tschako auch die berittene Artillerie, nur war ihr Mützenschmuck nicht gelb, sondern rot.
Der Kragen, die Ärmelaufschläge und Aufschläge der Rockschöße des kurzen, zweireihigen, dunkelblauen Rockes hatten einen gelben Stoffbesatz, nur sah man auf dem Kragen und den Ärmelaufschlägen vor lauter Goldlitze nicht viel davon. Das Dienstgradabzeichen eines Leutnants bestand aus einer breiten Goldlitze mit zwei Goldknöpfen auf den Ärmelaufschlägen. Der Rock der einfachen Soldaten war von gleichem Schnitt, doch hatte er auf dem Kragen weitaus weniger Goldlitze, wodurch auch der gelbe Kragenbesatz stärker zur Geltung kam. Der Saum der Ärmelaufschläge war mit einer an den Enden spitz zulaufenden Goldlitze besetzt. Der Schulterklappenteil der Unteroffiziersepauletten war aus Stoff. Die Epauletten selbst der Sergeanten hatten gelbe Kammgarnfransen, die der Korporale keine. Die graublauen Hosen der Offiziere hatten zwei gelbe Biesen. Weitere Rangabzeichen der Offiziere waren die auf der rechten Seite geknotete rote Schärpe und das goldene Portepee am Säbel. Dieser Leutnant betrachtet gerade eine etwas merkwürdig geformte Feldmütze aus schwarzem Leder, die in den Jahren 1833 bis 1839 sowohl von der Infanterie als auch von berittenen Verbänden ge-

tragen wurde. Die Feldmütze hatte keinerlei Abzeichen und konnte zusammengefaltet werden.

Bild 43: Korporal, Füsilierkompanie des regulären Infanteriebataillons »Allende«, Mexikanische Armee, Texas, 1836

Hier ein typischer Soldat jener mexikanischen Armee, mit der Santa Anna die texanische Garnison von Alamo belagerte. An der Uniform dieses Korporals ist das Durcheinander auf dem Uniformsektor der mexikanischen Armee dieser Periode deutlich zu erkennen. Seine Uniform ist eine Mischung der Anzugordnung von 1823, 1832 und 1833. Darüber hinaus ist der lange Marsch durch die Wüste nach Norden, den Santa Annas Armee hatte unternehmen müssen, um in ihr Operationsgebiet zu gelangen, an dieser Uniform nicht spurlos vorübergegangen.
Zum Zeitpunkt der ersten ernsthaften Zusammenstöße zwischen mexikanischen Truppen und den Texanern im Jahre 1835 bestand die mexikanische Armee auf dem Papier zwar aus Bataillonen und Regimentern, konnte im Feld aber nur Einheiten in Kompanie- oder gar Zugstärke einsetzen. Verantwortlich dafür war ein überaus kompliziertes Rekrutierungsverfahren und die Tatsache, daß es verschiedene »Klassen« von Milizverbänden gab. Die mexikanische Armee, die die Festung Alamo eroberte, bestand aus 6000 völlig unerfahrenen Rekruten. Nicht nur waren die Verbände dieser Armee erst kurz zuvor aufgestellt worden, sondern auch ihre Uniformen hatten praktisch über Nacht beschafft werden müssen. Zwei Monate brauchten sie, um die Tausende von Kilometern von San Luis Portosi zu Fuß zurückzulegen. Der Wüstenpfad war gesäumt von den Leichen ihrer Kameraden und von zurückgelassenen Ausrüstungsgegenständen. Gegen Ende des Jahres 1835 wurden die alten Einheiten zumindest nominell zu regulären Infanteriebataillonen formiert, denen man die Namen von Anführern aus dem mexikanischen Unabhängigkeitskrieg verlieh: Hidalgo, Allende, Morelos, Guerrero, Aldama, Jimenez, Landero, Metamoros, Abasolo und Galeana. Zur gleichen Zeit wurden sechs Kavallerieregimenter aufgestellt, die nach Schlachten aus dem gleichen Unabhängigkeitskrieg benannt wurden.
Dieser Korporal trägt noch den Tschako alter Art mit einer Messingplatte als Mützenabzeichen, einem angedeuteten Sturmriemen aus Metallschuppen und einem Haarstutz in den Nationalfarben. Die grünen Kordeln und Troddeln am Tschako wurden nur von Jägerverbänden getragen. Sein Uniformrock in Türkisch-Blau mit rotem Kragen, roten Ärmelaufschlägen, roter Paspelierung, roten Rockaufschlägen und roten Epauletten stammt aus einer Uniformlieferung aus dem Jahre 1833. Die Nummer seines alten Bataillons ist immer noch am Kragen angebracht. Der diagonale gelbe Streifen auf dem Unterarm ist das Dienstgradabzeichen und ist von der Anzugordnung aus dem Jahre 1823 übernommen worden. Die Ärmelpatten weisen diesen Korporal als Angehörigen einer sogenannten »Präferenz-Kompanie« aus, in anderen Worten als Angehörigen einer Jäger- oder Grenadierkompanie. Die am häufigsten anzutreffende Beinbekleidung war die weiße Leinenhose der mexikanischen Bauern. Man kann ruhig davon ausgehen, daß es mit der Versorgung nicht zum besten bestellt war. Die hier abgebildete Waffe ist das britische »Baker«-Gewehr, das in großer Stückzahl an Mexiko verkauft worden war. Die regulären Kompanien waren jedoch mit der »Braunen Elisabeth« bewaffnet. Die Ausrüstung bestand aus einer Patronentasche aus Zinn und einem »Baker«-Schwertbajonett, das an einem Lederbandelier getragen wurde, ferner aus einer Feldflasche aus Holz und einem Tornister aus Rinderfell mit einer zusammengerollten Decke obendrauf. Der kurze Stock war ein Privileg der Korporale — ein Überbleibsel der spanischen Militärbestimmungen für Kolonialtruppen — und diente zum Antreiben der Soldaten.

Bild 44: Feldzeugmeister (Ordnance Sergeant), US Army, 1840

Die Paradeuniform *(full dress uniform)* dieses Sergeanten verführt zu sofortigem Vergleich mit der des Dragoneroffiziers auf Bild 42. Tatsächlich sind sich beide sehr ähnlich.
Der Tschako ist das Modell 1832 und wurde sowohl bei der Infanterie als auch Artillerie getragen. Durch Kongreßbeschluß aus dem Jahre 1821 war die Feldzeugmeisterei *(ordnance department)* mit der Artillerie zusammengelegt worden. Der sich nach oben etwas verjüngende Mützenkegel ist aus »Biberfell«, der Mützenbesatz aus Lackleder. Der geringfügig gewölbte Mützenschirm des hier abgebildeten Mannschaftstschakos wurde beim Offizierstschako durch einen

flachen Mützenschirm ersetzt. Auf der Vorderseite des Tschakos ist das Mützenabzeichen der Artillerie — zwei gekreuzte Kanonenrohre — und das Nationalemblem angebracht, ferner in einem goldenen Metallhalter ein roter Haarstutz. An Stelle der gekreuzten Kanonenrohre trugen die Infanteristen ein Signalhorn aus weißem Metall und einen weißen Haarstutz.
Die Höhe des Haarstutzes war unterschiedlich, doch nimmt man an, daß sie bei Sergeant-Majoren (etwa Hauptfeldwebel) und gleichwertigen Unteroffiziersdienstgraden, wie beim hier abgebildeten Feldzeugmeister, 30 Zentimeter betrug, bei einfachen Sergeanten und niedrigeren Dienstgraden 20 Zentimeter. Offiziere trugen einen herabhängenden Schweif aus Hahnenfedern in der jeweiligen Waffenfarbe.
Der Feldzeugmeister war in jedem Standort eine außerordentlich wichtige Persönlichkeit. Jedes Fort und jede Garnison hatte einen, um die Waffen und Munition zu verwalten. Die vier gelben Ärmelpatten mit den vier Goldknöpfen, die schweren Epauletten aus Messing mit den Kammgarnfasern sowie die Schärpe und der Säbel sind Ausdruck seines Ranges. Der einfache Kragen seines kurzen Rockes ist mit gelben Streifen besetzt. Die blaugraue Hose hat dunkelblaue Biesen, die einen Hinweis auf die Waffengattung geben.

Bild 45: Soldat, US-Infanterie, Mexiko, 1846

Hier abgebildet einer der ausgezeichneten regulären Soldaten der US-Infanterie aus der Zeit des amerikanisch- mexikanischen Krieges in seiner normalen Felduniform *(field dress).* Bereits 1825 hatte die US Army eine Feldmütze eingeführt, die aus ausgemusterten Uniformröcken hergestellt worden war. Offenbar hatte sich der hohe Tschako im Feld als ungeeignet erwiesen. Das erste Modell, das eine gewisse Ähnlichkeit mit der hier abgebildeten Mütze hatte, war 1833 durch die lederne Feldmütze ersetzt worden, die der Offizier auf Bild 42 in seinen Händen hält. Diese wiederum war 1839 durch die hier gezeigte Feldmütze aus Tuch abgelöst worden. Aus dunkelblauem Wollstoff, mit Mützenschirm und Sturmriemen aus schwarzem Leder, war hinten an der Feldmütze ein Stofflappen angebracht, der zum Schutz des Nackens bei schlechtem Wetter herabgelassen werden konnte. Gelegentlich wurden auch Mützenbänder in der Farbe der jeweiligen Waffengattung getragen, und zwar trug die Infanterie weiße, Dragoner gelbe und die Artillerie rote. Auch wurde mitunter auf die Vorderseite der Feldmütze die Kompanienummer geheftet.
Die kurze, blaßblaue, mit weißem Stoffband besetzte und weißpaspelierte Arbeitsjacke gehörte schon seit etwa zwanzig Jahren zum kleinen Dienstanzug *(undress uniform)* der regulären Infanterie. Im Krieg gegen Mexiko war sie Teil der Felduniform. Die Freiwilligenregimenter aber waren noch weitaus gemischter uniformiert. Das einfache Bandelier mit zentraler Messingplatte und das Koppel waren weiß und dienten zum Tragen der Patronentasche und des Seitengewehrs. An separaten Tragriemen wurde an der linken Hüfte ein Brotbeutel (aus Baumwollstoff) und die Feldflasche (mit einem Trinkbecher) getragen. Auf dem Marsch befestigte man an den Tornister allerlei Nützliches, wie etwa Brennholzbündel, Säckchen mit Getreide, Reis oder Bohnen oder ein Hühnchen, das man unterwegs in irgend einem Dorf »organisiert« hatte.

Bild 46: Leutnant (2nd Lieutenant), US-Infanterie, Mexiko, 1846

Die in Mexiko eingesetzten regulären Offiziere der US Army trugen im Feld durchweg den dunkelblauen Gehrock mit rechteckigen Dienstgradabzeichen — *»boxes«* (»Kästchen«) genannt — auf beiden Schultern. Die Dienstgradabzeichen waren aus einem Metallgespinst gefertigt. Der hier abgebildete Offizier trägt die silbereingefaßten Dienstgradabzeichen der Infanterie. Durch das Fehlen eines Querbalkens innerhalb der »Kästchen« ist er als Leutnant (2nd Lieutenant) zu erkennen. Auch die Knöpfe sind im Silber der Infanterie gehalten. An der Hose trägt er weiße Biesen. Die Form der Feldmütze und ihr Material war besser als die der einfachen Soldaten. Überdies hatte sie hinten auch keinen Nackenschutz. Der an einem einfachen weißen Lederbandelier befestigte Degen und die rote Feldschärpe sind weitere Zeichen seines Ranges. Zur Ausrüstung gehörte noch ein Brotbeutel und eine Feldflasche. Seine wenigen Habseligkeiten trägt er in einer zusammengerollten Decke.

Bild 47: Reiter, US-Dragoner, Mexiko, 1847

Mit Ausnahme der Feldmütze Mod. 1839, auf

diesem Bild mit dem gelben Mützenband der Dragoner, trägt dieser Dragoner die Felduniform der regulären Kavallerie aus dem Jahre 1833, dem Jahr der Wiedereinführung regulärer Kavallerieverbände. Die kurze dunkelblaue Jacke ist gelb paspeliert und hat einen hohen Stehkragen mit gelbem Tressenbesatz. Die berittene Artillerie und die berittenen Jäger trugen in Mexiko die gleiche Uniform, nur an Stelle der gelben Dragonerfarbe einen roten beziehungsweise schwarz-goldenen Tressenbesatz. Unteroffiziersdienstgrade trugen auf ihren graublauen Hosen Biesen in ihrer jeweiligen Waffenfarbe. An das Koppel mit dem schmalen Schulterriemen wurde der Säbel befestigt, dessen Scheide zur besseren Beweglichkeit des Soldaten hinten nochmals gesondert an das Koppel gehängt werden konnte. Das Lederbandelier mit dem Karabinerhaken diente zum Tragen des Steinschloßkarabiners. Im Feld hing an der linken Hüfte ein Brotbeutel aus grobem Leinen oder Baumwolle. Die Karabinermunition war in einer Patronentasche aus schwarzem Leder untergebracht, die rückwärts am Koppel befestigt war.
In den Jahren zwischen dem amerikanisch-mexikanischen Krieg und dem amerikanischen Bürgerkrieg, als die Dragoner im ganzen Land verstreut an den entlegendsten Grenzen Dienst verrichteten, wurde diese Uniform von den Soldaten nicht selten nach eigenem Geschmack geändert. Lederne *Leggings*, um den Hals geschlungene *Bandanas* — große buntbedruckte Halstücher —, langes wallendes Haar, riesige Schnurbärte, selbst Ohrringe waren bei den US-Dragonern damals keine Seltenheit. Bei offiziellen Anlässen wurde die Nummer der Kompanie vorn an das Mützenband geheftet.

Bild 48: Texas Ranger, Mexiko, 1847

Die Texas Rangers verdanken ihre Entstehung als irreguläre berittene Polizeitruppe dem Krieg gegen Mexiko. Es war nicht mehr als natürlich, daß Texas für diesen Krieg Freiwillige stellte. Die Kundschaftertätigkeit für die Armeen der amerikanischen Generäle Zachary Taylor und Winfield Scott beispielsweise wurde zum überwiegenden Teil von dem Regiment »Texas Ranger« unter Colonel Jack Hays durchgeführt. Ihr Äußeres war dermaßen unmilitärisch, daß die reguläre Truppe bei ihrem Anblick entsetzt war. Doch zweifellos waren die Mexikaner noch weitaus erschrockener. Ihre Bekleidung als Uniform zu bezeichnen, hieße die Armee beleidigen. Einige waren in Wildleder gekleidet — wie hier abgebildet —, doch die meisten trugen zivile Hemden oder Jacken jeder nur denkbaren Form und Farbe. Überdimensionale Schlapphüte verschiedenster Art und breitkrempige Strohhüte waren an der Tagesordnung. Als Fußbekleidung waren sogenannte »Maultierohren«-Stiefel *(»mule-ear«-boots)* und *Leggings*, die man mit riesigen Sporen trug, außerordentlich populär. Ihre Bewaffnung bestand aus Steinschloßgewehren — ihren eigenen, versteht sich! —, riesigen Bowiemessern, erbeuteten mexikanischen Säbeln, Lassos und einem geradezu beängstigenden Aufgebot an Pistolen. Zu Beginn hatten sie nur einschüssige Perkussionspistolen, bis 1847 aus Vera Cruz eine Sendung neuer sechsschüssiger Colt-Perkussionsrevolver eintraf. Berichten zufolge lösten die Colts die einschüssigen Pistolen nicht etwa ab, was naheliegend gewesen wäre, sondern *ergänzten* dieses Waffenarsenal! Lange Bärte und lange Haare sollen bei den Texas Rangers zum normalen Kopfschmuck gehört haben. Der hier abgebildete Ranger betrachtet gerade die Kopfbedeckung eines Jalisco-Ulans.

Bild 49: Jäger, 1. Mississippi-Regiment (freiwillige Jäger) (First Mississippi Regiment) (Rifle Volunteers), Mexiko, 1847

Dieser Verband war es, der bei Buena Vista im amerikanisch-mexikanischen Krieg die Ehre der amerikanischen Freiwilligen rettete, indem er den Befehl seines verwundeten Kommandeurs, Colonel Jefferson Davis, befolgte und seine Stellung hielt. Doch nicht nur das. Die Freiwilligen gingen sogar noch einen Schritt weiter und griffen ihrerseits die mexikanische Kavallerie an, und zwar zu Fuß! Das Regiment bestand zum großen Teil aus jungen Südstaatlern aus gutem Hause, die von einer Gruppe Negersklaven und persönlichen Dienern begleitet wurden. Da aufgrund der guten Beziehungen von Colonel Davis das Regiment mit dem neuen Perkussionsgewehr Mod. 1841 ausgerüstet worden war, befand es sich gegenüber den meisten anderen US-Verbänden eindeutig im Vorteil. Die Uniform der Freiwilligen war schlicht, einfach und praktisch, wie aus der Abbildung zu ersehen ist. Sie bestand im wesentlichen aus einem militärisch zugeschnittenen Flanellhemd, einem

41 42 43 44 45

46
47
48
49
50

51
52
53
54
55

breitkrempigen Strohhut und einer weißen Leinenhose. An einem weißen Lederbandelier hing eine Armee-Patronentasche. Seitengewehre hingegen hatte der Verband nicht erhalten. Dafür trugen die meisten Freiwilligen aber das tödliche Bowie- oder Arkansasmesser.

Bild 50: Grenadier, »Aktives Küstenwachbataillon von San Blas« (Battalon Activo de San Blas), Mexikanische Nationalgarde, Chapultepec, 1847

In den Jahren vor Ausbruch des amerikanisch-mexikanischen Krieges, in denen Mexiko infolge der ständigen inneren Kämpfe kaum mehr zur Ruhe kam, wurden die mexikanischen Streikräfte unentwegt reorganisiert. Verbände wurden umgruppiert, umbenannt und wieder zusammengelegt. Um die in den innermexikanischen Kämpfen aufgeriebenen regulären Verbände wieder aufzufüllen, wurde auf Angehörige aktiver Milizeinheiten, Überlebende anderer Verbände oder örtliche Wehrpflichtige zurückgegriffen. Verbandsnamen und -nummern verschwanden aus den Armeelisten, tauchten wieder auf, nur um erneut zu verschwinden. Jeder Versuch, zwischen den Verbänden der Jahre 1935—37 und jenen des amerikanisch-mexikanischen Krieges eine direkte Verbindung nachzuweisen, war von vornherein zum Scheitern verurteilt. Ähnlich verwirrend verhielt es sich auf dem Uniformsektor. In schneller Folge wurden Anzugordnungen erlassen, widerrufen, erneut bestätigt, nur um abermals rückgängig gemacht zu werden. Die meisten dieser Erlasse waren schon zum Ausgabezeitpunkt bedeutungslos geworden, da sie wegen der chaotischen Versorgungslage ohnehin nie hätten verwirklicht werden können.
Der hier abgebildete Grenadier wurde mexikanischen Zeichnungen entnommen. Es wird angenommen, daß die Uniform genau jener entspricht, die dieses Bataillon am 13. September 1847 in der Schlacht von Chapultepec trug. Das »aktive Küstenwachbataillon von San Blas« wurde auf dem Chapultepec fast bis auf den letzten Mann niedergemacht. Amerikanische Gefechtsfeldbeobachter sprachen angesichts des enormen Widerstandswillens voller Bewunderung von diesem Bataillon. Dieser Milizverband kann auf eine lange und bewegte Vergangenheit zurückblicken, die mit der Aufstellung als örtliches Wachkommando für das Gebiet um den Hafen von San Blas im Jahre 1824 ihren Anfang nahm. Unter der Fahne zahlreicher politischer Interessengruppen, deren Anführern oft eine nur kurze Lebensdauer beschieden war, kämpfte dieses Bataillon in den darauffolgenden zwanzig Jahren in ganz Mexiko. Seine Verluste waren beträchtlich. Im Juli 1845 befand es sich bei San Luis Potosi als Teil der Reserve bei der Wiedereroberung von Texas, nur um gegen Ende des gleichen Jahres in eine erneute mexikanische Revolution verwickelt zu werden und unter dem Oberbefehl eines abermals anderen Generals gegen Mexiko City zu marschieren. Dort verblieb dieses Bataillon bis Juli 1846, wo es in das 3. Reguläre Infanterieregiment umbenannt wurde. Im September 1846 kämpfte der erneut umbenannte Verband bei Monterrey, im Februar 1847 bei Angostura und im April 1847 bei Cerro Gordo, wo er völlig aufgerieben wurde. Ein in Guadaljara gerade in Aufstellung begriffenes Bataillon der mexikanischen Nationalgarde erhielt daraufhin den Namen des San Blas-Bataillons als Ehrennamen. Dieses letztere neuformierte Bataillon war es dann auch, das auf dem Chapultepec fast bis auf den letzten Mann niedergemacht wurde.
Der Tschako dieses Grenadiers enstpricht der damals im allgemeinen von Verbänden der mexikanischen Nationalgarde getragenen Kopfbedekkung. Da aber seinerzeit mehr als zwanzig verschiedene Mützenarten bei den mexikanischen Streitkräften Verwendung fanden, ist es unwahrscheinlich, daß dieser Verband ausschließlich diesen Tschako trug. Der obere und untere Mützenrand ist mit einem goldenen Metallband besetzt. Auch der Sturmriemen besteht aus goldenen Metallschuppen. In das ovale Mützenblech ist der Name des Bataillons eingestanzt. Über der grünweiß-roten Nationalkokarde ist ein roter Pompon angebracht, der den Träger dieses Tschakos als Angehörigen einer Grenadierkompanie ausweist. Hinweis auf eine Grenadierkompanie geben auch die roten Epauletten und roten Ärmelpatten. Der rotpaspelierte graue Gehrock gehörte zur Standardausrüstung der Nationalgarde. Lediglich die drei Buchstaben »BSB« (Battalon San Blas) heben dieses Bataillon aus der Masse der Nationalgardeverbände heraus. Die blauen Hosen mit roten Biesen, weißen Gamaschen und schwarzen Schuhen wurden sowohl von Verbänden der Nationalgarde als auch von regulären Infanterieverbänden getragen. Sämtliche Knöpfe sind aus gold-

farbenem Metall, wie bei der mexikanischen Infanterie im allgemein üblich. 1847 wurde sowohl schwarzes als auch weißes Lederzeug getragen. Die hier abgebildeten Bandeliere wurden einem mexikanischen Gemälde von diesem Verband entnommen. Bei dem Gewehr handelt es sich um die »Braune Elisabeth«, jene britische Muskete, die nach den Kriegen Großbritanniens gegen Napoleon von der überaus geschäftstüchtigen britischen Regierung in großer Stückzahl an verschiedene Abnehmer verkauft wurde, unter anderem auch an Mexiko.

Bild 51: US-Dragoner, 1852

Der Krieg gegen Mexiko, die Feldzüge gegen die Seminolen sowie die anschließenden sporadischen Kämpfe in den Grenzgebieten hatten zu der Erkenntnis geführt, daß die Truppe unbedingt neue Uniformen brauchte. Man hatte eingesehen, daß es neben der Paradeuniform noch den Arbeits- und Feldanzug geben müßte. Schließlich ging man auch noch daran, die Abzeichen der gesamten US-Armee zu vereinheitlichen. Die Anzugordnung von 1851 und ihre Ergänzungsverfügungen, deren Auswirkungen auf der Bildtafel 11 zu sehen sind, betrafen eine Unzahl von Ausrüstungsgegenständen.
Die auffallendste Änderung an der Uniform dieses Dragoners ist der Wechsel der Waffenfarbe von Gelb in Orange. Die kurze Jacke des hier gezeigten Dragoners ist im Zuschnitt zwar noch identisch mit jener, die von den US-Dragonern im Krieg gegen Mexiko getragen wurde, doch hat hier bereits ein Wechsel in der Waffenfarbe stattgefunden. Alle Unteroffiziersdienstgrade der Dragoner und der leichten (berittenen) Artillerie erhielten 1851 die hier abgebildeten neuen Epauletten aus goldfarbenem Metall, die sich aus unzähligen winzigen Metallschuppen zusammensetzten. Oberhalb der Ärmelaufschläge tauchten erstmalig in der Waffenfarbe gehaltene »Dienstzeitverlängerungsstreifen« auf (im US-Armeejargon *»hash marks«* genannt), die in diesem speziellen Fall besagen, daß der betreffende Dragoner sich bereits zweimal weiterverpflichtet hat. Ein rechteckiges Koppelschloß aus Messing mit einem eingestanzten Motiv, bestehend aus dem US-Adler inmitten eines Kranzes vor dem Hintergrund von Wolken, Lichtstrahlen und Sternen, diente zur Befestigung des schwarzen Lederkoppels für den Säbel. Übrigens wurde dieses Koppel 1851 an alle Dienstgrade und an sämtliche Waffengattungen ausgegeben.
Dieser Dragoner trägt bereits den neuen Tschako (im US-Armeejargon *»gig«-cap* genannt), der an Stelle des Tschakos von Bild 42 und 44 (Bildtafel 9) zwischen 1851—54 von sämtlichen Waffengattungen getragen wurde. Mit einem Kopfteil aus blauem Stoff, schwarzem Mützenschirm und schwarzem Sturmriemen aus Leder ist um den Kopfteil im unteren Drittel ein in der Waffenfarbe gehaltenes Stoffband geschlungen. Darauf der aus goldfarbenem Metall gefertigte Kompaniebuchstabe. Ein von einem Messinghalter getragener Pompon in der Waffenfarbe ist an dem mit dem Nationalemblem geprägten Mützenblech angebracht. Stoffband wie Pompon der Infanterie waren sächsisch-blau, die der Artillerie scharlachrot und die der Jäger smaragdgrün. Auf allen Stoffbändern war entweder der Kompanie- oder Batteriebuchstabe angebracht.

Bild 52: Hauptmann (Captain), US-Jäger, 1852

Die Anzugordnung von 1851 führte für alle Offiziere und Soldaten von Infanterieverbänden als Bestandteil des Dienstanzuges den Gehrock ein. Die hier abgebildete Offiziersausgabe ist ein schlichter dunkelblauer Rock mit hohem Stehkragen und Goldknöpfen auf der Vorderseite und den Ärmeln. Offiziere trugen am Kragen keinerlei Verzierungen. Die Epauletten mit Goldfransen der Paradeuniform erhielten jetzt zusätzlich noch die Dienstgradabzeichen und die Einheitsbezeichnung. So weisen beispielsweise die Schulterklappen dieses Offiziers die zwei (gestickten) silbernen Balken eines Hauptmanns auf. Am ovalen Auslauf der Epauletten ist die Verbandsnummer angebracht, und zwar auf einer kreisförmigen, von einer Goldkordel eingefaßten smaragdgrünen Stoffunterlage (für Jäger), wobei die silberne »1« angibt, daß es sich hier um das 1. Jägerregiment handelt. Die Epauletten von Infanterieoffizieren hatten eine blaue Stoffunterlage, die von Artillerieoffizieren eine scharlachrote und so weiter. Leutnante trugen auf den Schulterklappen keine Dienstgradabzeichen, Oberleutnante einen silbernen Balken, Hauptleute zwei silberne Balken, Majore wiederum keine Dienstgradabzeichen, Oberstleutnante ein silbernes Eichenblatt, Oberste den US-Adler in Silber, Brigadegeneräle, Generalmajore und Generäle der Truppen (Generals

in Chief) einen, zwei beziehungsweise drei große silberne Sterne.
War der kleine Dienstanzug angeordnet, konnten am Gehrock die Goldepauletten durch die rechteckigen Dienstgradabzeichen *(»boxes«)* ersetzt werden. Diese von einer geflochtenen Goldborte eingefaßten rechteckigen Stoffunterlagen waren jeweils in der Waffenfarbe gehalten, bei Generälen und Stabsoffizieren aber dunkelblau. Die eigentlichen Dienstgradabzeichen befanden sich je nach Dienstgrad an den Enden des Rechtecks oder aber in der Mitte. Sowohl die »Balken« der Kompanieoffiziere als auch das »Eichenblatt« der Majore waren goldfarben. Von Oberstleutnanten an aufwärts waren die Dienstgradabzeichen silberfarben. Somit unterschieden sich die Dienstgradabzeichen in der Farbe von denen, die auf den Epauletten getragen wurden.
Auch die dunkelblaue Uniformhose hatte Biesen in der Waffenfarbe. Die Biesen der Stabsoffiziere hingegen waren sandfarben, in Anlehnung an die sandfarbenen Hosen der Generäle noch aus der Zeit des amerikanischen Unabhängigkeitskrieges. Der hier abgebildete Offizier rückt gerade seinen Säbel zurecht, wie ihn alle Offiziere von Infanterieverbänden trugen. Sämtliche Stabsoffiziere, Generäle und Offiziere von Regimentsstäben trugen eine elegantere Säbelausführung.
Der Offizierstschako Mod. 1851 *(»gig«-cap)* hatte im Gegensatz zum Mannschaftstschako kein Stoffband in der jeweiligen Waffenfarbe. Diese kam lediglich in der Farbe des Pompons zum Ausdruck. Darüber hinaus war die Waffengattung und Einheit dem Mützenblech unterhalb des metallenen Nationalemblems zu entnehmen. Das Mützenblech des hier abgebildeten Hauptmannes zeigt eine senkrechte (goldene) Trompete, das Abzeichen der Jäger, und die (silberne) Regimentsnummer. Das Mützenabzeichen der Infanterieoffiziere zeigte neben der (silbernen) Regimentsnummer ein (goldenes) Signalhorn, das der Dragoner- und Artillerieoffiziere die (silberne) Regimentsnummer und die zwei gekreuzten Säbel beziehungsweise Kanonenrohre. An Stelle der Regimentsnummer trugen auf Korpsebene tätige Offiziere und Verwaltungsoffiziere (Generäle, Stabs-, Sanitäts-, Versorgungs- und Kriegsgerichtsoffiziere und Zahlmeister) die Buchstaben »US«, Pionieroffiziere einen dreifachen Burgturm, Offiziere der Heeresfeldzeugmeisterei eine explodierende Granate und so weiter. Umrahmt waren diese Abzeichen von einem Kranz.

Bild 53: Soldat, US-Pioniere, 1852

Die einfachen Soldaten Anfang der 1850er Jahre trugen einen Gehrock mit neun Knöpfen ähnlich wie die Offiziere. Der hier abgebildete Pionier hat seinem kritischen Blick nach zu urteilen seinen Rock offenbar gerade erst ändern lassen. Am Kragen ist das Abzeichen des Pionierkorps (der dreifache Burgturm) angebracht. Der Anzugordnung von 1851 nach mußten die spitz zulaufenden Ärmelaufschläge und der Stehkragen in der jeweiligen Waffenfarbe gehalten sein. Angehörige des Pionierkorps und der Feldzeugmeisterei jedoch trugen schlichte dunkelblaue Ärmelaufschläge und Stehkragen, allerdings mit einer gelben beziehungsweise karmesinroten Paspelierung. Konsequenterweise war auch ihr Tschako mit einem dunkelblauen und am oberen und unteren Rand in der jeweiligen Waffenfarbe paspelierten Stoffband versehen. An Stelle der Regimentsnummer trugen Angehörige dieser Armeezweige am Tschako und am Kragen den dreifachen Burgturm (Pioniere) beziehungsweise die explodierende Granate (Feldzeugmeisterei), jeweils aus goldfarbenem Metall. Die Pompons auf den Mützen der Pioniere und Angehörigen der Feldzeugmeisterei waren zweifarbig, das heißt schwarz-sandfarben beziehungsweise karmesinrot-sandfarben. Andere Sondertruppen trugen hellblau-sandfarbene Pompons (Quartiermeisterei), smaragdgrün-sandfarbene (Sanitätsdienst) oder königsblau-sandfarbene (Versorgungsdienst).
1854 wurden die farbigen Mützenbänder abgeschafft und durch eine Paspel in der jeweiligen Waffenfarbe ersetzt, die etwa in Höhe des oberen Randes der früheren Mützenbänder um den Tschako verlief. Von diesem Zeitpunkt an trugen die Pioniere und Angehörigen der Feldzeugmeisterei auch nicht mehr die untere Mützenpaspelierung. Der Grund für die Abschaffung der farbigen Mützenbänder scheint an der Feststellung gelegen zu haben, daß der Stoff, aus dem die Bänder hergestellt waren, sehr schnell und ungleich verblaßte, was bei Paraden das militärische Gesamtbild negativ beeinträchtigte!

Bild 54: Korporal, US-Infanterie, 1858

Dieser Korporal trägt die in den Jahren vor Ausbruch des amerikanischen Bürgerkrieges übliche Paradeuniform der Infanterie.

Die mit der Anzugordnung von 1851 eingeführten farbigen Kragen und Ärmelaufschläge waren inzwischen wieder abgeschafft worden, vermutlich aus gleichem Grund, aus dem die farbigen Mützenbänder abgeschafft worden waren. Als Ersatz dafür wurde die Paspelierung des dunkelblauen Kragens und der dunkelblauen Ärmelaufschläge in der jeweiligen Waffenfarbe eingeführt. 1858 verschwand auch die bis dahin von den wichtigsten Waffengattungen auf beiden Kragenseiten getragene Regimentsnummer wie auch die seit 1851 bei Paraden auf dem Gehrock getragenen und mit Fransen besetzten Epauletten. Sämtliche Waffengattungen trugen nunmehr die bei den berittenen Verbänden schon seit 1851 üblichen und aus Messingschuppen bestehenden Metallepauletten. Nicht abgeschafft wurden hingegen die mit der Anzugordnung von 1851 eingeführten »Winkel« in der jeweiligen Waffenfarbe. Als Kopfbedeckung zur Paradeuniform wurde der Tschako *(»gig«-cap)* sowohl bei der Infanterie als auch der Kavallerie durch den sogenannten Hardee-Hut ersetzt, einen breitkrempigen Filzhut mit hohem, an der Spitze abgeflachtem Kegel, dessen Krempe gewöhnlich links hochgeknöpft getragen wurde. Zur Befestigung der Krempe wurde ein Metallabzeichen verwendet, das eine gewisse Ähnlichkeit mit dem Mützenabzeichen des Tschakos hatte. Beibehalten wurde das Abzeichen der jeweiligen Waffengattung — hier das Signalhorn der Infanterie — wie auch der Kompaniebuchstabe. Eine weitere Besonderheit des Hardee-Hutes war die Hutkordel in der jeweiligen Waffenfarbe und der schwarze Federbusch. Die Patronentasche für das »Springfield«-Perkussionsgewehr wurde an einem schwarzen Lederbandelier auf der rechten Hüfte getragen. Das Koppel diente zum Tragen des Seitengewehrs und einer kleinen Ledertasche für die Zündhütchen.

Bild 55: Arbeitsanzug, US-Armee, 1858

Der Arbeitsanzug des regulären amerikanischen Soldaten Ende der 1850er Jahre bestand aus einem schlichten Rock und der als *»bummer's cap«* bekannten Feldmütze. Beim Arbeitseinsatz wurde diese Uniform ohne jegliche Abzeichen getragen, bei anderen Einsätzen gelegentlich mit Dienstgradabzeichen (»Winkeln«) und Lederzeug. Ursprünglich wurde der Arbeitsanzug eingeführt, um den Gehrock und die dazugehörige Mütze zu schonen, die für Arbeitseinsätze denkbar ungeeignet waren. Nachdem der Arbeitsanzug jedoch Felduniform der amerikanischen Bundestruppen geworden war, gelangte er innerhalb weniger Jahre zu Ruhm und Ehre.

5. Der Amerikanische Bürgerkrieg

Europäer vermögen oft nicht, sich vorzustellen, welche ungeheuren Auswirkungen der amerikanische Bürgerkrieg *(Civil War)* von 1861—65 damals auf das Leben in den USA hatte und noch bis auf den heutigen Tag hat. Der englische Bürgerkrieg von 1642—48 beispielsweise war für die Evolution unserer Gesellschaft von enormer Bedeutung, da in ihm fundamentale Prinzipien unserer heutigen Lebensordnung festgelegt wurden. Doch sind mittlerweile über 300 Jahre vergangen, die dämpfend gewirkt haben. Aber selbst damals hatte er auf das tägliche Leben geringere Auswirkungen gehabt, als man heute gemeinhin annimmt. Doch im Fall das amerikanischen Bürgerkrieges ist es anders. Umfangreiche Statistiken versuchen deutlich zu machen, weshalb das Echo dieses Krieges auch in dem Amerika von heute noch zu hören ist, und dies nach über einem Jahrhundert.

Eine höchst interessante Kontaktkopie einer zeitgenössischen photographischen Platte, auf der ein unbekannter Neger-Korporal in der Uniform der Nordstaaten zu sehen ist. Bei dem Gehrock handelt es sich um die Uniformjacke der Paradeuniform, mit einer Paspelierung in der entsprechenden Waffenfarbe. Der heruntergeschlagene Stehkragen widerspricht der Vorschrift.
Chicago Historical Society

Die Gesamtbevölkerung Amerikas zu jener Zeit — Weiße und Neger — wird auf etwa 32,5 Millionen Menschen geschätzt. Als die Nation durch den Bürgerkrieg in »den Norden« und »den Süden« zerfiel, unterstützten etwa 22,5 Millionen die Sache der Union — also der Nordstaaten — und etwas über 9 Millionen die Sache der Südstaaten. Die Union steckte im Verlauf des gesamten Krieges etwa 2,2 Millionen Männer in Uniform, die Südstaaten knapp über 1 Million. In anderen Worten: jeder elfte Einwohner der Nordstaaten und jeder neunte der Südstaaten war — gemessen an der Gesamtbevölkerung beider Lager — zu irgendeinem Zeitpunkt Soldat gewesen. Von jenen, die das Blau der Union trugen, weiß man, daß etwa 100 000 Mann sechzehn Jahre alt waren. Oder anders ausgedrückt: jeder elfte Soldat der Nordstaaten war sechzehn Jahre alt *oder jünger* gewesen! Es liegen zuverlässige Unterlagen darüber vor, daß es sogar »Soldaten« im Alter von 10 (zehn!) Jahren gegeben hatte. Von den Südstaaten liegen Vergleichszahlen nicht vor, doch kann man davon ausgehen, daß es dort nicht anders ausgesehen haben wird. Die größte Truppenstärke, die beide Seiten im Verlauf des Krieges jemals erreicht hatten, belief sich (1864 bis 1865) auf 1 045 000 Mann (Nord) und 485 000 Mann (Süd).
Stellt man diesen Zahlen die Verluste gegenüber, gelangt man zu einem erschreckenden Ergebnis. Allerdings sind Statistiken aus jenen Tagen nicht

Angehöriger der berittenen Artillerie der Nordstaaten aus dem Jahre 1863 (gestellt). Er trägt die kurze, mit scharlachroter Litze besetzte dunkelblaue Uniformjacke, eine dunkelblaue Feldmütze und hellblaue, im Schritt verstärkte Hosen. Die am Koppel angebrachten Säbelhalter baumeln frei herunter, da es die meisten Artilleristen vorzogen, ihren Säbel auf der Protze zu lassen. Bei dem Revolver handelt es sich um das »Colt«-Modell »Navy 1851«, bei der Pistolentasche um die normale Armeeausführung. Der »Colt«-Navy, Zollkaliber .36 (9,14 mm), wurde im Bürgerkrieg von sämtlichen Waffengattungen der Nord- und Südstaaten eingesetzt. Die offizielle Faustfeuerwaffe der US-Streitkräfte aber war der schwerere »Colt«-Army, Zollkaliber .44 (11,2 mm).

Freiwilliger der Nordstaaten-Infanterie aus dem Jahre 1864 (gestellt). Seine Arbeits- und Felduniform besteht aus dem dunkelblauen Rock, hellblauer Hose (beide aus schwerem Wollstoff) und der dunkelblauen Feldmütze *(Képi)*. Das Lederzeug ist schwarz und hat Messingbeschläge. Seine Waffe ist das »Springfield«-Gewehr Mod. 1864. Links trägt er in einem einfachen Seitengewehrhalter ein Dillenhaubajonett und eine mit grauem Wollstoff überzogene Feldflasche aus Zinn sowie einen Brotbeutel aus geteertem Segeltuch. Der Tornister aus dem Jahre 1864 mit aufgeschnürter Decke ist aus gleichem Material.
Beide Abbildungen Katcher

Photographie einer typischen Infanteriekompanie der Nordstaaten. Die Aufnahme wurde in der Nähe von Harper's Ferry gemacht. Den aufgesetzten Säbelbajonetten nach zu urteilen handelt es sich bei den Gewehren um das »Springfield«-Gewehr Mod. 1855. An der Spitze der Kompanie steht der Trommler, im ersten Glied der First Sergeant (Hauptfeldwebel) und ein Kompanieoffizier mit gezogenem Schwert.
Radio Times Hulton Picture Library

Typischer Inhalt eines Brotbeutels aus der Zeit des amerikanischen Bürgerkrieges. Vom geteerten Brotbeutel in Bildmitte im Uhrzeigersinn: ein weißer Beutel aus Baumwolle, der in den Brotbeutel eingeknöpft werden konnte zur Unterbringung von Nahrungsmitteln; Photographie der Ehefrau in einem Rahmen aus Guttapercha; Zwiebeln und ein Stück Schiffszwieback; Nähtäschchen mit Nadeln, Garn und Knöpfen; eine Bibel mit Brille (diese Bibel wurde auf dem Schlachtfeld von Gettysburg gefunden); Trinkbecher aus Zinn; Rasiermesser nebst Behälter aus Pappkarton; Briefumschlag mit aufgedruckter Briefmarke und der Aufschrift »Feldpost«; Gabel, Löffel, Papier- und Hartgeld; Ausgabe der Wochenzeitung »Harper's Weekly«; eine vom US-Kriegsministerium herausgegebene »Gebrauchsanweisung für das Gewehr mit gezogenem Lauf, Mod. 1861«; Zinnteller; im Vordergrund links Werkzeug für das Gewehr.
Katcher

immer absolut zuverlässig, was verständlich wird, wenn man sich die damaligen Verhältnisse vor Augen hält. Besonders die Statistiken aus gewissen Gebieten der Südstaaten sind ziemlich vage gehalten. Trotzdem können die nachfolgenden Zahlen mit einiger Sicherheit als korrekt angenommen werden (zur Erläuterung: USA = *United States of America* = Vereinigte Staaten von Amerika = Union = Nordstaaten; CSA = *Confederate States of America* = Konföderierte Staaten von Amerika = Südstaaten):

	USA	CSA
Im Kampf gefallen oder den Wunden erlegen:	110 100	94 000
In Gefangenenlagern gestorben:	30 200	26 000
An Krankheiten gestorben:	224 000	60 000
An anderen Ursachen gestorben:	34 800	nicht erfaßt
Todesfälle insgesamt:	399 100	180 000 plus?

Rundet man die Zahlen etwas ab, kann man sagen, daß von elf Mann, die das Blau der Union trugen, zwei nicht zurückkehrten. In dieser Zahl inbegriffen sind die Soldaten der Etappe und der 300 Regimenter, die keinen Einsatz fanden. Den Statistiken zufolge waren von den neun Soldaten, die zurückkehrten, wiederum zwei verwundet. Bei den Südstaatlern kehrten von fünf Mann einer nicht zurück, ein weiterer wurde verwundet.

Vergleicht man die Totalverlustquote von fast 20% aller im Einsatz gewesenen Soldaten mit den Totalverlusten der Briten im Ersten und Zweiten Weltkrieg, gelangt man zu einem sehr anschaulichen Ergebnis: 13,9% im Ersten Weltkrieg, und nur 4,5% im Zweiten Weltkrieg. Langsam bekommt man einen Begriff von den Auswirkungen des amerikanischen Bürgerkrieges. Wie jeder Krieg, brachte auch dieser Krieg enorme Fortschritte auf dem Gebiet der Waffentechnik: die Landmine, der Torpedo, das Panzerschiff und der Beobachter aus der Luft hatten ihren ersten Auftritt. Auch wurden in diesem Krieg zum ersten Mal in nennenswerter Stückzahl ein brauchbares Maschinengewehr und das Repetiergewehr eingesetzt. Der Bau von Schanzwerken und Feldbefestigungen wurde wesentlich verbessert, in gleichem Maße aber auch — und dies sollte nicht verheimlicht werden — die Verwundetenbetreuung. Der intensive Einsatz der Eisenbahn bei der Durchführung und zur Unterstützung militärischer Operationen war eine weitere Neuerung dieses Krieges. Nicht zu vergessen die Weiterentwicklungen auf dem Gebiet der Nachrichtenverbindung, wo man die Ära des berittenen Kuriers hinter sich ließ und den Sprung ins Zeitalter der Telegraphie wagte.

Die hohen Verluste wirkten sich bis in die kleinste Einheit aus. In diesem Krieg wurden, wie schon auf den Schlachtfeldern Europas fünfzig Jahre zuvor, ganze Regimenter dezimiert. In der Schlacht von Antietam im September 1862 beispielsweise hatte das *1st Texas Infantry Regiment* eine Verlustquote von 82%(!), ohne sich als Verband aufgelöst zu haben. Die Beispiele, wo Regimenter trotz einer Verlustquote von über 50% an vorderster Front verblieben, sind zu zahlreich, um hier aufgezählt zu werden. Die Verluste einiger Verbände in der Schlacht von Gettysburg waren so hoch, daß sie die menschliche Vorstellungskraft übersteigen. Allein in dieser Schlacht wurden 40 300 Soldaten getötet oder verwundet! Die Verluste der in dieser Schlacht eingesetzten Unionstruppen betrugen 21%, die der Truppen der Südstaaten sogar 30%. Von je dreien in dieser Schlacht eingesetzten Soldaten der Südstaaten wurde einer getroffen. Das *26th North Carolina Infantry Regiment* hatte vor Schlachtbeginn eine Stärke von etwas über 800 Mann. Am Ende des dritten Kampftages betrug sie nur noch 98 Mann. An dem berühmten Angriff der unter Führung von General Pickett

stehenden Südstaaten-Division am 3. Juli nahm auch die *Virginia-Brigade* des Generals Garnett teil. Bei Angriffsbeginn zählte diese Brigade 1427 Mann. Von ihnen kehrten nur 486 Mann zu ihrem Ausgangspunkt auf dem Seminary Ridge — dem Seminary-Bergrücken — zurück.
Daß der Bürgerkrieg so lange dauerte, obwohl der Süden zahlenmäßig eindeutig unterlegen war und es dort an fast allen militärischen Voraussetzungen fehlte, außer an Willenskraft, Mut und Tapferkeit, war nicht zuletzt der Fähigkeit der Südstaatenführung zu verdanken. Südstaaten-Präsident Jefferson Davis war bereits im amerikanisch-mexikanischen Krieg Truppenkommandeur gewesen und danach Kriegsminister und Vorsitzender des Komitees für Militärangelegenheiten des US-Senats *(Chairman of the Senate Military Affairs Commitee)*. Robert E. Lee gilt auch heute noch als eine der hervorragendsten Persönlichkeiten der amerikanischen Militärgeschichte und war bei Anhängern der Union ebenso geachtet und beliebt wie bei Anhängern der Südstaaten. Lee wie auch General Beauregard waren beide zu ihrer Zeit Leiter der Militärakademie West Point gewesen. Ein Viertel der in diesem Krieg eingesetzten West Point-Absolventen trug die graue Uniform der Südstaaten. Ein Drittel aller Offiziere der US Army des Jahres 1861 wechselte zu den Südstaatlern über. Vielen von ihnen vertraute man in noch sehr jungen Jahren hohe Kommandoposten an, und es war nichts Außergewöhnliches, Brigaden von Generälen geführt zu sehen, die erst Ende zwanzig waren. Der immer vergnügte und brillante »Jeb« Stuart, Kommandeur von Robert E. Lees Kavallerieverbänden, wurde Brigadegeneral im Alter von nur 29 Jahren.
Dieser Bürgerkrieg trieb einen Keil in jeden Lebensbereich. Am schlimmsten wurde von ihm die Gruppe der Berufsoffiziere betroffen. Dieser relativ kleine Personenkreis wurde durch den Widerstreit der Gefühle mitten entzwei gerissen. Spätestens an diesem Punkt sollte man sich vor Augen halten, daß die US Army bei Ausbruch des Bürgerkrieges lediglich etwas über 1000 Offiziere hatte. Jeder kannte jeden, zumindest dem Namen nach. Truppenkommandeure der Südstaaten standen plötzlich ihren alten Jahrgangskameraden, früheren Vorgesetzten, ihren Vettern oder Schwagern gegenüber. Offiziere der Union mußten nun plötzlich gegen ihre alten Ausbilder zu Felde ziehen, gegen Männer, denen sie ihre

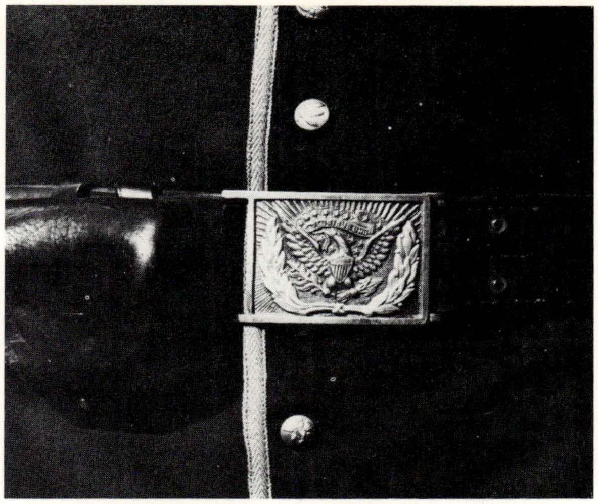

Koppelschloß der US Army mit US-Adlermotiv aus dem Jahre 1861. Am Koppel angebracht eine Zündhütchentasche.
Katcher

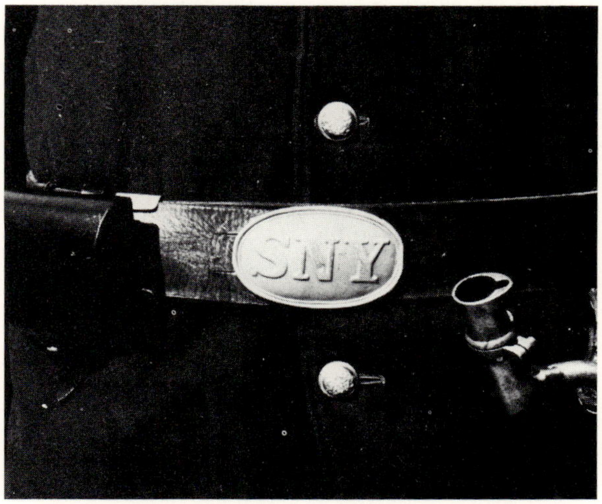

Freiwillige der Nordstaaten trugen sehr häufig Ausrüstungsgegenstände mit Hinweisen auf den jeweiligen US-Bundesstaat, wie beispielsweise hier das Koppelschloß mit den Buchstaben »SNY« (State of New York). Von witzigen Südstaatlern wurden diese Buchstaben allerdings mit »Snotty Nosed Yank« (»rotznasiger Yankee«) übersetzt. Man beachte auch die Zündhütchentasche und den Halter für das Dillenhaubajonett.
Katcher

Koppelschloß mit den Buchstaben C. S. A. (*Confederate States of America* = Konföderierte Staaten von Amerika = Südstaaten). Das hier abgebildete Koppelschloß war von seinem Besitzer, der beim *8th Texas Regiment* gedient hatte, auf der Rückseite markiert worden.
Hinton/Robson

Ein Korporal der Südstaaten-Infanterie aus dem Jahre 1863 (gestellt). An Stelle der vorgeschriebenen Feldmütze trägt dieser Korporal einen schwarzen Schlapphut. Die Knöpfe auf der kurzen grauen Uniformjacke mit himmelblauen Winkeln auf jedem Ärmel stammen von einer Infanterieuniform der Nordstaaten, eine Besonderheit, die an hinübergeretteten Uniformjacken der Südstaaten sehr häufig anzutreffen ist. Das schwarze Lederkoppel mit Zündhütchentasche und Seitengewehr wird durch ein schlichtes ovales Koppelschloß aus Messing zusammengehalten. Der weiße Brotbeutel aus weißem Segeltuch und Knöpfen aus Knochen sowie die zusammengerollte Decke sind Originalstücke aus der Zeit des amerikanischen Bürgerkrieges. Die Feldflasche aus Holz wird durch einen Metallring zusammengehalten und baumelt an einem Leinenriemen. Bei der Waffe handelt es sich um ein österreichisches Gewehr mit gezogenem Lauf, Mod. 1853, Zollkaliber .54 (13,7 mm). Die Südstaaten hatten etwa 27 000 dieser Gewehre importiert, und zumindest ein Regiment der *»Stonewall Brigade«* war mit diesem Gewehr ausgerüstet.
Katcher

Beförderung verdankten, mit denen sie auf den Bällen und Gesellschaftsabenden in Washington so manches Glas geleert hatten. Selbst der Präsident der Nordstaaten, Abraham Lincoln, hatte vier Schwager in den Reihen der Südstaatenarmee. Er selbst war verantwortlich gewesen für die Nominierung von George Pickett für die Militärakademie West Point, jenes Mannes, der später im Süden General werden sollte.

Die Beschießung von Fort Sumter im Hafen von Charleston am 12. April 1861 löste einen Krieg aus, für den eigentlich niemand so recht vorbereitet war. Die kleine Armee von etwa 16000 Mann, die Lincoln zu diesem Zeitpunkt zur Verfügung stand, lag mit kleinen Abteilungen im ganzen weiten Land verstreut. Dabei sollte nicht vergessen werden, daß während der Auseinandersetzungen zwischen »Billy Yank« und »Johnny Reb«, wie der Norden beziehungsweise Süden sich gegenseitig spöttisch bezeichneten, die Grenzgebiete auch weiterhin vor den Indianern bewacht werden mußten, die den Bruderkrieg der Weißen weidlich ausnutzten. »Kit« Carson, einer der legendären Figuren des Wilden Westens, Oberst und Kommandeur der *1st New Mexico Volunteers,* eines Freiwilligenverbandes aus Neu-Mexiko, kämpfte während des gesamten Bürgerkrieges ausschließlich im Westen gegen die Indianer.

Doch bald erhielten die Kader der stehenden Heere beider Seiten »Fleisch auf die Knochen«, als nämlich der Norden und Süden sich beeilten, die verschiedenen Freiwilligenregimenter der einzelnen Bundesstaaten zu mobilisieren. Es war ein farbenprächtiges Bild, das sich da an vorderster Front bot. Die Regimenter trugen noch weitgehend ihre Traditionsuniformen, oft von etwas karnevalistischem Aussehen, Spiegelbild der Unabhängigkeit der einzelnen Bundesstaaten in der Vorkriegszeit. Nicht selten waren diese Regimenter so etwas wie ein gesellschaftliches Sammelbecken der örtlichen *Hautevolee.* Folgerichtig entstammten die Offiziere dieser Regimenter auch diesen Kreisen. Die Uniformen waren in Anlehnung an die augenblickliche europäische Mode oft von etwas geckenhaftem Zuschnitt und fremdländisch wirkend. So ist es nicht weiter verwunderlich, daß sich viele Regimenter nach den Uniformen der französischen Zuave-Verbände orientierten, einer ehemaligen aus Berberstämmen rekrutierten Kolonialtruppe.

Obwohl so mancher Angehörige der regulären

Armee dazu neigte, auf diesen malerischen Haufen hinabzublicken, und es auch stimmte, daß viele dieser Freiwilligenverbände von einem Einsatz an der Front nicht viel hielten, da ein solcher Einsatz sich mit ihren romantischen Vorstellungen nicht in Einklang bringen ließ, wäre es falsch, sie ins Lächerliche ziehen zu wollen. Aus ihren Reihen kamen unzählige erfahrene Rekrutenfeldwebel, die bei der Ausbildung der zu Tausenden herbeiströmenden Freiwilligen Hervorragendes leisteten. In einigen Fällen hatten sich diese Regimenter im Kampf so hervorgetan wie reguläre Verbände.

Im Verlauf des Bürgerkrieges wurden die Uniformen der Nordstaaten immer einheitlicher. Mit der im Norden angesiedelten Industrie im Rücken dauerte es nicht lange, und die Regimenter der Union begannen im Blau ihrer Uniformen langsam »wie eine echte Armee auszusehen«. Nach den ersten Feldzügen war von den geschmacklosen Bekleidungsstücken der Freiwilligenverbände bald nicht mehr viel zu sehen. Sie wurden nur noch gelegentlich zu Paraden hervorgeholt. Doch so ganz konnte man es auch bei der »Blauen« (Uniform) nicht lassen. Um sich von der Masse abzuheben, wurde hier und da Schnürenbesatz oder eine andere originelle Verzierung angebracht. Während also die Truppen des Nordens auf bestem Wege zur einheitlichen Uniformierung waren, begannen die Uniformen der Südstaatler, deren Kriegskasse leer war und denen es an fast allem mangelte, immer zerlumpter auszusehen. Das schicke graue Tuch wich selbstgewebtem groben Stoff, der nach der Färbung zwar grau werden sollte, gewöhnlich aber nur matt-rehfarben ausfiel. In vielen Fällen verzichtete man ganz auf eine Uniform und trug einfach Zivilkleidung, der man mitunter durch Anbringen von Abzeichen ein militärisches Aussehen zu verleihen versuchte. Die militärische Ausrüstung wurde auf das Notwendigste beschränkt und gewöhnlich in einer wasserdichten Plane *(»gum blanket«)* um den Leib gerollt getragen. Obwohl beide Seiten es mit der Anzugordnung nicht so genau nahmen und Uniformvarianten durchaus zuließen, waren es in der Regel die Südstaatler, die mehr wie Farmer als Soldaten aussahen. Ihren soldatischen Fähigkeiten tat dies aber keinen Abbruch.

Die große Stärke der Südstaaten war ihre Kavallerie. In der Mehrheit auf dem Land großgeworden und von Kindesbeinen an mit Pferden aufgewachsen, empfanden die von Männern wie «Jeb» Stuart und Nathan Forrest so erfolgreich geführten Kavallerieregimenter des Südens, in deren Reihen es von kühnen Reitern nur so wimmelte, für die «Yankee»-Kavallerie wegen ihres stümperhaften Vorgehens nichts als Verachtung. Erst im großen Reitergefecht bei Brandy Station im Juni 1863 fand die mittlerweile von Buford und Sheridan auf Vordermann gebrachte Kavallerie der Nordstaaten ihr Selbstvertrauen wieder. Dieses Selbstvertrauen sollte sich fortan als ihre Stärke erweisen. Ein sehr früh unternommener Schritt auf dem Weg zur Schaffung einer leistungsfähigen und vereinheitlichten Kavallerie war der nach der ersten Schlacht von Bull Run im Sommer 1861 verkündete Entschluß, künftig zwischen Dragonern, Kavallerie und berittenen Jägern keinen Unterschied mehr machen zu wollen.

Eine Original-Feldmütze *(Képi)* der Südstaaten-Artillerie. Die Mütze hat ein blaues Mützen-(Seiten-) Band und einen roten Mützendeckel.
Hinton/Robson

Ein bei den Südstaatlern sehr häufiges Koppel mit schlichtem viereckigen Rahmenschloß und eine Ledertasche für die Zündhütchen.
Katcher

General Philip Sheridan mit Generälen der Potomac-Armee der Nordstaaten im Jahre 1874. Das Photo hat Berühmtheit erlangt. Man beachte die Vielzahl der verschiedenen Uniformen. Es sind sowohl die per Anzugordnung vorgeschriebenen militärischen Gehröcke zu sehen als auch zivile Gehröcke mit Samtkragen und auf den Schultern aufgenähten Dienstgradabzeichen *(»boxes«)*. Typisch für jene Zeit sind die riesigen Stiefel aus weichem Leder und die etwas stutzerhafte Pose des zweiten Offiziers von rechts. Er trägt ein etwas ausgefallenes Hemd mit litzenbesetztem Kragen und hat eine eigenwillige Knopfanordnung auf seiner Uniformjacke.
Radio Times Hulton Picture Library

Die Verbandsform, die im amerikanischen Bürgerkrieg am häufigsten Einsatz fand, war das Regiment. Gewöhnlich in zehn Kompanien gegliedert, hatte das Regiment (in den Armeen der Nordstaaten) eine Gesamtstärke von 1300 Mann und 30 Offizieren, wobei das Wort »gewöhnlich« zu beachten ist. Krankheiten und die Abstellung zahlreicher kleiner Abteilungen zu anderen Aufgaben hatten zur Folge, daß das Regiment bei Eintreffen auf dem Schlachtfeld oft nur noch etwa 800 Mann stark war. In den meisten Feldzügen lag die durchschnittliche Stärke der Regimenter um 500 Mann. Die Stärke entsprechender Südstaatenverbände lag gewöhnlich noch darunter. Anfang 1864 war es nichts Außergewöhnliches, Kompanien in Stärke von nur 30 bis 40 (kampffähigen) Soldaten anzutreffen. Sowohl in den Armeen der Nord- als auch der Südstaaten versuchte man gegen Ende des Krieges mit allen Mitteln, die stark gelichteten Reihen wieder aufzufüllen. Gewöhnlich trachtete man danach, die bereits für eine feste Dienstzeit verpflichteten Freiwilligen durch eine Prämie zur Weiterverpflichtung zu bewegen oder sie durch großzügige Urlaubsregelungen zu ködern oder, wenn alles nichts fruchtete, sie ganz einfach einzuberufen.

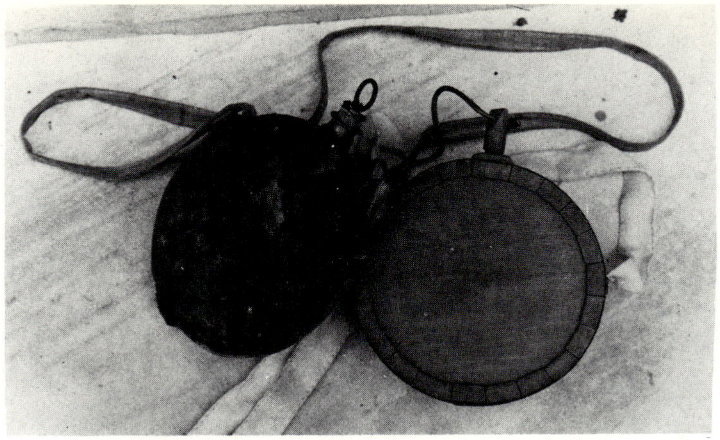

Nahansicht von zwei Feldflaschen aus der Zeit des amerikanischen Bürgerkrieges: eine mit grauem Wollstoff überzogene Zinnflasche und eine Holzflasche mit Metallring. Die Zinnflasche wurde sehr häufig in zwei Zinnteller umgewandelt, indem man die Flasche in die Glut eines Lagerfeuers legte und die Naht an den zwei Flaschenhälften auseinandersprengte.
Katcher

»Colt«-Revolver, Modell »Navy 1851«, Zollkaliber .36 (9,14 mm). Eine Patronentasche, in der die Papierpatronen für diese Waffe aufbewahrt wurden. Messingknauf des Säbels der leichten Kavallerie (Mod. 1860).
Stephen Russel/David Scheinemann

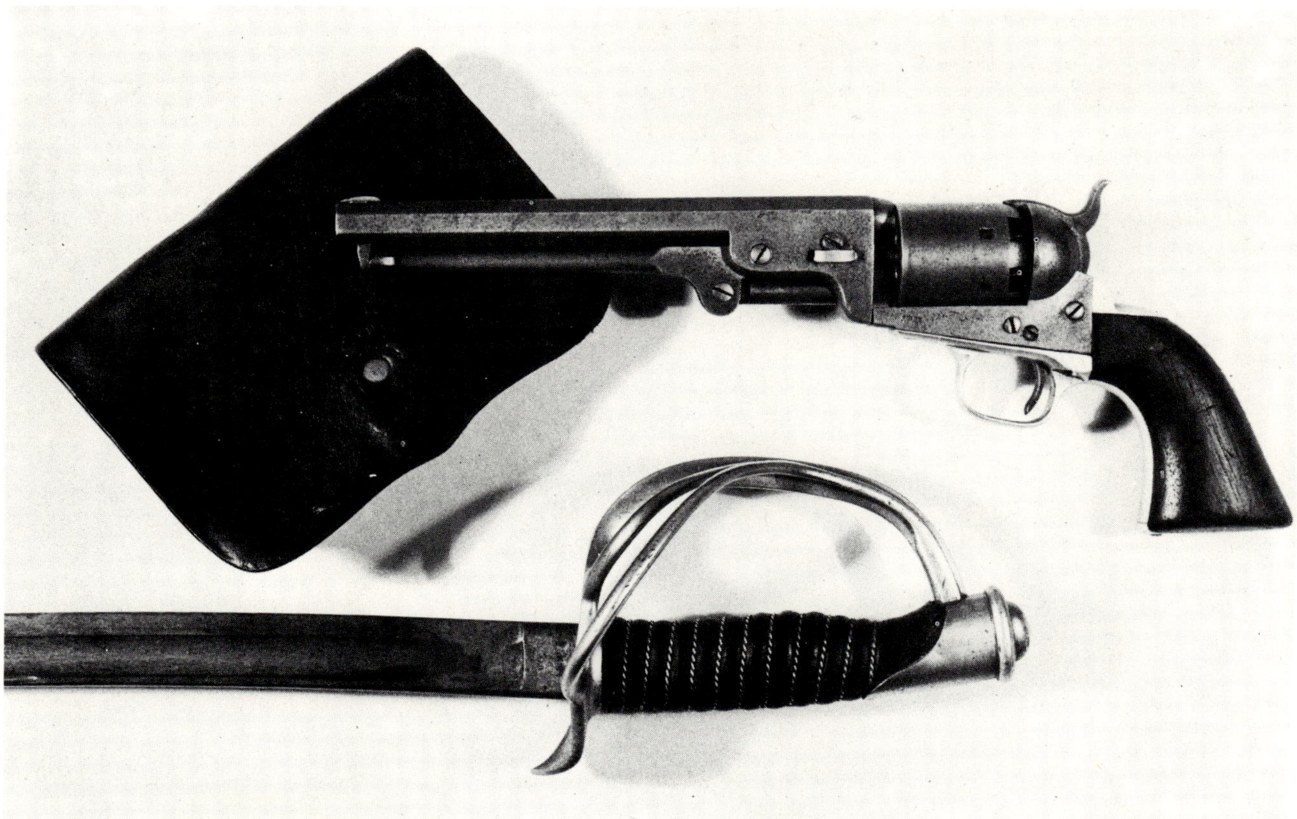

Der Soldat auf der Kontaktkopie einer zeitgenössischen photographischen Platte ist First Sergeant J. L. Baldwin, Hauptfeldwebel der *G-Company* des *56th Colored Infantry Regiment,* der Kompanie G des 56. Farbigen-Infanterieregiments der Armee der Nordstaaten. Man beachte die Paspelierung am Kragen und an den Ärmelaufschlägen. Die Uniformjacke war ursprünglich einmal ein Gehrock der Paradeuniform gewesen, den man gekürzt hat.
Chicago Historical Society

Aus taktischen Gründen wurden Regimenter zu Brigaden zusammengefaßt, die — gewöhnlich nach dem Namen des Brigadekommandeurs benannt — aus zwei bis fünf Regimentern bestehen konnten. Die Brigaden wiederum bildeten Divisionen, die sehr häufig — auch hier wieder — den Namen des Divisionskommandeurs trugen und mit römischen Ziffern bezeichnet wurden. Eine Neuheit im Bürgerkrieg war die Einführung des in den Nordstaatenarmeen schon weitgehend praktizierten Brauches, die Divisionen und Korps durch Abzeichen zu kennzeichnen. Diese Neuheit hatte ihren Ursprung in dem Befehl von General Phil Kearny vom Juni 1862, wonach die Männer seiner 3. Division des III. Korps als Erkennungszeichen ein scharlachfarbenes Stoffstück tragen sollten. Bis 1863 hatten fast alle Verbände der Unionsarmeen ein solches Kennzeichen eingeführt. In der Regel bezog sich das Abzeichen auf das Korps, wobei die jeweilige Farbe die Division angab. Diese simplen Stoffflecken konnten die Form eines Kreises, Vierecks, Kreuzes, Sterns, einer Eichel oder irgend eine andere Form haben. Gewöhnlich wurden die Abzeichen auf dem Oberteil der Feldmütze *(Képi* oder *»bummer's cap«)* oder dem Vorderteil des Schlapphuts *(slouch hat)* getragen. Einige Beispiele sind den Bildtafeln zu entnehmen.

Während die zur Zeit des anfänglichen Freiwilligenzustroms aufgestellten Verbände sich fast ausschließlich nur aus Männern einer bestimmten Stadt oder eines bestimmten Bezirks zusammensetzten, verschwand diese Eigenart im Verlauf des Krieges völlig, und damit auch eine Reihe wunderlicher Verbandsbezeichnungen. Beispielsweise wurde aus der *»Tyranny Unmasked Artillery«* die *Company K* des *47th Virginia Regiment,* also aus der »Tyrannei Demaskiert-Artillerie« die K-Kompanie des 47. Virginia-Regiments. Allerdings wurden die Regimenter nach wie vor nach ihrem jeweiligen Bundesstaat bezeichnet. Brigaden nur aus Regimentern eines einzigen Bundesstaates zu bilden, war im allgemeinen nicht üblich. In einigen Fällen kam es jedoch vor, wie beispielsweise bei der *Vermont-Brigade.* Hingegen geschah es zuweilen, daß sich Brigaden aus Regimentern zusammensetzten, die zwar nicht aus dem gleichen Bundesstaat, aber aus der gleichen geographischen Gegend kamen: beispielsweise drei Regimenter aus dem einen Bundesstaat und zwei aus dem Nachbarstaat. Die Zusammensetzung einer Brigade blieb ganz selten den ganzen Krieg über konstant, da mitunter Regimenter abgezogen wurden, um sie einer anderer Aufgabe zuzuführen.

Gelegentlich vermochten Brigaden sich durch hervorragende Leistungen einen Namen zu machen. Das heißt, die Brigade war mittlerweile zu einem solch homogenen Verband zusammengeschweißt worden, daß die Regimenter dieser Brigade als separate und eigenständige Verbände gar nicht mehr in Erscheinung traten, also im Schatten dieser Brigade operierten. Die *»Iron Brigade«* (Eiserne Brigade«), auch als *»Black Hat«-Brigade* (»Schwarzhut«-Brigade) bekannt, war eine solche Brigade. Ihren letzten Namen verdankte sie ihrer Angewohnheit, an Stelle der üblichen flachen blauen Feldmütze (*Képi* oder *»bummer's cap«*) im Feld den breitkrempigen schwarzen Hut der Paradeuniform, den sogenannten Hardee-Hut, zu tragen. Später wurden die Hardee-Hüte oft durch gewöhnliche Zivilhüte gleicher Machart ersetzt. Die *»Iron Brigade«* setzte sich aus Soldaten der Weststaaten zusammen und bestand fast den ganzen Krieg über aus dem *2nd, 6th* und *7th Wisconsin Infantry Regiment* sowie dem *19th Indiana* und dem *24th Michigan Infantry Regiment.* Von allen Brigaden der Unionsarmee erlitt im Verhältnis zu ihrer Stärke diese Brigade die schwersten Verluste. (Unabhängig vom Stärkeverhältnis war es die *Vermont-Brigade,* die die größten Verluste erlitten hatte). Bei den Südstaaten war es die *1st Virginia Brigade,* die berühmt wurde. Zusammengesetzt war sie aus dem *2nd, 4th, 5th, 27th* und *33rd Virginia Infantry Regiment* und der *Rockbridge Artillery,* einer Artillerieabteilung, die aus einem Landkreis gleichen Namens im Shenandoah-Valley stammte. Kommandeur dieser Brigade war Thomas Jonathan Jackson, dessen Spitznamen *»Stonewall«* (»Steinmauer«) Jackson die Brigade später annahm und sich fortan *»The Stonewall Brigade«* nannte.

Es war eine Besonderheit der Regimenter der Südstaaten, daß sie während des ganzen Krieges nie ihre enge Bindung zu ihrem Heimatort verloren. Es gab Regimenter, in denen zehn oder auch zwanzig Angehörige einer einzigen Sippe eines bestimmten Ortes Dienst verrichteten. Oft waren die Offiziere bekannte Persönlichkeiten des Heimatortes, sozusagen die »Landjunker« der Gemeinde, die der Mehrheit schon von zu Hause gut bekannt waren, da sie auch dort schon den Ton angegeben hatten. Diese gesellschaftliche Struktur verlieh den »Regimentern in Grau« die gleiche hohe Kampfmoral und unerschütterliche Loyalität, wie sie sie auch die britischen Regimenter des 19. Jahrhunderts besaßen, die ebenfalls sehr heimatgebunden waren. Doch es gab auch noch andere Identitätsmerkale. Allein zwei dieser Beispiele liefert die *»Stonewall Brigade«,* nämlich in Form ihrer *Rockbridge Artillery* und der *Liberty Hall Volunteers,* den »Freiwilligen der Freiheitshalle«. Die *Rockbridge Artillery,* nach dem Ort Rockbridge benannt, war als Verband so beliebt, daß der Brigadekommandeur höchstpersönlich die Verbandsstärke begrenzen mußte. Die Angehörigen dieses Verbandes waren überwiegend Hochschulabsolventen mit einem hohen Anteil an Theologiestudenten. Der erste Kommandeur war gleichzeitig der Rektor der Episkopalkirche in Lexington gewesen. So war es dann

Dienstgrad- und Ärmelabzeichen von Unteroffizieren der Nord- und Südstaaten.

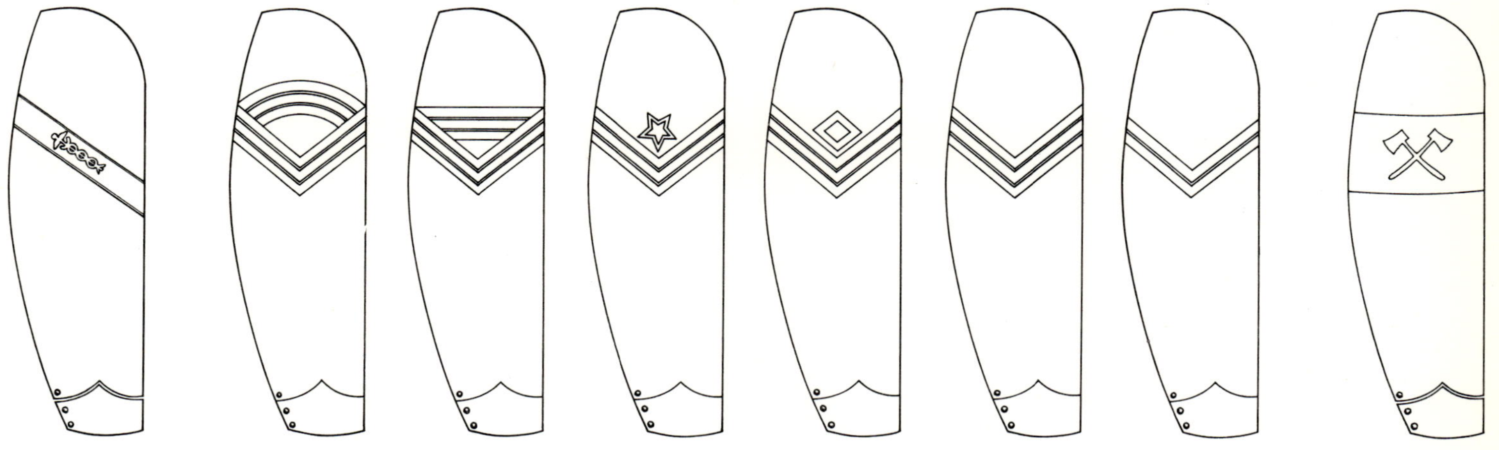

Photographie von Nordstaaten-Infanterie in Stellung am Ortsrand von Petersburg/USA im Jahre 1865. Diesem Bild ist eine Fülle interessanter Details zu den Uniformen und zur Ausrüstung jener Zeit zu entnehmen.
US Signal Corps

auch naheliegend, die vier Kanonen dieses Verbandes auf den Namen Matthäus, Markus, Lukas und Johannes zu taufen. Die *Liberty Hall Volunteers* hingegen waren eine Schützenkompanie des *4th Virginia Infantry Regiment,* von deren ursprünglichen 69 Mann allein 57 Studenten des Washington-College in Lexington waren. Ihr Kommandeur war ihr aller Griechischlehrer.

Die Einberufung von Negern in die Unionsarmee wurde von starken Zweifeln begleitet und erst nach reiflichen Überlegungen und langem Zögern vorgenommen. Es wäre falsch, hier den Eindruck erwecken zu wollen, als hätte der Wunsch nach Befreiung der Negersklaven im Norden gleichzeitig auch ein Gefühl der Gleichheit hervorgerufen. Die ersten Negereinheiten wurden im Sommer und Herbst 1862 durch General David Hunter aufgestellt und setzten sich aus freien Negern und befreiten Negersklaven der inzwischen besetzten Gebiete von North Carolina und Louisiana zusammen. Die Bezeichnung der Verbände stellte ein peinliches Problem dar, da man

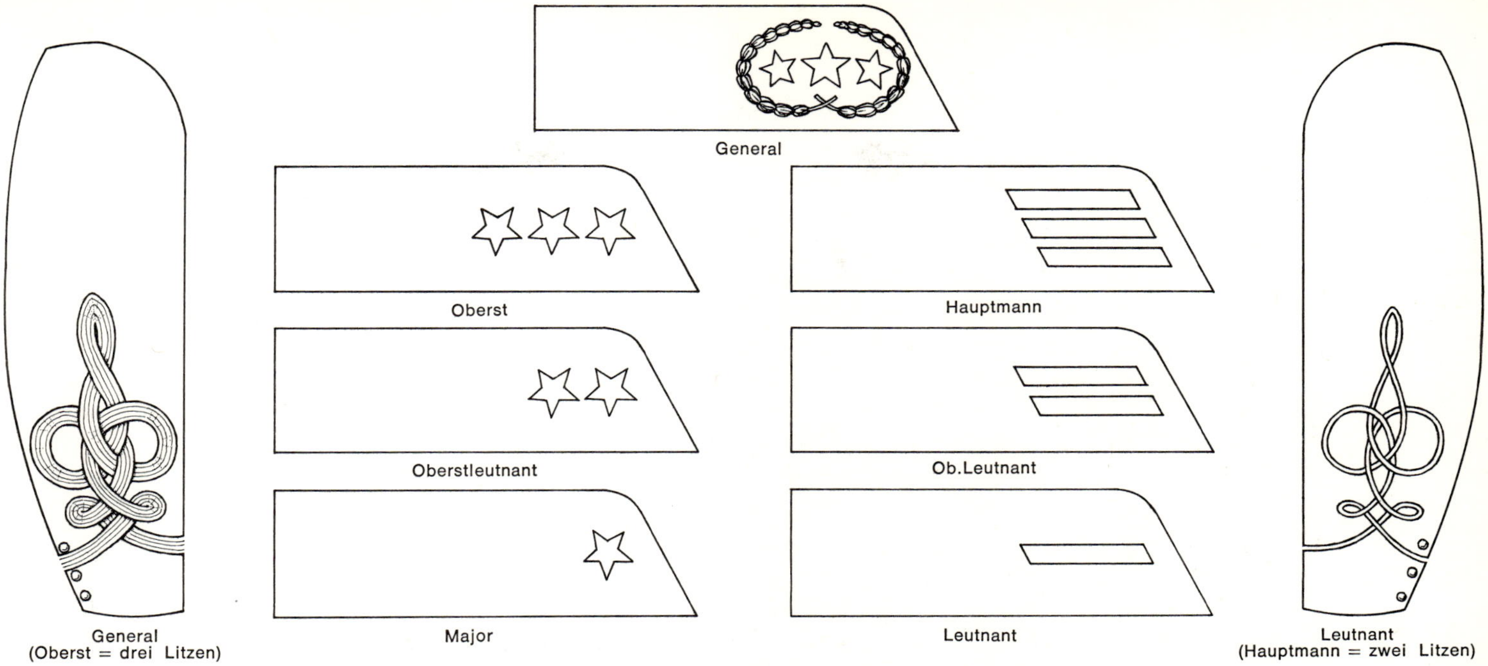

Dienstgradabzeichen auf Kragen und Ärmeln von Offizieren der Südstaaten-Armee

den Negerverband auf keinen Fall »Corps d'Afrique« nennen wollte. Später löste man dieses Problem, indem man das Neger-Regiment in Anlehnung an die Bezeichnung »weißer« Verbände als *»4th Regiment, US Colored Troops«* (4. Regiment, US-Farbigentruppen) bezeichnete.

Die übliche Infanteriewaffe jener Tage war die Muskete mit Perkussionsschloß und gezogenem Lauf, ein Vorderlader, dessen Papierpatronen — eigentlich Papierrollen, in denen die Kugel und die für einen Schuß abgemessene Pulverladung eingebunden waren — in einer großen Tasche mitgeführt wurden. Die Kupfer-Zündhütchen, die auf den »Piston« gesteckt wurden, auf ein außerhalb des Gewehrverschlusses senkrecht stehendes Röhrchen, waren getrennt untergebracht. Es wurden sowohl Waffen mit gezogenem als auch glattem Lauf verwendet. Um der Vielzahl von Waffen und ihren unterschiedlichen Kalibern gerecht zu werden, mußten verschiedene Munitionsarten hergestellt werden. Der Gattungsbegriff für Gewehrmunition — sowohl für runde Kugeln als auch für konische Geschosse — lautete »Minie-ball« (Minie-Kugel), benannt nach dem Erfinder des damals am meisten verwendeten Munitionstyps, dem Franzosen Claude Etienne Minié. Das häufigste Zollkaliber war .58 (14,7 mm), nämlich jenes der von der US-Bundesregierung ausgegebenen Standardwaffe von 1861, einer Muskete mit gezogenem Lauf. Doch eigentlich fanden Waffen sämtlicher Kaliber von .36 (9,1 mm) bis .69 (17,5 mm) Verwendung. Von beiden Seiten wurden auch importierte Waffen eingesetzt. Die Waffenschmiede des Südens scheuten sich durchaus nicht, die »Springfield«- und »Colt«-Modelle recht freizügig nachzubauen. Die Leistung des »Springfield«Gewehrs kann als stellvertretend für alle anderen damaligen Waffen angesehen werden: die größte Treffweite lag bei 900 Metern, obwohl die Chancen minimal waren, auf diese Entfernung einen kleineren Gegenstand als eine in geschlossener Gefechtsformation marschierende Gruppe Soldaten zu treffen. Auf 450 bis 550 Meter war die Treffsicherheit ziemlich genau, und auf 180 bis 280 Meter absolut tödlich. Wurden Gliedmaßen getroffen, gab es zumeist riesige Wunden mit Knochensplitterungen, was gewöhnlich zur Amputation des Gliedes führte.

Repetiergewehre (mit Magazin) und Hinterlader, die Metallpatronen verschossen, wurden im Bürgerkrieg nur in kleiner Stückzahl eingesetzt. Einige Unionsstaaten rüsteten ihre Freiwilligenverbände mit dem »Henry«-Gewehr aus, mit dem gegen geschlossene Gefechtsformationen eine geradezu verheerende Wirkung erzielt wurde. Hingegen sah man Repetierkarabiner, wie etwa den »Spencer«-Karabiner (Kaliber .56 = 14,2 mm), schon häufiger. Darüber hinaus wurde von den berittenen Verbänden beider Seiten eine geradezu verwirrende Vielzahl anderer Kavalleriekarabiner und Pistolen verwendet, teilweise Eigenfabrikate, aber auch aus England und Frankreich importierte Modelle. Neben dem »Spencer«-Karabiner waren die wohl besten Karabiner der »Sharp«-Karabiner (Kaliber .56 = 14,2 mm) und der gleichkalibrige »Burnside«-Karabiner.

Bei dieser Gelegenheit sollte nicht verhehlt werden, daß es mit den Schießkünsten der meistens nur sehr flüchtig ausgebildeten Soldaten oft nicht weit her war. Man hatte errechnet, daß in der ersten Schlacht von Bull Run zwischen 8000 bis 10 000 Schuß Gewehr- beziehungsweise Pistolenmunition verschossen werden mußte, um einen einzigen Gegner zu töten oder zu verwunden. Drei (gezielte) Schuß pro Minute waren für ein Gewehr mit gezogenem Lauf jener Zeit ein sehr respektables Ergebnis. Überraschenderweise wurden die damals von beiden Seiten getragenen Einsteckbajonette *(socket bayonets)* für ihren eigentlichen Zweck höchst selten verwendet. Weitaus häufiger wurden sie als Kochgerät benutzt denn als Waffe.

Der Säbel wurde in der Kavallerie nach wie vor getragen und auch im Kampf eingesetzt — besonders von den Unionstruppen —, obwohl sich besonders gegen Ende des Krieges die Erkenntnis durchzusetzen begann, daß die Fähigkeit der Kavallerie, schnell zu verlegen und abgesetzt mit Repetiergewehren zu kämpfen, ebenso hoch einzuschätzen war wie ihre Fähigkeit, traditionelle Säbelattacken zu reiten. In dieser Hinsicht war die Unionskavallerie der Jahre 1864—65 die wohl fortschrittlichste Kavallerie der Welt. Ein Ulanenregiment wurde nur ein einziges Mal im Kampf eingesetzt, und zwar das *6th Pennsylvania Regiment*, oder *»Rush's Lancers«* (»Rush's Ulanen«), wie dieses Regiment der Nordstaaten auch genannt wurde. Doch erwies sich die Lanze als Waffe als ein glatter Versager und verschwand daher 1863 wieder in der Versenkung.

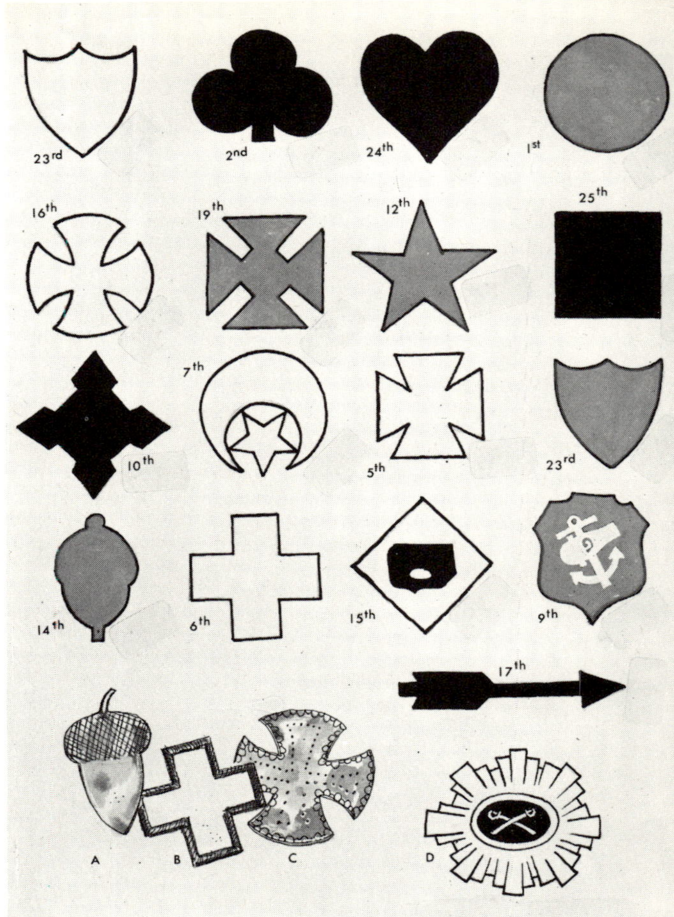

Korpsabzeichen der Nordstaaten-Armee. Sie wurden erstmalig 1863 von General Hooker einheitlich für die gesamte Unionsarmee eingeführt. In jedem Korps war das Divisionsabzeichen der 1. Division rot, der 2. Division weiß, der 3. Division blau und der 4. Division grün oder orange. Die Abzeichen »A« und »C« sind Exemplare metallener Korpsabzeichen. »B« ist ein mit feiner Goldkordel eingefaßtes Abzeichen eines Offiziers. »D« ist das Korpsabzeichen des Kavalleriekorps von General Sheridan. Im allgemeinen wurden die Abzeichen auf dem Deckel der Feldmütze *(Képi)* oder als Mützenabzeichen vorn am Schlapphut getragen.
Artist's Collection

Bild 56: Korporal, Kavallerie der Nordstaaten, 1861

1861 wurde die reguläre Kavallerie reorganisiert, gerade noch vor Beginn des amerikanischen Bürgerkrieges. Aus dem 1. Dragonerregiment wurde das 1. Kavallerieregiment, aus dem 2. Dragonerregiment, dem berittenen Jägerregiment und dem 1. und 2. Kavallerieregiment das 2., 3., 4. beziehungsweise 5. Kavallerieregiment. Gleichzeitig wurde ein 6. Kavallerieregiment neu aufgestellt und die Stärke der Regimenter auf sechs Schwadronen zu je zwei Trupps angehoben, wobei letztere eine Soll-Stärke von jeweils 100 Mann haben sollten. Regimentskommandeur war jeweils ein Oberst. Der Regimentsstab bestand aus einem Oberstleutnant, drei Majoren sowie einem Adjutanten, Quartiermeister und Versorgungsoffizier jeweils im Leutnantsrang. Chef eines jeden Kavallerietrupps war ein Hauptmann, dem ein Oberleutnant und ein Leutnant und gelegentlich noch ein weiterer Leutnant unterstellt waren. Jeder Trupp hatte einen First Sergeant (etwa Hauptfeldwebel), fünf Sergeants (etwa Feldwebel) und acht Corporals (etwa Unteroffizier). Jedes Regiment besaß nur einen einzigen Sergeant-Major (etwa Stabsfeldwebel), den obersten Dienstgrad der amerikanischen Feldwebeldienstgrade. Etwa die gleiche Gliederung und Stellenbesetzung hatten auch die Kavallerieregimenter der Südstaaten, doch konnten sie je nach örtlichen Gegebenheiten variieren, was in den Armeen der Südstaaten ganz besonders der Fall war.

Der hier abgebildete Korporal trägt die Arbeits- oder Feldmütze, die in den Unionsarmeen mittlerweile fester Bestandteil der Felduniform geworden war. Besonderes Merkmal dieser Mütze waren die auf dem Mützendeckel angebrachten Abzeichen aus Messing, in diesem Fall bestehend aus zwei gekreuzten Säbeln (der Kavallerie), der Regimentsnummer (Nr. 2) und dem Buchstaben der Schwadron (A). Wie den Abbildungen auf dieser Bildtafel zu entnehmen ist, gab es mehrere Mützenausführungen, die auch in der Form leicht differierten. Als Vorlage zu dieser Mütze diente das französische *casquette d'Afrique*, oder auch *Képi* (Käppi) genannt. Überhaupt waren in dieser Zeit französische Uniformen und Haartrachten außerordentlich beliebt. Die kurze, mit der gelben Litze der Kavallerie paspelierte Uniformjacke war schon seit den 1830er Jahren unverändert in Gebrauch. Zu Beginn des amerikanischen Bürgerkrieges trug die Kavallerie der Nordstaaten im Einsatz auch noch die Messingepauletten, legte sie aus naheliegenden Gründen aber bald ab. Die himmelblauen Hosen aus Kersey, die im Schritt verstärkt waren und gelbe Biesen hatten, gehörten zur Standardausrüstung. Einen einheitlichen Reitstiefel gab es nicht. Sowohl enganliegende Stiefel, die unter dem Hosenbein getragen wurden, als auch kniehohe Stiefel aus weichem Leder, nach Art der Kavaliere aus dem 16. Jahrhundert, waren in Gebrauch.

Ebenfalls zur Standardausrüstung gehörte das noch vor dem Bürgerkrieg per Anzugordnung verfügte Lederkoppel, welches zum Tragen des Kavalleriesäbels diente, eines langen geraden Säbels mit Messingknauf und Stahlscheide, ein Nachbau des preußischen Modells. Im späteren Verlauf des Bürgerkrieges wurde dann ein leicht geschwungener Säbel eingeführt, ein Modell der »leichten Kavallerie«. Ebenfalls am Koppel befestigt war eine kleine Ledertasche für die Zündhütchen und eine Revolvertasche, die wegen ihrer Ähnlichkeit auch »Schweinebein«Tasche *(»hog-leg« revolver holster)* genannt wurde. In den Unionsarmeen waren verschiedene Revolvermodelle in Gebrauch. Auf dem Gebiet der Bewaffnung, Bekleidung und Ausrüstung boten die Freiwilligenregimenter ein weitaus uneinheitlicheres Bild als die regulären Verbände. Die gebräuchlichsten Faustfeuerwaffen waren der »Colt-Army«-Revolver (Kaliber .44 = 11,2 mm) sowie der »Remington New Army«-Revolver gleichen Kalibers. Die Patronentasche für die Karabinermunition wurde rückwärts am Koppel getragen. Der Karabiner selbst wurde zum Tragen mit einem Ring am Karabinerhaken des schwarzen Lederbandeliers befestigt. Unter den an die Truppe ausgegebenen Waffen befanden sich sowohl »Sharp«-, »Spencer«- als auch »Burnside«-Karabiner. Sowohl Vorderlader als auch Hinterlader, einschüssige als auch Repetiergewehre waren in Gebrauch.

Bild 57: Hauptfeldwebel (First Sergeant), Infanterie der Nordstaaten, 1863

Der hier abgebildete First Sergeant war der höchste Unteroffiziersdienstgrad in einer Infanteriekompanie, die sich offiziell, jedoch höchst selten in Wirklichkeit, aus einem Hauptmann (Captain), einem Oberleutnant (First Lieutenant), ei-

nem Leutnant (Second Lieutenant), einem Hauptfeldwebel (First Sergeant), vier Feldwebeln (Sergeants), acht Unteroffizieren (Corporals), einem Fuhrmann (wagoner) und 82 Soldaten (Privates) zusammensetzte. Auf dem Deckel der Feldmütze ist das Signalhorn der Infanterie und der Buchstabe der Kompanie angebracht. Beide Abzeichen waren aus Messing. Die hier abgebildete Felduniform, bestehend aus einem schlichten »sackähnlichen« Rock *(»sack«-coat)*, hellblauen Hosen und Schnürschuhen, ist im Grunde genommen nichts weiter als der Arbeitsanzug aus der Zeit vor dem amerikanischen Bürgerkrieg, den man lediglich durch das Anbringen von Abzeichen etwas herausgeputzt hat. Die Dienstgradabzeichen auf den Rockärmeln sind in der Waffenfarbe der Infanterie gehalten; die Hose hat dunkelblaue Biesen. Ein weiterer Ausdruck des Dienstgrades ist die rote Feldschärpe sowie der gerade Degen mit Messingknauf, der von allen Feldwebeldienstgraden getragen wurde, und zwar an einem einfachen Lederbandelier, das auf Brusthöhe vorn mit einer Metallplatte mit dem US-Adlermotiv verziert war. Im Gegensatz zum ovalen Koppelschloß mit den Buchstaben »US« der unteren Dienstgrade war das Koppelschloß der Feldwebeldienstgrade rechteckig und mit dem Nationalwappen verziert.
Rechts vom Koppelschloß trug man am Koppel die kleine Ledertasche für die Zündhütchen des »Springfield«-Perkussionsgewehrs. Die unteren Dienstgrade trugen rückwärts oberhalb der rechten Hüfte noch eine an einem Lederbandelier befestigte Patronentasche. Das Bandelier war vorn mit der gleichen Metallplatte verziert wie das der Feldwebeldienstgrade. Um sich nicht mit zwei Bandelieren abplagen zu müssen, trugen die Sergeanten ihre Patronentasche rückwärts am Koppel. Ohne seinen Tornister und seine Decke trägt dieser First Sergeant das »kleine Marschgepäck«, das er auch im Einsatz mitführen würde, bestehend aus einem Brotbeutel aus wetterfestem Material und einer stoffüberzogenen Feldflasche aus Zinn. Das Seitengewehr war linker Hand am Koppel angebracht. Häufig war über den Feldflaschenverschluß noch ein Trinkbecher gestülpt, der auch am Tragriemen befestigt sein konnte.

Bild 58: Jäger, 1. US-Scharfschützen-Regiment Berdan (1st US (Berdan's) Sharpshooters), 1863

Das 1. und 2.US-Scharfschützen-Regiment unter Führung von General Hiram Berdan setzte sich aus ausgesuchten Präzisionsschützen zusammen, die überwiegend aus den östlichen Bundesstaaten stammten. Um in einen dieser beiden Verbände aufgenommen zu werden, mußte ein Bewerber aus einer Entfernung von 180 Metern mit zehn aufeinanderfolgenden Schüssen ins Schwarze treffen! Abweichungen von nicht mehr als 12 cm vom Zielmittelpunkt wurden noch toleriert. Die Präzisionsschützen zeichneten sich bei einer Reihe von Kämpfen besonders aus, einschließlich in der berühmten Schlacht von Gettysburg. Ihre Uniform zählte mit zu den interessantesten der Nordstaaten.
Zwar ist die Feldmütze konventionellen Zuschnitts, doch ebenso wie der Uniformrock und die Hose aus dunkelgrünem Wollstoff. Bei offiziellen Anlässen wurde die Mütze mit einem schwarzen Straußenfederbusch und einem Mützenabzeichen aus Metall verziert, das zwei gekreuzte Gewehre und die Buchstaben »US« (oberhalb der Gewehre) und »SS« (für *Sharpshooters*) (unterhalb) zeigte. Der hier abgebildete Jäger trägt auf dem Deckel seiner Feldmütze einen roten Rhombus, das Verbandsabzeichen der 1. Division des III. Korps. Der Rock hat einen kleinen Stehkragen und Messingknöpfe auf der Vorderseite, den Ärmelaufschlägen und Rockschößen. Die Hosen sind in die Strümpfe gesteckt, was im Feld fast einheitlich von beiden Seiten praktiziert wurde, obwohl einige Verbände Stoffgamaschen erhalten hatten und zumindest bei ihnen dieser Brauch eigentlich nicht notwendig gewesen wäre. Zur Ausrüstung der Präzisionsschützen gehörten auch graue Mäntel, die mit grünem Stoff besetzt waren. Berichten zufolge waren die Dienstgradabzeichen (Winkel) grün auf blauem Grund.
Auch dieser Soldat hat seinen Tornister abgelegt und seine Utensilien in seinem Brotbeutel oder in der zusammengerollten grauen Decke (Marke Armeeausgabe) verstaut. Das Koppelschloß mit den Buchstaben »US« gehörte zur Standardausrüstung einfacher Soldaten. Bewaffnet ist dieser Jäger mit dem hervorragenden »Sharp«-Gewehr (Kaliber .52 = 13,2 mm), einem einschüssigen Hinterlader, der auf beengtem Raum wesentlich leichter zu bedienen war als das »Springfield«-Gewehr (Kaliber .58 = 14,7 mm). Ursprünglich waren General Berdans Männer mit dem Colt-Revolvergewehr (Kaliber .56 = 14,2 mm) ausgerüstet worden, einer fünfschüssigen Waffe mit drehbarem Stahlzylinder, die nach ähnlichem

Prinzip funktionierte wie der Colt-Trommelrevolver. Der Vorteil der größeren Schußfolge wurde jedoch durch die Unzuverlässigkeit dieses Revolvergewehrs mehr als wettgemacht. Da die Trommeln samt Bohrung nur ungenügend abgedichtet waren, wurde beim Schießen gelegentlich mehr als nur eine Kammer gezündet, was für die linke Hand des Schützen verheerende Folgen hatte.
Einige wenige Scharfschützen der Unionsarmee waren mit schweren und peinlich genau angefertigten Präzisionsgewehren ausgerüstet, die in vereinzelten Fällen sogar mit Zielfernrohren ausgestattet waren. Bei entsprechend sorgfältiger Bedienung waren erfahrene Schützen imstande, auf eine Entfernung von 800 Metern mit dieser Waffe 20 aufeinanderfolgende Schuß in ein Ziel mit einem Durchmesser von nur 30 cm zu plazieren, und dies mit beständiger Regelmäßigkeit. Meisterschützen waren zu noch weitaus besseren Ergebnissen fähig.

Bild 59: Sergeant, 14. Milizregiment des US-Bundesstaates New York (14th New York State Militia), Armee der Nordstaaten, 1861–64

Die Vorliebe für die französische Uniformmode jener Tage hatte zur Folge, daß in den Freiwilligenverbänden sowohl der Nord- als auch der Südstaaten eine Fülle malerischer und farbenprächtiger Uniformen eingeführt wurde, die sich häufig sehr eng an die Uniformen der französischen *Zuaven-* und *Chasseur*-(Jäger-)Einheiten anlehnten. Bekanntlich waren die Zuaven Angehörige einer ehemaligen, aus Berberstämmen rekrutierten französischen Kolonialtruppe. Meistens verschwanden diese Uniformen, die zeitgenössischen Berichten zufolge nicht nur schlecht verarbeitet waren, sondern auch kitschig-operettenhaft wirkten, im Bürgerkrieg schon sehr bald von der Bildfläche, da auf Grund der schlechten Versorgungslage in den einzelnen Bundesstaaten es nicht möglich war, den natürlichen Verschleiß zu dekken. Einige Verbände aber waren auf diese Uniformen dermaßen stolz, daß sie darauf bestanden, sie den ganzen Bürgerkrieg über zu tragen. So ist es auch nicht weiter verwunderlich, wenn zeitgenössische Berichte im Zusammenhang mit den Kämpfen von Gettysburg und Antietam von den »rotbehosten Zuaven« des 14. Brooklyn-Regiments sprechen (bekanntlich ist Brooklyn ein Stadtteil von New York).
In Wirklichkeit trug das 14. Brooklyn-Regiment aber eine Chasseur-Uniform. Anders verhielt es sich hingegen mit den »Zuaven des Duryea« und den *»Louisiana Tiger Rifles«*, deren besonderes Kennzeichen die unverkennbaren Zuaven-Verschnürungen auf der Vorderseite der kurzen Jacke sowie der Fes beziehungsweise der Turban waren. Der hier abgebildete Sergeant trägt als rechter Flügelmann *(»Right General Guide«)* an seinem Gewehr eine sogenannte »Flankenmarkierungsfahne«, die für die in geschlossener Gefechtsformation kämpfenden Soldaten als Orientierungspunkt diente. Bei seiner Kopfbedeckung handelt es sich um die übliche Feldmütze konventionellen Zuschnitts, jedoch mit rotem Oberteil und roten Seiten. Auf der kurzen blauen Jacke sind zwei »blinde« Knopfreihen angebracht, die ausschließlich dekorativen Zwecken dienten. Die abnehmbaren geflochtenen roten Schulterstücke und die roten »negativen Winkel« auf den Ärmelaufschlägen gehörten zur Uniform auch der einfachen Soldaten. Auch die Dienstgradabzeichen (Winkel) waren rot. Auf der am Koppel getragenen kleinen Ledertasche für die Zündhütchen ist ein Emblem des Bundesstaates New York angebracht, wie auch die Buchstaben »SNY« auf dem Koppelschloß Hinweis auf den »State New York« geben. Gelegentlich wurden die Buchstaben »SNY« von den Südstaatlern mit *»Snotty Nosed Yank«* übersetzt, was soviel wie »rotznasiger Yankee« heißt. Berichten zufolge sollen die Offiziere dieses Regiments zu den mit goldenen Biesen besetzten Hosen den in anderen Heeresverbänden üblichen blauen Gehrock getragen haben. Bestandteil der Uniform waren ferner weiße Drillichgamaschen, die an der Seite geknöpft wurden.

Bild 60: Sergeant der schweren Artillerie, Neger-Korps, Armee der Nordstaaten, New Orleans, 1863

Zu der Neger-Division in New Orleans gehörte auch ein schweres Artillerieregiment, das die Besatzung für einige der ortsfesten Festungsanlagen der Nordstaaten stellte. Der hier abgebildete Sergeant des Neger-Korps trägt die Paradeuniform seines Verbandes. Der Frontabschnitt, in dem er diente, war ziemlich ruhig, so daß Festlichkeiten im Dienstbereich dortiger Garnisonen einen größeren Raum einnahmen als bei den

Truppen an der unmittelbaren Front. Kein Wunder, daß dieser Teil des Dienstbetriebes einiger Hinterlandgarnisonen der Nordstaaten unter den Fronttruppen viel böses Blut verursachte. Daher verlegte General Grant gegen Ende des Bürgerkrieges die Besatzung der schweren Belagerungsartillerie als gewöhnliche Infanterie an die Front, da er mit einer gewissen Berechtigung der Meinung war, daß die Truppen der Etappe ihr ohnehin leichteres Leben über Gebühr ausgenutzt hätten. Daß die Fronttruppen diese Maßnahme mit unverhohlener Schadenfreude aufnahmen, versteht sich von selbst.
Die hier abgebildete Uniform hat eine große Ähnlichkeit mit der von Bild 54, Bildtafel 11. Der blaue Gehrock ist am Kragen und an den Ärmelaufschlägen in der roten Waffenfarbe der Artillerie paspeliert, die auch bei den Dienstgradabzeichen, den Hosenbiesen und der Hutkordel des Hardee-Hutes anzutreffen ist. Am Hut steckt der bei Paraden übliche schwarze Federbusch sowie die seitliche Hutnadel aus Goldmetall mit dem US-Adlermotiv, die gekreuzten Kanonenrohre und der Batteriebuchstabe. Bei den Schulterstücken handelt es sich um die bereits erwähnten aus Messingschuppen gefertigten Ganzmetallepauletten. Interessant ist die Seitenwaffe, eine Besonderheit der Artillerie. Es handelt sich hier um das Kurzschwert der Artillerie zu Fuß (Mod. 1833), einen Nachbau eines französischen Modells, welches wiederum das Kurzschwert der römischen Gladiatoren zum Vorbild hatte.

Bild 61: Soldat, Artillerie der Südstaaten, 1862

Die Uniformen der Südstaatenarmeen boten schon zu Beginn des amerikanischen Bürgerkrieges ein ziemlich uneinheitliches Bild. Obwohl 1861 eine eindeutig abgefaßte Anzugordnung erlassen worden war, verhinderte die schlechte Versorgungslage ihre praktische Verwirklichung. Eine Mischung aus vorschriftsmäßigen Südstaatenuniformen, Milizmonturen aus der Vorkriegszeit, erbeuteten Uniformen der Nordstaaten mit Südstaatenabzeichen und unverkennbar selbstangefertigten Bekleidungsstücken war in fast allen Verbänden der Südstaaten üblich. Die Verknappung setzte schon sehr früh ein, und von da an geriet die Situation außer Kontrolle.
Die per Anzugordnung vorgeschriebene Kopfbedeckung war die hier abgebildete Feldmütze, die — neben einem blauen Stoffband um den Kopfteil — jeweils in der Waffenfarbe gehalten war: rot bei der Artillerie, blaßblau bei der Infanterie und gelb bei der Kavallerie. Doch die beliebteste Kopfbedeckung der Südstaatentruppen war und blieb der Schlapphut. Nur eine Minderheit scheint die Feldmütze getragen zu haben. Es gab eine Vielzahl von Mützenabzeichen, doch sind auch sie nicht von allen getragen worden. Der hier abgebildete Artillerist trägt die vorschriftsmäßige Feldmütze und als Mützenabzeichen zwei gekreuzte Kanonenrohre, die einer zeitgenössischen Photographie für diesen Zweck entlehnt wurden. Es wäre aber falsch, diesen Artilleristen als typisch ansehen zu wollen. *Keine* Uniform der Südstaaten konnte als typisch angesehen werden. Die kurze graue Jacke mit der roten Paspelierung ist der Beschreibung eines Augenzeugen zu verdanken und gehörte nicht zur normalen Uniformausstattung der Artillerie. Sie war ursprünglich nur an die Kavallerie ausgegeben worden, gehörte aber schon bald in allen Waffengattungen zu einem der beliebtesten Uniformstücke, sofern man ihrer habhaft werden konnte. Gewöhnlich trug man sie nur mit dem obersten Knopf geknöpft. Hingegen gehörten die himmelblauen Hosen in allen Waffengattungen zur Standardausrüstung und waren nicht selten von den Nordstaatlern erbeutet worden. Die Fußbekleidung war zu unterschiedlich, um hier näher auf sie einzugehen.
Dieser Artillerist trägt zwei Gegenstände, die zur normalen Ausrüstung der Mannschaft von Feldgeschützen gehörte: einen kombinierten Ladestock mit Rohrbürste,Utensil des »Kanoniers Eins«, und eine Ledertasche, die gewöhnlich vom »Kanonier Fünf« getragen wurde. Sie hatte innen dehnbare Blechbeschläge und wurde dazu benutzt, Kartuschen von der Protze zur Kanone zu transportieren, das heißt, wenn eine solche Tasche immer verfügbar war und unter feindlichem Beschuß die Zeit für eine solche Vorsichtsmaßnahme langte.

Bild 62: Korporal, Infanterie der Südstaaten, 1861/62

Die Uniform dieses Korporals der Südstaateninfanterie könnte man fast als vorschriftsmäßig bezeichnen. Die vom Generalinspekteur der Südstaaten-Streitkräfte in Richmond/Virginia am 6. Juni 1861 erlassene Allgemeine Verfügung Nr. 9 ordnete an, daß sämtliche Soldaten einen zweireihigen, bis zur Mitte der Oberschenkel rei-

chenden Waffenrock »aus grauem Tuch, bekannt als Kadettengrau, mit Kragen, Aufschlägen und Paspelierungen in der jeweils vorgeschriebenen Waffenfarbe« zu tragen hatten. In die aus goldfarbenem Metall gefertigten Knöpfe war jeweils der Anfangsbuchstabe der betreffenden Waffengattung eingestanzt: also »I« für Infanterie *(Infantry)*, »A« für Artillerie *(Artillery)* und so weiter. Die hellblauen Hosen, die von sämtlichen Mannschaftsdienstgraden und allen Truppenoffizieren getragen wurden, hatten so weit geschnitten zu sein, daß sie »den Fuß gut bedeckten«. Auch die Dienstgradabzeichen waren in der jeweiligen Waffenfarbe gehalten.
Das Koppel wird durch ein rechteckiges Koppelschloß aus Messing mit den Buchstaben »CSA« (*Confederate States of America* = Konföderierte Staaten von Amerika = Südstaaten) zusammengehalten und diente zum Tragen der Ledertasche für die Zündhütchen, der Patronentasche und des Seitengewehrs. An der linken Hüfte baumelt ein Brotbeutel und eine Feldflasche. Es fanden sowohl hölzerne als auch Feldflaschen aus Metall Verwendung. Die Südstaatler setzten eine Vielzahl verschiedener Gewehre ein: in Arsenalen der Nordstaaten erbeutete Waffen, in den Südstaaten nach französischem Muster hergestellte Gewehre und importierte Modelle. Die am häufigsten eingesetzte Waffe war das »Springfield«-Gewehr der Nordstaaten, entweder im Original oder als »wilder« Nachbau. Aber auch das durch die Seeblockade der Nordstaaten geschmuggelte britische »Enfield«-Gewehr fand weite Verwendung. Bedenkt man die Vielzahl der eingesetzten Waffen, kann man sich vorstellen, daß die ohnehin kleine Industrie der Südstaaten bei der Herstellung der verschiedenen Munitionsarten eindeutig überfordert war.

Bild 63: Oberleutnant (1st Lieutenant), Virginia-Kavallerie, Armee der Südstaaten, 1863

Aus Männern wie diesem jungen Südstaatler aus gutem Hause, der in der Hand eine durchlöcherte Blechbüchse hält, die von seinen Schießkünsten Zeugnis ablegt, setzten sich fast alle der hervorragenden Kavallerieregimenter der Südstaaten zusammen, die Jeb Stuart zur Unsterblichkeit führte. Die Waffe, die es ihm ermöglichte, solche Schießergebnisse zu erzielen, war der neue »Lefaucheaux«-Stiftzünder-Revolver (Kaliber .41 = 10,4 mm). Die langen Haare und der Schlapphut sind typisch für diese Periode. Gelegentlich brachte der Hutträger je nach Laune noch Federbüsche oder einzelne Federn an seinem Hut an. Die kurze enganliegende und vorn geknöpfte Jacke aus verblichenem grauen Tuch weist am Kragen und den Ärmelaufschlägen die gelbe Waffenfarbe der Kavallerie auf. Auf dem Kragen die zwei Balken, Dienstgradabzeichen eines Oberleutnants (weitere Dienstgradabzeichen sind der Übersicht in diesem Kapitel zu entnehmen). Das kunstvolle Flechtwerk am unteren Ärmel, im Militärjargon der Südstaatler »Hühnergedärm« *(»chicken guts«)* genannt, war fester Bestandteil sowohl der kurzen wie auch der langen Uniformjacke aller Südstaatenoffiziere. Der Verlauf der Schlaufen war bei allen Offizieren gleich, nur die Stärke der Litze variierte je nach Dienstgrad: Leutnante, Hauptleute, Stabsoffiziere und Generäle trugen ein-, zwei-, drei- beziehungsweise viersträngige Litzen.
Bei den Kavallerieoffizieren der Südstaaten war die strapazierfähige Kordhose, die nach mehrmaligem Waschen fast weiß wurde, außerordentlich beliebt. An Stiefeln wurden verschiedene Arten getragen, doch die hier gezeigten mit einem über die Knie hinausgehenden Knieschutz waren am populärsten. Das Koppel wird durch das im Staat Virginia übliche runde Koppelschloß zusammengehalten. Den Säbel hatte die Kavallerie der Südstaaten noch vor der Kavallerie der Nordstaaten abgelegt, nicht zuletzt wegen der Versorgungsschwierigkeiten auf diesem Sektor. An Handfeuerwaffen wurden die verschiedensten Karabiner und Pistolen verwendet und gelegentlich als Ersatz für nicht zu beschaffende Gewehre auch abgesägte, doppelläufige Vorderlader-Schrotbüchsen, die im Nahkampf eine verheerende Wirkung erzielten.
Die Kavallerieregimenter der Südstaaten waren ähnlich gegliedert wie die der Nordstaaten, nur hatten die Trupps (sprich: Kompanien) im Gegensatz zu jenen der Nordstaaten eine Stärke von bestenfalls 50 Mann. Ungefähr zwei bis sechs Regimenter bildeten eine Brigade und zwei bis sechs Brigaden eine Division. Zwei oder drei Divisionen wiederum bildeten ein Korps. Es war ein besonderes Merkmal der Südstaatenarmee, daß ihre Regimenter zwar zahlenmäßig schwächer waren als die der Nordstaaten, die Divisionen aber gewöhnlich weitaus stärker. Dies war darauf zurückzuführen, daß in der Armee der Südstaaten das Prinzip herrschte, Divisionen aus zahlreiche-

ren Verbänden zu bilden, und dies bei allen Waffengattungen.

Bild 64: Soldat, Woodis-Jäger (Woodis Rifles), Virginia-Miliz, Armee der Südstaaten, 1861

Die Uniform des hier abgebildeten Milizionärs könnte als repräsentativ gelten für die zu Beginn des amerikanischen Bürgerkrieges anzutreffenden extravaganten Uniformen in den Milizverbänden der Südstaaten. Die Woodis-Jäger waren eine 1858 in Norfolk/Virginia aufgestellte Milizkompanie und nach einem ehemaligen Bürgermeister dieser Stadt benannt. Als eine von fünf Milizkompanien, aus denen sich das 3. Bataillon des 54. Regiments der Virginia-Miliz zusammensetzte, wurden die Woodis-Jäger am 18. April 1861 zu den Fahnen gerufen. Als später das 6. Virginia-Regiment formiert wurde, gingen die Woodis-Jäger als C-Kompanie in dieses Regiment über. Da der Musikzug dieser Kompanie besonders eindrucksvoll war, wurde er zum Regimentsmusikzug ernannt. Die Jäger waren den ganzen Bürgerkrieg über dabei. Sie kämpften im Frühjahr 1862 im Raum Richmond/Virginia in den sogenannten »Sieben-Tage-Schlachten« und waren von da an bis zur Kapitulation bei Appomattox ständig im Einsatz. Vermutlich wurde die hier abgebildete Uniform getragen, bis sie in Stücke fiel, denn an einen Ersatz war wohl nicht zu denken.
Die Uniform in einem dunklen Jägergrün ist mit schwarzem Samt besetzt, hat goldene, kugelförmige Knöpfe und ist verschwenderisch mit Goldschnüren verziert. Die Hose hat schwarze Samtbiesen, die mit Goldschnur paspeliert sind. Der schwarze Hardee-Hut, mit hochgeschlagener linker Krempe, ist ebenfalls mit einer Goldkordel verziert sowie mit einem roten Federbusch und einem auf schwarzer Samtunterlage angebrachten goldenen Signalhorn unterhalb der Buchstaben »WR« *(Woodis-Rifles)*. Die gleichen Buchstaben sind auf dem Koppelschloß zu finden.

Bild 65: Soldat, Infanterie der Südstaaten, 1864

Nichts veranschaulicht die Nöte der Südstaatenarmee in den letzten zwei Jahren des Bürgerkrieges besser als die Tatsache, daß die in die amerikanische Geschichte eingegangene Schlacht von Gettysburg als eine »Schuh-Suchaktion« begann, als nämlich Soldaten der Südstaaten sich aufmachten, nach herrenlosen Schuhen zu suchen. Nach dem ersten Geplänkel auf unterster Ebene verstärkten beide Seiten ihre Truppen in diesem Abschnitt Zug um Zug, bis die Eskalation zu einer der blutigsten und erbittersten Schlachten des ganzen Bürgerkrieges führte. Der hier abgebildete »Johnny Reb« — Spitzname der Südstaatler — betrachtet voller Sorge die gespaltene Holzsohle seines »Ersatzschuhs«. In Ermangelung von Ledersohlen waren Schuhe mit Holzsohlen bei den Südstaatlern mittlerweile nämlich gang und gäbe geworden.
Seine walnußgrau *(»butternut«)* gefärbte Jacke und Hose sind selbst gefärbt. In der Endphase des Bürgerkrieges waren in den Reihen der Südstaatler jeder nur erdenkliche Uniformschnitt und als Uniformfarbe sämtliche Grau- oder Brauntöne anzutreffen gewesen. Seine Ausrüstung besteht im wesentlichen nur aus einem einfachen Koppel, einer Patronentasche und Tasche für die Zündhütchen und einer zu einem Hufeisen zusammengerollten Decke, die in eine von einem Yankee erbeutete »gummierte Plane« *(»gum blanket«)* eingewickelt ist. Diese *»gum blanket«* aus gummiertem Musselin hatte in der Mitte einen Schlitz und konnte als Regenumhang benutzt werden. Als Kopfbedeckung trug man Schlapphüte jeder Form und Farbe. Daß die Ausrüstung so uneinheitlich war, war nicht nur auf die Knappheit zurückzuführen, sondern auch Folge der sehr individuellen Vorstellungen des einzelnen Soldaten. Es kam sehr häufig vor, daß die Soldaten mit Ausnahme der allerwichtigsten Ausrüstungsgegenstände alle übrigen einfach wegwarfen, selbst auf die Gefahr hin, sie später womöglich zu vermissen. Doch waren sie bereit, lieber dieses Risiko in Kauf zu nehmen, als sich mit etwas abzuschleppen, das sie möglicherweise nie benötigen würden. Diese Marotte ging gelegentlich so weit, daß selbst Feldflaschen und Patronentaschen weggeworfen wurden. Die Soldaten waren nämlich der Meinung, daß ein guter Zinnbecher einer Feldflasche jederzeit vorzuziehen sei, da man ihn nicht nur zum Trinken, sondern auch zum Kochen benutzen könne, und daß die Munition in der Hosentasche besser aufgehoben sei als in der Patronentasche. Falls sie jemals Mäntel erhalten hatten, wurden diese im Sommer ebenfalls weggeworfen in der gläubigen Annahme, daß sie bei Schlechtwetter schon irgend einen Ersatz finden würden. Obwohl ein hervorragender Kämpfer, war der Südstaatler ein leichtsinniger und sorgloser Soldat.

56
58
14
59
57
60

61
62
63
64
65

6. *Die Jahre des Vertrauens*

Nach Abschluß der Friedensverhandlungen zwischen General Robert E. Lee der Südstaaten und General Ulysses S. Grant der Nordstaaten bei Appomattox am 9. April 1865, die das Ende des Bürgerkrieges brachten, besaßen die USA eine hervorragende Armee, die sich hinter keiner anderen Armee der Welt zu verstecken brauchte. Die rasche Entlassung der Zeitsoldaten reduzierte zwar die Stärke der amerikanischen Armee in knapp über einem Jahr auf 57 000 Mann, doch es war immer noch eine außerordentlich kampfstarke Armee, die es mit jeder erstklassigen europäischen Armee hätte aufnehmen können, falls es notwendig geworden wäre. Doch Sheridans Säbelgerassel in Texas hatte seinen Zweck voll erfüllt, und Frankreich, das sich in Mexiko auf ein politisches Abenteuer eingelassen hatte, zog es vor, sich bei erster sich bietender Gelegenheit elegant aus der Affäre zu ziehen, ohne das Gesicht zu verlieren. Nun hatte die US Army sich nur noch mit zwei Gegnern auseinanderzusetzen, und mit beiden war nicht gut Kirschen essen: mit den Indianern und dem Verwaltungsapparat in Washington.

Der zweite dieser beiden Gegner erwies sich als der weitaus schlimmere. Der Krieg war gewonnen und die Nation ermüdet und begierig, sich an den Wiederaufbau zu machen. Da der Unterhalt von Armeen bekanntlich nicht billig ist, ging man auch hier daran, die US Army nunmehr entsprechend zu verkleinern. 1869 wurde das stehende Heer auf 39 000 Mann verringert, und 1873, nach weiteren vier Besatzungsjahren in den Südstaaten und ständigen Unruhen an den Grenzen, nochmals auf 25 000 Mann. Und von dieser relativ kleinen Armee wurde erwartet, daß sie den Regierungserlassen Geltung verschaffte, Sicherungsaufgaben übernahm in Gebieten, in denen das Gesetz noch nicht einmal dem Namen nach bekannt war, den vom Bundesamt für Indianerangelegenheiten angerichteten fast irreparablen Schaden wiedergutmachte (und dies mit unzulänglichen Mitteln), daß sie die Grenzen dieser Republik bewachte, und zwar von Kanada bis

In den ersten Jahren des 20. Jahrhunderts erreichte der im Bild 73 beschriebene khakifarbene Tropen-Dienstanzug schließlich doch noch die Truppe. Dieser Angehörige des US Marine Corps, hier nach dem Boxeraufstand in China stationiert, trägt eine solche Uniform. Auf dieser Photographie kommt gut zum Ausdruck, wie gefällig und modern diese Uniform selbst nach heutigen Begriffen noch wirkt. Man beachte das »Krag-Jorgensen«-Magazingewehr, das Koppel und die Patronentaschen aus festem Textilgewebe *(»webbing-equipment«)*, Mod. 1902, sowie das Waffenabzeichen des US Marine Corps auf dem Feldhut.

Ein Reiter des 1. US-Kavallerieregiments in Felduniform, aufgenommen in den 1890er Jahren. Es ist erstaunlich, wie wenig er sich von seinen Vorgängern aus der Zeit General Custers unterscheidet. Der Schlapphut, der etwas salopp geschnittene Uniformrock *(»sack-coat«)*, die Hosen aus Kersey-Stoff, die hohen Stulpenstiefel, das Halstuch – alles wie zur Zeit der Indianerkriege. Allerdings hat das Lederkoppel mit dem Kavalleriesäbel und der überlangen Pistolentasche für den *»cap-and-ball«*-Revolver inzwischen dem Koppel aus Textilgewebe und dem »Colt«-Revolver, Modell *»Peacemaker«* (»Friedensstifter«), weichen müssen.
US Signal Corps

an den Rio Grande, von den Ufern des Missouri bis an die Küste des Pazifik — und all dies in einer Zeit, als der Menschenzug nach Westen seinen absoluten Höhepunkt erreicht hatte.

Die endgültige Auseinandersetzung zwischen dem roten und weißen Mann stand kurz bevor. Und als es galt, dieses Hindernis irgendwie aus dem Weg der unaufhaltsam westwärts drängenden Massen zu räumen, war es die US Army, die damit beauftragt wurde. Die Schande, die Amerika wegen der Ausrottung der Indianer auf sich geladen hat, ist allgemein bekannt. Weniger bekannt hingegen dürfte sein, daß es nicht so sehr die Armee war, die sich Vorwürfe zu machen hatte, als vielmehr die Initiatoren in den Regierungsämtern. Nicht, daß es nicht solch beschämende Zwischenfälle gegeben hätte wie das Massaker am Sand Creek. Dem könnte man entgegenhalten, daß diese Zwischenfälle durch die an weißen Männern, Frauen und gelegentlich auch an Kindern begangenen Greueltaten der Indianer mehr als ausgeglichen wurden. Diejenigen, die sich in jener Zeit von dieser Schande am stärksten hätten betroffen fühlen müssen, waren das Bundesamt für Indianerangelegenheiten, gleichgültige und zynische Politiker und die Vertreter rücksichtsloser Interessengruppen der Wirtschaft.

Die Armee jener Tage, die als die einzige wirkliche Macht im Staat die ganze Last dieser undankbaren Feldzüge tragen mußte, hatte mit dem später von Hollywood geprägten Bild jener Armee nur wenig gemein. Um an der Westgrenze ein Gebiet von fast 2 Millionen Quadratkilometern zu bewachen, waren zu keiner Zeit mehr als 15 000 Mann verfügbar. Es kam also ein einziger Soldat auf 80 Quadratkilometer! Das Erstaunlichste aber war, daß es dieser Streitmacht trotz der Vielzahl und Widerwärtigkeit der Aufgaben gelang, die hohe Moral und Kampfkraft zu bewahren. Zwar war die Truppe zynisch, verbittert und frustriert. Aber aus genau dieser Frustration schöpfte sie den Geist, der sie durchhalten ließ. Die Hoffnung auf Verständnis in Washington und Unterstützung hatte sie längst aufgegeben. Sie war stolz darauf, unabhängig zu sein.

Am Ende des Bürgerkrieges besaß die Armee ganze sechs Kavallerieregimenter. Da selbst die Bundesregierung in Washington es mittlerweile eingesehen hatte, daß die riesigen Entfernungen im Südwesten nur durch berittene Truppen bewältigt werden konnten, wurde diese Zahl gegen Ende des Jahres 1866 auf zehn erhöht. Das *9th* und *10th US Cavalry Regiment* setzte sich mit Ausnahme der weißen Offiziere nur aus Negern zusammen, den berühmten *»Buffalo Soldiers«*, den »Büffel-Soldaten«. Diesen Spitznamen hatten sie von den Indianern erhalten, da ihr Krauskopf sie an den kraushaarigen Schädel der Büffel erinnerte. Gegen 1870 hatte der Aktionsbereich der Regimenter bereits feste Form angenommen: das *1st, 3rd* und *8th Cavalry Regiment* lag in Nevada, Arizona und New Mexico, das *2nd* und *5th Cavalry Regiment* in Nebraska, Wyoming und Montana, das *7th Cavalry Regiment* in Kansas und das *4th, 6th, 9th* und *10th Cavalry Regiment* in Texas.

Das Format der Offiziere war in der gesamten Armee von Verband zu Verband höchst unterschiedlich. Es gab engagierte und sehr befähigte Offiziere, die ihre undankbare Aufgabe mit so viel Phantasie und Menschlichkeit ausführten, wie es die Verhältnisse zuließen. Andererseits gab es aber auch genügend eingebildete Wichtigtuer, die so sehr mit ihrer Karriere beschäftigt waren, daß sie für ihre Soldaten kaum Zeit fanden. Für beide Offizierstypen gab es in den weit verstreuten Außenposten jedoch genügend zu tun. Für einen Offizier in einem im Grenzgebiet stationierten Regiment waren die Aussichten auf Beförderung und berufliches Weiterkommen außerordentlich gering. Dazu war die Armee zu klein und die Konkurrenz zu groß. Verschlimmert wurde diese Situation noch durch jene Offiziere, die während des Bürgerkrieges schon in sehr jungem Alter hohe Kommandoposten erhalten hatten, nach Kriegsende aber zurückgestuft worden waren. Es fällt schwer sich damit abzufinden, nur noch als Hauptmann in einem lediglich aus einer einzigen Kompanie bestehenden gottverlassenen Außenposten Dienst tun zu müssen, tausende von Kilometern von der Zivilisation entfernt, in ständigem Schlagabtausch mit ein paar hundert schwer zu fassenden Indianern, wenn man vorher Brigadegeneral und Mittelpunkt bedeutender Schlachten gewesen war. Vielen gelang diese Umstellung nicht. Einige von ihnen, in dem Bestreben, sich einen Namen zu machen, um auf einen nach ihrer Meinung ihnen zustehenden Posten zurückkehren zu können, machten militärische Fehler mit katastrophalen Folgen. George Armstrong Custer war ein solcher Mann.

Wie desinteressiert man in Washington an diesen engagierten Offizieren war — viele von ihnen schon grauhaarig, aber immer noch im Range

Ein Offizier — und auf welch einer Mähre! — des 9. US-Kavallerieregiments, aufgenommen im Jahre 1886 (der panchromatische Film verzerrt etwas die Farbwerte). Man beachte das übertrieben kleine und nach vorn geschobene *Képi*, das kaum noch Ähnlichkeit hat mit der Feldmütze *(»bummer's cap«)* aus der Zeit des amerikanischen Bürgerkrieges.

Tschako eines Infanterieoffiziers aus den Jahren zwischen 1872 und 1881. 1875 änderte sich das Waffenabzeichen der Infanterie vom Signalhorn in zwei gekreuzte Gewehre (hier unterhalb der Regimentsnummer angebracht und aus Golddraht gefertigt). Aus der Sammlung von *Gerald H. Miller*

Helm eines US-Infanterieoffiziers, Mod. 1881. Aus der Sammlung von *Gerald H. Miller*

eines Leutnants oder Hauptmanns —, kann daraus ersehen werden, daß sich 1876, also im Jahr der berühmten Schlacht zwischen den Sioux und General Custers Truppen am Little Big Horn, der vierundfünfzigste Kongreß der USA vertagte, ohne den Haushaltsplan für das kommende Jahr verabschiedet zu haben. Dies hatte zur Folge, daß die US Army bis November 1877 auf ihren Sold warten mußte. Die Auswirkungen auf die einfachen Soldaten waren nicht so gravierend, da sie kostenlos verpflegt wurden. Für die Offiziere jedoch, die für ihre Beköstigung selbst aufkommen mußten, waren es bittere Monate. Die Art, wie die Stäbe im Kriegsministerium die wichtigsten nationalen Projekte angingen, zeugte von einer derartig erschreckend geringen Befähigung und negativen Einstellung, daß es einem gesund empfindenden Offizier schwindelig werden konnte.

Die Armee, Leidtragende dieser Mißstände, war hart, genügsam und tüchtig. In den Reihen der Soldaten befanden sich neben ehemaligen Angehörigen der regulären Armee, die mittlerweile fast sämtlich Unteroffiziersdienstgrade erreicht hatten und für die strenge Zucht in der Armee maßgeblich verantwortlich waren, erst kürzlich in Amerika eingetroffene Emigranten, die kaum ein Wort englisch sprachen, abgehalfterte Ex-Südstaatler, Vagabunden, Trunkenbolde und andere verkrachte Existenzen. Die Dienstverpflichtung lautete in der Regel für fünf Jahre, mit einem Monatssold von 16.00 Dollar — der 1872 auf 13.00 Dollar *reduziert* wurde! Ein Kompanieoffizier, möglicherweise ein hochdekorierter Veteran des Bürgerkrieges und einst Kommandeur eines 3000-köpfigen Verbandes, schob nun seinen Dienst im Wilden Westen, mit einem Monatssold von 125.00 Dollar, von dem er nicht nur seine Familie unterhalten, sondern auch seine Uniform, Waffen, Pferde und das dazugehörige Zaumzeug kaufen mußte!

Die Ausbildung der Soldaten war nicht sehr umfangreich, da von ihnen erwartet wurde, daß sie das Nötige — nämlich Reiten und Schießen — schon im Einsatz lernen würden. Die Munition war mitunter so rationiert, daß einem Soldaten zum Übungsschießen pro Jahr oft nicht mehr als ein Dutzend Schuß zur Verfügung standen. Die Eintönigkeit der Verpflegung war kaum noch zu überbieten: gepökeltes Rind- oder Schweinefleisch, getrockneter Fisch, Bohnen, Reis, Schiffszwieback und der entsetzliche Armee-Kaffee, dem

Ein Druck aus den 1880er Jahren von Offizieren und einem Soldaten im Winterfeldanzug. Die Offiziersmäntel (einer davon mit einem Umhang) sind vorn reichlich mit schwarzen Seidenverschnürungen versehen und am Unterarm mit einem Flechtwerk aus schwarzer Litze verziert, wodurch sie etwas an die ähnlich geartete Verzierung auf den Uniformen früherer Südstaatenoffiziere erinnern. Die Abzeichen auf den Feldmützen geben sowohl Einheit als auch Waffengattung wieder. Der Offizier links trägt das Abzeichen für Stabstätigkeit, nämlich die Buchstaben »US« inmitten eines Kranzes. Der Kavallerist im Hintergrund trägt einen graublauen Mantel, dessen Umhang bis zu den Handgelenken hinunterreicht und bei den berittenen Verbänden seit dem Bürgerkrieg verwendet wurde.
US National Archives

Ein Gruppe Negersoldaten des 25. US-Infanterieregiments, auch *»Carpenter's Brunettes«* genannt, aufgenommen in ihrer Paradeuniform in den 1880er Jahren. Man beachte die weißen Kragen, Schulterklappen, Hosenbiesen und Winkel sowie die weiße Uniformpaspelierung, ferner die Pickelhauben Mod. 1881. Die zwei Soldaten links mit den weißen Verschnürungen sind Angehörige des Musikzuges.
US Signal Corps

Mützenabzeichen für den Tschako und die Feldmütze *(Képi)* der Unteroffiziere und Mannschaften, 1872er bis 1890er Jahre. In der Mitte der US-Adler und das Signalhorn, beides Mützenabzeichen des Infanterietschakos, die von 1872 bis 1875 Verwendung fanden. 1875 wurde das Signalhorn dann von den gekreuzten Gewehren abgelöst (links unten). Das Signalhorn (rechts unten) wurde jedoch für Militärmusiker beibehalten. Oben links und oben rechts die Mützenabzeichen der Kavallerie beziehungsweise Artillerie.
David Scheinemann

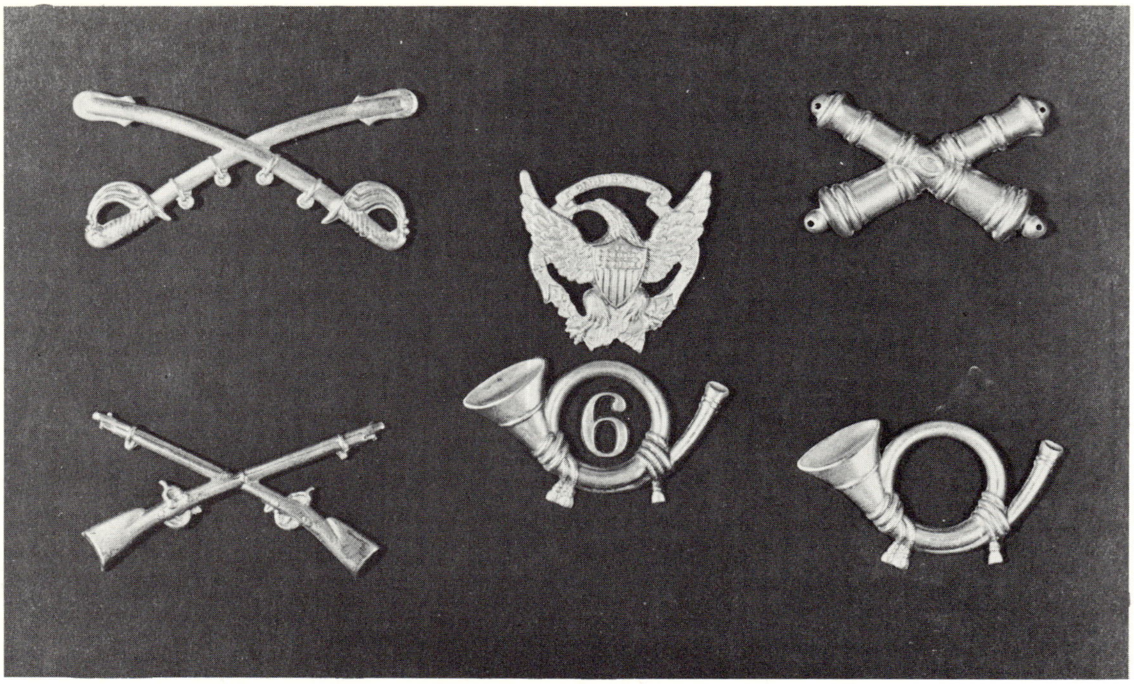

nachgesagt wurde, daß er imstande wäre, auf einer runden Kanonenkugel einen Bart sprießen zu lassen. Gelegentlich wurde diese Speisefolge durch Gemüse unterbrochen, das auf dem Außenposten gezogen wurde. Gewöhnlich aber war der Boden viel zu trocken, um etwas Nahrhaftes auf ihm anzubauen. Mit Ausnahme der Offiziersehefrauen und einiger Waschfrauen sahen die Soldaten oft jahrelang kein weibliches Wesen. Die Disziplin war streng; Abwechslungsmöglichkeiten, mit Ausnahme des üblichen kräftigen Alkoholzuspruchs, praktisch nicht vorhanden; Krankheiten an der Tagesordnung, obwohl alles getan wurde, die hygienischen Verhältnisse zu verbessern. Der Dienst verlangte von den Soldaten tagelange Ritte unter glühender Sonne, monatelange Patrouillen oder Eskorten in unwirtlichen Gegenden, und dabei stets in Gefahr, von einem gerissenen, gleichzeitig aber auch tapferen, stets aber unbeschreiblich grausamen Gegner überfallen zu werden. Vom Indianer wird allgemein behauptet, er sei der beste Reiter gewesen, den die Welt je hervorgebracht habe. Von Geburt an durch die harten Lebensbedingungen gestählt, ein Meister der Tarnung und des Hinterhalts, imstande, zu Fuß oder auf dem Pferderücken unglaubliche Entfernungen zurückzulegen, war der Indianer durchaus in der Lage, sich und sein Pferd in einer Gegend am Leben — und kampfbereit — zu erhalten, in der ein Weißer keinerlei Überlebenschancen gehabt hätte. Die Fahnenflucht zehrte ständig an der Substanz der Truppe. Einer Mitteilung der US-Bundesregierung zufolge soll in den Jahren von 1867 bis 1891 ein Drittel aller Soldaten desertiert sein.

Bis zu dem traurigen Vorfall bei Wounded Knee in South Dakota Ende 1890 hatte diese Armee seit 1865 mehr als 900 verschiedene Gefechte ausgetragen. Berücksichtigt man die Bedingungen, unter denen sie existieren mußte, sind die von dieser Armee begangenen Fehler nicht weiter verwunderlich, ihre Leistungen aber um so imponierender.

Während also die Armee im Westen die ganze Last des »weißen Mannes« zu tragen hatte, befand sich die Nation, die es vorzog, sich dieser Last nicht erinnern zu müssen, auf bestem Wege zu einer Weltmacht. Der enorme Zustrom an Emigranten, die Fortschritte auf industriellem Gebiet, die wirtschaftliche Erschließung des gewaltigen amerikanischen Subkontinents, die riesigen Vermögen, die gemacht und wieder verloren wurden, nur um zehnfach wiedergewonnen zu werden — all dies waren Symptome einer vitalen, kraftvollen und ständig wachsenden Gesellschaft. Trotz des Entschlusses, sich von der Alten Welt zu distanzieren, die aber dennoch fortfuhr, das Leben in Amerika zu beeinflussen — und dies

Ein faszinierendes dokumentarisches Photo vom Zusammentreffen des Generals George Crook (zweiter von rechts) mit Geronimo, dem berühmten Häuptling der rebellierenden Chiricahua-Apachen mit Kopftuch in Bildmitte hockend). Das Photo wurde von C. S. Fly aufgenommen, einem unternehmerischen Photographen aus Tombstone/Arizona. Die Zusammenkunft fand am 25. März 1886 im Canon de los Embudos, Sonora, statt. Man beachte die Vielzahl der verschiedenen Uniformen auf seiten der Weißen einschließlich des merkwürdigen Tropenhelms von General Crook. In Bildmitte ist unter den sitzenden Personen ein Indianerkundschafter zu sehen, der eine Armee-Uniformjacke mit den Winkeln eines Sergeant Major (Stabsfeldwebel) trägt. Im Hintergrund eine Gruppe Apachekrieger in ihrer traditionellen Bekleidung.
Radio Times Hulton Picture Library

eigentlich bis 1942 tat —, war es unausweichlich, daß dieses aufstrebende Land sich irgendwann einmal aus dem Bann Europas und gewisser schädigender Einflüsse befreien würde. Als es schließlich zum Bruch kam, hatte der einfache Soldat aufgehört, nur eine Schachfigur im Spiel der Offiziere und profitgieriger Geschäftemacher zu sein. Dank dafür schuldete er nicht zuletzt der stets neugierigen Presse des Landes, die dafür sorgte, daß die Bevölkerung über die Mißstände unterrichtet wurde. Vielen der Veteranen der Indianerkriege muß dies eine späte Genugtuung gewesen sein.

Der spanisch-amerikanische Krieg war eine jener Auseinandersetzungen, für die es eigentlich keinen Grund gegeben hatte. Und dennoch hatte er stattgefunden, nur weil die Zeit für ihn reif gewesen war. Berauscht vom wiedergewonnenen Nationalbewußtsein und der neuen Stärke der Nation, im Bann eines chauvinistischen Geistes und getragen von dem Wunsch, die neue Kraft einmal auszuprobieren, wurden 1898 die Rekrutierungsbüros von den Freiwilligen buchstäblich gestürmt, als es hieß, die 30 000 Mann regulärer Truppen zu verstärken. Innerhalb weniger Monate eilten 200 000 Mann zu den Fahnen. Die Kompaniestärken wurden angehoben, den Regimentern ein drittes Bataillon zugewiesen, und noch immer strömten die Wehrwilligen herbei. Mit diesen Menschenmassen wäre auch ein gut eingespielter Militärapparat nicht so ohne weiters fertig geworden. Die amerikanischen Transport-, Versorgungs- und Verwaltungszweige jedenfalls brachen zusammen, noch bevor der Krieg überhaupt begonnen hatte.

Mit dem Begriff »Streitkräfte der Vereinigten Staaten von Amerika« verbindet man heute gewöhnlich eine Unzahl von Kampf- und Unterstützungseinheiten, eine großzügige und sorgfältig durchdachte Ausrüstung, ein reibungslos funktionierendes Transportsystem und einen beneidenswerten Betreuungsapparat, der dem Soldaten an der Front alle nur erdenklichen Annehmlichkeiten bietet. Tatsächlich wurde schon sehr häufig der Vorwurf erhoben, die sehr intensive Betreuung des amerikanischen Soldaten und die ihm entgegengebrachte Fürsorge würden ihn nur »verweichlichen«. Es ist merkwürdig, daß Amerika um die Jahrhundertwende gerade auf diesen hier erwähnten Gebieten am rückständigsten war. Im Vergleich zu dem an der Südwestgrenze Kanadas dienenden britischen »Tommy« wurde der amerikanische Soldat in Kuba geradezu menschenunwürdig behandelt. Der Transport der Truppen von Tampa in Florida nach Kuba lag in der Hand ziviler Transportunternehmen. Die Habgier dieser sogenannten »Patrioten« wurde nur noch vom Schmutz und der Untauglichkeit ihrer

Eine außergewöhnliche Sammlung von Abzeichen der US Army. Die Abzeichen der oberen zwei Reihen stammen aus der Zeit des amerikanischen Bürgerkrieges, alle übrigen aus der Zeit unmittelbar danach.

1. Infanterie-Koppelschloß mit den Buchstaben »US«.
2. Mützenabzeichen der Miliz oder von Militärmusikern. Wurde auf Tschakos getragen, die aus Frankreich importiert worden waren.
3. Infanterie-Patronentaschenabzeichen.
4. Hutnadel mit Adlermotiv für den sogenannten »Kossuth«-Hut.
5. Abzeichen auf Patronentaschenbandelieren.
6. Patronentaschenabzeichen der Nationalgarde.
7. Abzeichen auf Lederbandelieren von Unteroffizieren.
8. Mützenabzeichen von Infanterieoffizieren.
9. Helmabzeichen eines Regiments aus New York, 1880er Jahre.
10. Helmabzeichen des Stabskorps, 1881.
11. Helmabzeichen eines Kavallerieregiments aus New York, 1880er Jahre.
12. Koppelschloß eines einfachen Soldaten, 1874.
13. Helmabzeichen der Kavallerie, 1881.
14. Abzeichen von Militärmusikern. Wurde auf der schildförmigen Fläche des Mützenabzeichens mit dem Adlermotiv angebracht.
15. Helmabzeichen der Artillerie, 1881.
16. Koppelschloß des »Anson-Mills«-Patronengürtels aus festem Textilgewebe *(»webbing«)*. Wurde in diesem speziellen Fall von einem Regiment aus New York getragen, 1881.
17. Koppelschloß eines Regiments der Nationalgarde, 1880er Jahre.
18. Helmabzeichen der Infanterie, 1881.
19. Bandelierabzeichen. *71st National Guard Regiment* (71. US-Nationalgarde-Regiment) des US-Bundesstaates New York, 1880er Jahre.

David Scheinemann

Schiffsfahrzeuge überboten. Die Soldaten stolperten planlos durch das Gelände, Opfer unfähiger Stäbe. Da es mit den sanitären Verhältnissen nicht zum besten bestellt war, dauerte es nicht lange, bis in diesem ungesunden Klima die Krankheiten wie ein Buschfeuer in den Reihen der Armee wüteten. Das Wasser war häufig ungenießbar. Da die Soldaten jedoch nicht auf die Gefahren beim Genuß dieses Wassers hingewiesen wurden und auch keine Vorkehrungen getroffen worden waren, sie mit genießbarem Wasser zu versorgen, waren Ruhr, Cholera, Typhus, Malaria und das Gelbe Fieber an der Tagesordnung.

Nicht besser war es mit der Verpflegung dieser aus jungen Leuten zusammengesetzten »Bürgerwehr« bestellt. In der Regel gab es nur Pökelfleisch, Schiffszwieback und Büchsenfleisch, und dies in einem Dschungelfeldzug unter tropischen Bedingungen. Dieses sogenannte Büchsen»fleisch« stammte von Schlachtabfällen und schmeckte genau so, wie es aussah. Aus Gründen der Ästhetik hat sich der Verfasser dieses Buches entschieden, dem Leser eine nähere Beschreibung dieses »Fleisches« zu ersparen. Die Beschreibung war Inhalt eines Briefes, den einer der Soldaten nach Hause geschickt hatte.

Die Truppenführung war kaum besser als die Versorgung und Verpflegung. Trotzdem paßten die Soldaten sich diesen Verhältnissen ohne gro-

Koppelschloß des »Anson-Mills«-Patronengürtels des 7. US-Kavallerieregiments, 1881.
Hinton/Robson

Helm der Indianerkundschafter, 1890. Auf der schildförmigen Fläche des Helmabzeichens mit dem Adlermotiv die zwei gekreuzten Indianerpfeile, das besondere Kennungszeichen des Mützenabzeichens der Indianerkundschafter. Die Helmkordeln sind rot-weiß, ebenso der Haarschweif.
Aus der Sammlung von *Gerald H. Miller*

Eine Gruppe von Generälen und Stabsoffizieren der US Army in Paradeuniform zur Zeit des spanisch-amerikanischen Krieges.

ßes Murren an. Der berühmte Sturmangriff auf den San-Juan-Hügel, auf dem sich die stark befestigten spanischen Verteidigungsanlagen befanden, die den Hafen von Santiago de Cuba von Land her schützten, ist in die amerikanische Geschichte eingegangen. Ausgetragen wurde dieser Angriff von den *»Rough Riders«*, den »Rauhreitern« des unter Führung von Theodore Roosevelt stehenden *1st US Volunteer Cavalry Regiment,* dem *6th* und *16th Infantry Regiment* sowie dem *1st* und *10th regular Cavalry Regiment,* wobei sich das letztgenannte Regiment immer noch aus den »Büffel-Soldaten« zusammensetzte. Am 17. Juni, nur drei Monate nach Kriegsbeginn, kapitulierte Santiago de Cuba. Entgegengenommen wurde die Kapitulation von General Shafter, der sich wegen seiner außergewöhnlichen Korpulenz nur im einsitzigen Pferdewagen fortbewegen konnte. Das Pferd, das dieser Last gewachsen gewesen wäre, hätte erst noch gezüchtet werden müssen. Nachdem der Jubel verklungen war, die begeisterten Leitartikel zu den Neuigkeiten von gestern gehörten und der feierliche Empfang nur noch in der Erinnerung weiterlebte, setzte die Ernüchterung ein: 385 Soldaten waren gefallen und über 5000 ihren Wunden oder Krankheiten erlegen. Ein Kongreßausschuß wurde ins Leben gerufen, um die Ursachen dieser hohen Verluste zu ergründen. Der Kriegsminister wurde zum Rücktritt gezwungen und eine Kriegsakademie sowie der schon lange überfällige Generalstab gegründet. Der Versorgungs- und Sanitätsdienst wurde völlig reorganisiert, wie überhaupt die Lehren von Kuba in der gesamten Armee langsam ihre Früchte zu tragen begannen. Beispielsweise war dem Untersuchungsausschuß nicht entgangen,

Eine Gruppe von US-Infanteristen im Feldanzug, 1898. Man beachte die weißen Dienstgradabzeichen (Winkel) und Hosenbiesen. Die beiden Offiziere (mit gezogenem Degen) tragen den 1895 eingeführten dunkelblauen Uniformrock des kleinen Dienstanzuges, der mit schwarzem Mohairgeflecht besetzt ist. Die Degenscheide ist an einem Gürtel unterhalb des Uniformrocks befestigt. Die Soldaten tragen den salopp geschnittenen blauen Rock *(»sack-coat«)* und ihre volle Feldausrüstung einschließlich khakifarbener Drillichgamaschen. Offiziere wie Mannschaften tragen den khakifarbenen Feldhut und hellblaue Hosen. Bei den Gewehren handelt es sich um die neuen »Krag-Jorgensen«-Magazingewehre, Zollkaliber .30 (7,62 mm).

Rückansicht einer US-Infanteriegruppe bei der Landung auf Kuba. Man beachte den »Merriam«-Tornister mit Feldflasche und Trinkbecher.

daß die *US Marines,* die US-Marineinfanteristen, die während des Feldzuges bei Guantanamo auf Kuba eingesetzt gewesen waren, bei weitem nicht so hohe Ausfälle durch Krankheiten und durch das Versagen der Nachschubversorgung gehabt hatten wie die übrige Armee. Die meisten ihrer Offiziere hatten mit Tropenfeldzügen schon einige Erfahrungen gehabt und die Fürsorge ihrer Soldaten als eine ihrer vornehmsten Aufgaben betrachtet. Gleichgültigkeit auf oberer Ebene und Unwissenheit auf unterer Ebene sollten künftig nicht mehr toleriert werden.

Zwischen 1899 und 1901 fand auf den Philippinen ein Feldzug statt, eine von Anbeginn ziemlich obskure Angelegenheit, die nicht nur viel Kraft kostete, sondern auch mit aller Brutalität ausgetragen wurde. Nachdem die Amerikaner auf den Philippinen gelandet waren, hatten die Eingeborenen die Gelegenheit ergriffen, sich gegen ihre spanischen Herren aufzulehnen. Es dauerte jedoch nicht allzu lange, bis sie feststellten, daß sie vom Regen in die Traufe geraten waren. Es war ein Feldzug, der von ermüdenden Dschungelpatrouillen, von geschickt angelegten Hinterhalten und blitzartigen Rückzügen und von blutigen Überfällen bei Nacht geprägt war. Unter den Offizieren, die sich bei diesem Feldzug besonders hervortaten, befand sich auch ein junger Hauptmann namens John J. Pershing, von dem noch zu hören sein wird.

Als dieser junge Offizier abermals die Aufmerksamkeit der Nation auf sich lenkte, hatte die US Army sich mittlerweile völlig verändert. Die Reformen, die nach dem skandalösen Kuba-Feldzug vorgenommen wurden, hatten bereits Früchte getragen.

Nach der Abdankung des mexikanischen Präsidenten Diaz im Jahre 1910 wurde dieses leidgeprüfte Land abermals von Revolutionskämpfen und dem Streit der Cliquen erschüttert. Anführer einer der einflußreichsten Gruppen war Pancho Villa, der alles Amerikanische glühend haßte. Was Wunder, daß man sich in Amerika Sorgen um das Leben seiner Staatsbürger und den ameri-

Amerikanische Infanterie im spanisch-amerikanischen Krieg in Hemdsärmeln (dienstlich angeordnet) in Stellung vor Manila/Kuba. So wie der Krimkrieg zu einer Verbesserung der Lebensbedingungen in der britischen Armee geführt hatte, so hatten auch die bösen Erfahrungen im spanisch-amerikanischen Krieg drastische Reformen in der US Army zur Folge.
Radio Times Hulton Picture Library

»Das Vergessene Fünfzehnte« *(»The Forgotten Fifteenth«)*, nämlich das »vergessene« 15. US-Infanterieregiment, das noch jahrelang nach dem Boxeraufstand in Tientsin/China stationiert war, obwohl die internationale Situation es gar nicht mehr erforderte. Die Soldaten dieses Regiments – hier auf einer Photographie aus dem Jahre 1910 – tragen immer noch die olivgrüne *(»olivdrab«)* Uniform Mod. 1902.

kanischen Besitz in Mexiko machte. Die Dinge wurden auf die Spitze getrieben, als Pancho Villa 1916 die Grenze überschritt und den Ort Columbus im US-Bundesstaat New Mexico überfiel. Auf der Hauptstraße des Städtchens entbrannte zwischen den mexikanischen Truppen und Soldaten des *13th US Cavalry Regiment* ein heißes Gefecht. Unter Führung des mittlerweile zum Brigadier-General beförderten John J. Pershing wurde umgehend eine Strafexpedition zusammengestellt. Mit der widerwilligen Zustimmung der legalen mexikanischen Regierung — aber ohne ihre Unterstützung — schlug Pershing sein Hauptquartier im mexikanischen Bundesstaat Chihuahua auf, von wo er sofort mehrere Kavallerieabteilungen losschickte, um Pancho Villas tot oder lebendig habhaft zu werden. Dies gelang ihm zwar nicht, doch konnte bei mehreren Gefechten mit den mexikanischen Guerillas die Überlegenheit der US Army eindeutig unter Beweis gestellt werden. Außerdem gelang es General Pershing, einen der wichtigsten Unterführer Pancho Villas in einem Gefecht zu töten. Eines dieser Scharmützel dauerte nur drei Sekunden und sah das Debüt eines jungen Leutnants des *8th US Cavalry Regiment* namens George S. Patton, der mit drei Schuß aus seiner Pistole drei *Villistas* erledigte. Seine Vorliebe für Pistolen sollte Patton — legendärer US-General im Zweiten Weltkrieg — zeitlebens beibehalten.

Bild 66: Sergeant-Major (Stabsfeldwebel) in Paradeuniform, 9. US-Kavallerieregiment (9th United States Cavalry), 1875

In der zweiten Hälfte des 19. Jahrhunderts spiegelte sich in den Uniformen der Armeen fast aller Staaten noch immer die verschwenderische Pracht der napoleonischen Heere wider, denen man durch eigene Ideen noch zusätzlich Farbe zu verleihen suchte. Es ist daher nicht weiter verwunderlich, daß auch die US Army eine Paradeuniform einführte, die prächtiger war als alle anderen zuvor. Zweifellos konnten einige Besonderheiten der 1872 eingeführten Uniform auf europäische Vorbilder zurückgeführt werden.
Der hier abgebildete Sergeant-Major trägt eine Paradeuniform, wie sie um 1875 üblich war. Typisch für die US-Kavallerie aus der Zeit der Indianerkriege war, daß sie im Garnisonsbetrieb allergrößten Wert auf Zucht und Ordnung legte, im Feld aber allen Dienstgraden gewisse Freiheiten gewährte. Der Federbusch und die Mützenkordel am schwarzen Filzhelm sind in der gelben Waffenfarbe der US-Kavallerie gehalten. Die anderen Waffengattungen trugen den gleichen Helm, nur mit einem Zierat in ihrer jeweiligen Waffenfarbe. Das goldene Mützenblech mit dem US-Emblem war bei allen berittenen Verbänden gleich. Alle Offiziere trugen goldfarbene Mützenkordeln, den Federbusch aber in ihrer jeweiligen Waffenfarbe. Der Sturmriemen war für alle Dienstgrade gleich, nämlich aus schwarzem Leder. Man beachte, daß die Mützenkordeln bis zur Brust hinunterreichen.
Auf dem dunkelblauen Uniformrock mit den kurzen Rockschößen wurden einfache Schulterklappen getragen nebst Kragenspiegeln mit der Regimentsnummer aus Messing. Schulterklappen wie Kragenspiegel waren aus gelbem Tuch. Dienstgradabzeichen (Winkel), »Dienstzeitverlängerungsstreifen« *(»hash marks«)*, Ärmelpatten wie Paspelierung sind sämtlich in der gelben Waffenfarbe der Kavallerie gehalten und wurden mit Ausnahme der Winkel auch von einfachen Soldaten getragen. Die zwei diagonalen »Streifen« auf dem Unterarm besagen, daß dieser Stabsfeldwebel sich zweimal weiterverpflichtet hat.
Unteroffiziersdienstgrade trugen auf ihrer Kavalleriehose aus hellblauem Kersey gelbe Biesen. Die Hose wurde über den mit Sporen versehenen schwarzen Stiefeln getragen. Die hier abgebildeten weißen Handschuhe (Mod. »Berlin«) wurden etwa ab 1885 durch weiße Stulpenhandschuhe ersetzt. Der Säbel mit Messingknauf steckt in einer silbernen Metallscheide und wird an einem schwarzen Lederkoppel getragen. Das Koppelschloß mit dem US-Adlermotiv stammt noch aus der Zeit des Bürgerkrieges. Obwohl per Verfügung aus dem Jahre 1872 durch ein rechteckiges Koppelschloß mit den Buchstaben »US« (in einem Oval) offiziell ersetzt, war das Koppelschloß mit dem Adlermotiv noch auf Jahre hinaus in der US-Armee in Gebrauch. Das Lederzeug der Offiziere war in Längsrichtung mit Goldfäden durchzogen.
Offiziere trugen einen schlichteren Uniformrock mit zwei Knopfreihen. Der Offiziersrock war weder paspeliert, noch hatte er Kragenspiegel, noch die Regimentsnummer am Kragen. An Stelle der Ärmelpatten trugen Offiziere am Unterarm Schleifen aus einem Goldgeflecht: Offiziere bis einschließlich Hauptmann zwei, höhere Dienstgrade drei Schleifen. Die ziemlich kunstvolle und reichliche Verzierung der Rockschöße von Mannschaft und Unteroffizieren war bei Offizieren weitaus bescheidener. An Stelle der einfachen Schulterklappen trugen Offiziere schwere, geflochtene, goldene Schulterstücke, auf denen die Dienstgradabzeichen und die Regimentsnummer angebracht waren.

Bild 67: Reiter (trooper) in Felduniform, 7. US-Kavallerieregiment (7th United States Cavalry), 1875

Zeitgenössisches Bildmaterial beweist, daß das von Hollywood geprägte Bild der US-Kavalleristen aus der Zeit der Indianerkriege schlichtweg falsch ist, insbesondere wenn sie im Einsatz gezeigt werden. Hinübergeretteten Photographien und Ausrüstungsgegenständen nach mußte ein US-Kavallerietrupp im Grenzdienst damals ein ziemlich buntes Bild abgegeben haben. Sowohl Offizieren als auch der Mannschaft wurden nämlich im Einsatz in bezug auf ihre Uniformen große Freiheiten eingeräumt, wovon sie offensichtlich auch reichlich Gebrauch machten.
Verglichen mit der damaligen Wirklichkeit sieht der hier abgebildete Reiter vom 7. US-Kavallerieregiment General Custers ausgesprochen adrett und vorschriftsmäßig aus. In einer Zeit, wo in

Zivilgeschäften gekaufte Hemden, Hüte, Halstücher und Waffen an der Tagesordnung waren, beschränkt sich die Privatgarderobe dieses Reiters nur auf ein Halstuch. Übrigens waren die Halstücher fast ausnahmslos Privatbesitz und hatten jede nur erdenkliche Farbe. Der etwas formlose schwarze Schlapphut, dessen Farbe sich hier durch Wettereinflüsse inzwischen zu einem neutralen Dunkelgrau gewandelt hat, gehörte zur Feldausrüstung und war 1872 eingeführt worden. Da die etwas spaßige Kreation nicht wasserfest war, wurde der Hut mit Hake und Ösen ausgestattet, um die Krempe nach Art der Zweispitze in Position zu halten. Bei einem kräftigen Regenguß wäre die lappige Krempe sonst über die Augen und Ohren des Trägers gefallen. Photographien von Offizieren des 7. US-Kavallerieregiments im Einsatz in Dakota zeigen, daß fast jedermann diesen Hut anders trug. Es ist daher auch nicht verwunderlich, daß die meisten Soldaten privat gekaufte Schlapphüte, Strohhüte oder Feldmützen diesem verunglückten Hutmodell vorzogen.
Bei dem Uniformrock handelt es sich um die »sackähnliche« Jacke mit fünf Knöpfen, Mod. 1874. Mitunter wurden auch einige Exemplare mit gelber Paspelierung um den Kragen und die Ärmelaufschläge ausgegeben, die aber in den 1880er Jahren wieder von der Bildfläche verschwanden. Die Hemden waren grau und mußten über den Kopf gezogen werden (sofern überhaupt Armeehemden getragen wurden). In kleiner Stückzahl waren aber auch blaue Hemden ausgegeben worden. Die hellblauen Kersey-Hosen der Unteroffiziere hatten gelbe Biesen und waren im Schritt drillichverstärkt. Die hohen Stiefel mit Sporen waren für diese Periode typisch.
Am Koppel, das hier noch mit dem Koppelschloß alter Art zusammengehalten wird, trägt dieser Reiter eine Pistolentasche für seinen Colt- »cap and ball« -Revolver (Kaliber .44 = 11,2 mm) und eine Patronentasche für die Patronen und Zündhütchen. Rückwärts am Koppel ist eine große Ledertasche angebracht, die wohl ursprünglich zur Aufnahme von Perkussionsmunition gedacht war, doch jetzt zur Unterbringung der Metallpatronen für seinen einschüssigen »Springfield«-Karabiner (Kaliber .50 = 12,7 mm) dient. Beim Tragen wurde der Karabiner an den Karabinerhaken des um die Schulter geschlungenen breiten Lederbandeliers befestigt. Sehr häufig wurde die Karabinermunition auch in selbstgemachten oder privat gekauften Patronengürteln mitgeführt. Bei Patrouillen oder Eskorten wurde der Säbel gewöhnlich beim Troß gelassen.

Bild 68: Hauptmann in Felduniform, US-Kavallerie, 1870er Jahre

Dieser Offizier trägt an Stelle des allgemein verhaßten Schlapphuts die Feldmütze, deren Vorderfront zwei gekreuzte Säbel und die Regimentsnummer schmücken. Der goldfarbene Sturmriemen an der Offiziersmütze wurde erst in den 1880er Jahren eingeführt.
Hemden der hier abgebildeten Art waren bei den Offizieren damals außerordentlich beliebt. Man kaufte sie in Zivilläden und dem persönlichen Geschmack entsprechend. Sie hatten vorn einen Brustlatz — auch Plastron genannt — und kunstvolle gelbe Paspelierungen auf Kragen und Brust. Mit militärischen Hemden hatten sie nur sehr wenig gemein. Gewöhnlich trug man dazu eine schwarze Krawatte. Bei dem Uniformrock handelt es sich um die Offiziersjacke des kleinen Dienstanzuges, die an Ärmeln, Brust und Kragen mit schwarzen Seidenverschnürungen besetzt ist. Sämtliche Offiziere trugen die gleichen Verschnürungen. Die Dienstgradabzeichen *(»boxes«)* auf den Schultern bestehen aus rechteckigen Stoffunterlagen in der gelben Waffenfarbe der Kavallerie, die von schwerer Goldlitze eingerahmt sind und im Innenfeld die zwei Balken eines Hauptmannes aufweisen.
Die Hose, mit etwa 4 cm breiten gelben Biesen, wie sie Offizieren zustanden, steckt in privat gekauften Stiefeln. Das sogenannte »Fleischermesser«, hier in einer Lederscheide, war weitverbreitet. Zum Teil waren die Lederscheiden kunstvoll mit indianischem Zierat oder Messingnägeln verziert.

Bild 69: Indianischer US Army-Kundschafter vom Stamme der Apachen, 1880er Jahre

Indianische Kundschafter waren von den Weißen schon seit den ersten Tagen der Besiedlung Amerikas eingesetzt worden, doch erst 1886 wurde dieser Brauch vom US-Kongreß offiziell sanktioniert. Zur Zeit der Indianerkriege dienten zahlreiche Indianer in der US-Kavallerie. Im allgemeinen betrachtete der Indianer die Kämpfe zwischen Weißen und Indianern nicht als einen Krieg zwischen zwei Rassen, sondern als bloße Stammesauseinandersetzungen. Solange nicht sein eigener Stamm mitbetroffen war, fühlte er sich frei, auf dieser oder jener Seite mitzumachen. Kämpfte er auf der Seite der Weißen, brachte er neben seiner Tapferkeit, Zähigkeit und außerordentlichen Geschicklichkeit im Kampf auch noch seine Fähigkeit mit, die Waffen der Weißen gekonnt einzusetzen.

Gewöhnlich wurden die Kundschafter auf unterer Ebene rekrutiert, wodurch ihre Uniformierung auch Sache der jeweiligen Truppenkommandeure war. Oft genug erhielten sie aber auch keine Uniformen, so daß sie mit ihrer traditionellen Indianertracht vorliebnehmen mußten. Häufiger jedoch trugen sie eine Kombination aus Indianertracht und abgelegten Uniformstücken der Weißen. Gelegentlich wurden sie auch mit der vollständigen Felduniform der Kavallerie ausgestattet, doch scheiterten alle Bemühungen, sie zum vorschriftsmäßigen Tragen der Uniform zu bewegen. Zeitgenössischen Beschreibungen zufolge waren keine zwei Kundschafter gleich gekleidet. Viele nahmen an einzelnen Uniformstücken Änderungen vor, um sie ihrem Bequemlichkeitsempfinden anzupassen. So entfernten sie beispielsweise mit Vorliebe den Hosenboden ihrer Uniformhose. Die »Uniform« des hier abgebildeten Apachen-Kundschafters kann als typisch bezeichnet werden.

Dem Stirnband der Apachen fügten viele Kundschafter noch den Schlapphut der US-Armee hinzu, den sie nicht selten mit dem Kavallerieabzeichen, den gekreuzten Säbeln, dekorierten. Über einem abgelegten Zivilhemd trägt dieser Kundschafter einen Uniformrock, der offenbar aus einem Gehrock aus der Zeit des amerikanischen Bürgerkrieges angefertigt wurde. Die an die Indianerkundschafter ausgegebenen Bekleidungsstücke entstammten sehr häufig unmodern gewordenen Uniformposten. Als dem Anführer einer Kundschaftergruppe eines Kavallerietrupps wurden diesem Apachen die Korporalswinkel als Zeichen seines Status verliehen. Zweifellos war er auf diese Autoritätsmerkmale stolz, doch um seiner Führungsrolle gerecht zu werden, bedurfte er nicht der Dienstgradabzeichen des weißen Mannes. Persönliche Stärke, Schlauheit und List waren die Kriterien, um von seiner Gruppe als Anführer anerkannt zu werden. Wie so viele anderen Indianerkundschafter hat auch dieser zugunsten der traditionellen indianischen Fuß- und Beinbekleidung auf eine Armeehose verzichtet (wenn er überhaupt eine erhalten haben sollte). Mokassins wurden in jedem Fall Armeestiefeln vorgezogen. Seine Bewaffnung besteht aus einem alten, mit Messingnägeln verzierten »Springfield«-Karabiner (Kaliber .50 = 12,7 mm). Die Patronen trägt er in Patronengürteln verstaut, die er um die Hüfte und Brust geschlungen hat. Abgerundet wird die Bewaffnung durch ein Messer, das griffbereit am Patronengürtel steckt.

Nach Beendigung der Indianerkämpfe wurden die Indianerkundschafter 1890 durch einen Generalbefehl fest in die US-Armee integriert. Die neuen *United States Scouts* — die US-Kundschafter —, die sich für jeweils sechs Monate verpflichten mußten, erhielten nunmehr auch eine eigene Feld- und Dienstuniform. Bezeichnenderweise war ihr Dienstanzug die farbenprächtigste Uniform der gesamten US Army und der auf Bild 66 sehr ähnlich. Nur war die gelbe Waffenfarbe der Kavallerie durch eine rot-weiße ersetzt worden. Es hätte keinen größeren Kontrast geben können als zwischen den Kundschaftern der 1890er Jahre, in ihren hohen Helmen mit einem rot-weißen Schweif aus Pferdehaar, mit Schulterklappen und Ärmelpatten, in rot-weiß gestreiften Kersey-Reithosen und der übrigen auf Hochglanz gebrachten Ausrüstung, und dem hier abgebildeten Apache-Späher. Die neue Felduniform schloß einen graubraunen Mantel mit spitzer Kapuze mit ein, der für Winterfeldzüge und für die Nachtwache gedacht war. An die Stelle der gekreuzten Kavalleriesäbel traten zwei aus Weißblech gefertigte gekreuzte Pfeile mit den Buchstaben »USS« *(United States Scouts)*.

Bild 70: Korporal (Corporal), US-Infanterie, 1880

1872 begann man in der gesamten US Army im Rahmen zahlloser Versuchsreihen neue Wege auf dem Uniformsektor zu suchen. Ein Versuch löste den anderen ab, eine Anzugordnung die andere. Die Verwirrung war nahezu vollständig, die Vielfalt der Uniformen kaum noch überschaubar.

Zur gleichen Zeit mit der Kavallerie (siehe Bild 66) und den anderen Waffengattungen erhielt auch die Infanterie einen neuen Dienstanzug. Er bestand aus dem hier gezeigten steifen Tschako,

einem Uniformrock, der dem des Stabsfeldwebels von Bild 66 sehr ähnelte, doch etwas längere Rockschöße hatte, und himmelblauen Hosen. Sowohl die Paspelierung des Tschakos als auch der Kragen, die Ärmelpatten und die Paspelierung des Rockes waren in der hellblauen Waffenfarbe der Infanterie gehalten. Auch die Dienstgradabzeichen waren hellblau. Die Biesen an den Hosen waren dunkelblau, obwohl sie korrekterweise hellblau hätten sein müssen. Doch hätten sie sich dann von der hellblauen Hose nicht abgehoben. Der Tschako der Mannschaften und Unteroffiziere hatte einen weißen Haarstutz, jener der Offiziere einen kleinen Federbusch aus weißen Hahnenfedern. Das Waffenabzeichen der Infanterie, das Signalhorn, wurde 1875 abgeschafft und durch zwei gekreuzte Gewehre ersetzt. Infanterieoffiziere trugen einen doppelreihigen Rock wie die Offiziere berittener Verbände, nur war ihrer etwas länger. Die Dienstgradabzeichen waren bei beiden gleich. Die Mütze des kleinen Dienstanzuges ähnelte dem *Képi* aus der Zeit des Bürgerkrieges, nur war der Mützendeckel etwas niedriger gehalten. Der Uniformrock des kleinen Dienstanzuges war dunkelblau und ziemlich weit geschnitten. Es war eine Vielzahl verschiedener Uniformröcke im Umlauf, einschließlich des hier gezeigten und eines weit geschnittenen mit senkrechten Falten.
1881 wurde der Tschako durch einen schwarzen Filzhelm ersetzt, der jenem stark ähnelte, den die Kavallerie und andere berittene Verbände schon seit 1872 trugen. Dieser neue Filzhelm, dessen Verzierungen in der jeweiligen Waffenfarbe gehalten waren, ersetzte nun auch den bis dahin in den berittenen Verbänden verwendeten Filzhelm älteren Modells. Unteroffiziere und Mannschaften trugen einen Helm mit einer pickelhaubenähnlichen Spitze. Offiziere trugen ursprünglich Federbüsche und Troddeln an ihrem Helm, legten diese aber 1884 zugunsten der »Helmspitze« ab. Im gleichen Jahr änderte sich die Waffenfarbe der Infanterie von Hellblau in Weiß. Die Winkel blieben in der jeweiligen Farbe der Rockaufschläge, mit schwarzen Steppstichen. Eine Ausnahme bildeten die Mäntel der Soldaten. Unteroffiziere der Infanterie trugen auf ihren Mänteln dunkelblaue Winkel. 1884 wurde für die gesamte Armee der Tropenhelm als Sommerkopfbedeckung eingeführt. In den fünf Jahren davor war es der Truppe gestattet gewesen, in extrem heißen Zonen Strohhüte und weiße Leinenhosen zu tragen. Im letzten Quartal dieses Jahrhunderts war im Feld die Kopfbedeckung aller Waffengattungen fast ausschließlich der Schlapphut gewesen.

Bild 71: Major (Major), US-Artillerie, 1895

Der hier abgebildete Offizier trägt den 1895 eingeführten Uniformrock des kleinen Dienstanzuges mit einer Einfassung aus Mohairgeflecht. Wurde dieser Rock im Feld getragen, trat an die Stelle der blauen schachtelähnlichen Mütze (*»pillbox-cap«* genannt) gewöhnlich ein Schlapphut.
An der Vorderseite der blauen Mütze das Mützenabzeichen, das das Nationalwappen zeigt. Sturmriemen und Knöpfe sind goldfarben. Auf dem Kragen angebracht das Nationalitätsabzeichen (die Buchstaben »US«) und das Abzeichen der Waffengattung, in diesem Fall bestehend aus den zwei gekreuzten Kanonenrohren der Artillerie. Oberhalb der Kanonenrohre steht die Batteriebezeichnung »F«, darunter die Regimentsnummer. Auf den Schulterklappen das goldene Eichenblatt, Dienstgradabzeichen eines Majors. Die schwarze Rockeinfassung verläuft auch um den V-förmigen Einschnitt an der linken Rockseite, der dafür vorgesehen ist, den Säbelknauf aufzunehmen (wenn ein Säbel getragen wurde). Dieser Offizier trägt lediglich das Ledergehänge für die Säbelscheide.

Bild 72: Soldat, US-Infanterie, 1898

Als der spanisch-amerikanische Krieg ausbrach, befand sich die US Army gerade in einer Übergangsphase, und entsprechend sahen auch die Uniformen der Truppe aus. 1898 wurde der khakifarbene Feldanzug eingeführt, der an die Stelle der blauen Montur mit hellblauen Hosen treten und mit einer khakifarbenen Feldmütze — eigentlich mehr ein Feldhut — und Drillichgamaschen getragen werden sollte. In der Folgezeit konnten im US-Expeditionskorps — bei regulären Soldaten wie bei Milizionären — die ausgefallendsten Kombinationen beider Uniformarten angetroffen werden. Von den Uniformteilen schienen lediglich der khakifarbene Feldhut und die Drillichgamaschen in ausreichender Stückzahl ausgegeben worden zu sein, denn sie wurden von fast allen Soldaten getragen. In Ermangelung der Khakijacke trugen die meisten im Feld ihre dunkelblauen

Flanellhemden, nachdem sie die langen Ärmel gekürzt hatten. An Beinkleidern wurden sowohl blaue als auch khakifarbene Hosen getragen, je nachdem, welche gerade verfügbar waren. Im Gegensatz zu den Soldaten hatten aber fast alle Offiziere Khakiuniformen erhalten. Tropenhelme, weiße wie khakifarbene, waren bei Offizieren weit verbreitet.

Der hier abgebildete reguläre Infanterist hat seinem Feldhut durch eine Mittelfalte die gewünschte Form verliehen. Übrigens trugen keine zwei Soldaten einen gleichgeformten Hut. Das Hutabzeichen zeigt zwei gekreuzte Gewehre sowie die Regimentsnummer (darüber) und die Kompanienummer (darunter). Wegen des tropischen Klimas trägt dieser Soldat sein blaues Flanellhemd vorn geöffnet, um sich etwas Abkühlung zu verschaffen. Seine blauen Kersey-Hosen stecken in khakifarbenen Drillichgamaschen. Seine persönliche Ausrüstung besteht nunmehr nur noch aus einer Feldflasche, einem Brotbeutel, Seitengewehr und doppelreihigem »Mills«-Patronengürtel aus festem Textilgewebe, der die Munition für sein »Krag-Jorgensen«-Magazingewehr (Kaliber .30 = 7,62 mm; Mod. 1892) enthält, sowie aus einer Decke und einer Zeltbahnhälfte, die hufeisenförmig zusammengerollt sind, um einige persönliche Kleinigkeiten aufnehmen zu können. Um den Hals trägt er in zwei Strümpfen seinen Vorrat an Reservemunition.

An Stelle des zur Normalausrüstung gehörenden Tornisters bevorzugten fast alle Soldaten die hufeisenförmig geschnürte Decke. Der sogenannte »Merriam«-Tornister war zwar ein sehr sorgfältig entworfener und durchdachter Ausrüstungsgegenstand, aber viel zu kompliziert, um einem Frontsoldaten in unwegsamem Gelände von viel Nutzen zu sein.

Das »Krag-Jorgensen«-Magazingewehr war während des gesamten spanisch-amerikanischen Krieges nur in sehr beschränkter Stückzahl vorhanden, so daß nur die reguläre Truppe damit ausgerüstet werden konnte. Die Masse der Milizionäre war mit dem einschüssigen »Springfield«-Gewehr (Kaliber .45-70) bewaffnet. Die etwas großkalibrigere Munition trugen sie in einem einschlaufigen Patronengürtel. In der Endphase dieses Krieges sowie auf dem Kriegsschauplatz auf den Philippinen erhielt jede Kompanie neben anderen Gewehren auch 25 »Krags«, wie das Gewehr volkstümlich genannt wurde, mit der Auflage, sie nur an Präzisionsschützen auszugeben.

Bild 73: Reiter, 1. US-Freiwilligen-Kavallerieregiment (1st US Volunteer Cavalry), 1898

Der Verband, der während des spanisch-amerikanischen Krieges in der Bevölkerung die größte Aufmerksamkeit erregte, war das *1st United States Volunteer Cavalry Regiment:* Theodore »Teddy« Roosevelts »Rauhreiter« *(»Rough Riders«).* Doch war diese Aufmerksamkeit nicht ganz berechtigt. Das 1. Freiwilligen-Kavallerieregiment war zwar ein begeisterter und schlagkräftiger Verband, der aber durch die Tatsache, daß er unter dem Patronat des sehr reklamebewußten Stellvertretenden US-Marineministers »Teddy« Roosevelt stand — einer schillernden Persönlichkeit obendrein —, enorm profitierte. Roosevelt stellte sicher, daß seine *»Terrors«* die Waffen und Ausrüstung erhielten, die sie benötigten. Darüber hinaus bewirkte sein siegessicheres Getöne noch vor dem Kampf, daß das Regiment stets im Blickpunkt der Öffentlichkeit blieb. Als Oberstleutnant in diesem Regiment — klugerweise hatte er darauf verzichtet, das Kommando über dieses Regiment zu übernehmen, und es einem erfahrenen Veteranen der Indianerkriege überlassen — gewann Roosevelt nicht nur ungeheuer an Popularität, sondern auch zahlreiche potentielle Wählerstimmen. Dem Regiment selbst brachte der berühmte Sturmangriff auf den Abhängen von Kettle Hill bei San Juan Unsterblichkeit. Interessant ist, daß das Kavallerieregiment auf Kuba abgesetzt kämpfte.

Die »Rauhreiter« waren nicht auf Bundesstaatenebene rekrutiert worden, sondern durch die US-Bundesregierung, die damit einer Klausel eines im Jahre 1898 vom US-Kongreß verabschiedeten Gesetzes entsprach, wonach zur Verstärkung der regulären Armee von der US-Bundesregierung 3000 Wehrwillige gestellt werden müßten.

Die Abbildung zeigt einen Reiter, wie er während der wochenlangen Ausbildung in San Antonio/Texas, die der Verschiffung des Regiments im Hafen von Tampa/Florida vorausging, sehr wohl hätte aussehen können. Der Reiter gehörte zu den Cowboys aus dem Westen, aus denen sich das Regiment zum großen Teil zusammensetzte. Auch seine Vorliebe für selbstgerollte Zigaretten — man beachte den in kleinen Leinensäckchen verpackten Tabak der Marke »Bull Durham« — weist ihn als einen Mann aus dem Westen aus. Wie bereits erwähnt, waren die neuen Khakiuniformen rar, und selbst der so energische

»Teddy« Roosevelt war nicht imstande gewesen, den Kleiderkammern genügend Khakiuniformen abzuhandeln, um seine Männer einheitlich einzukleiden. Daher trug die Masse der Soldaten den hellblauen Drillichanzug oder den Stallanzug aus grobem Leinen, die als Arbeitsanzüge der Kavallerie galten. Trotz ihrer etwas plumpen Form gaben diese beiden Arbeitsanzüge einen recht ordentlichen Tropen-Kampfanzug ab. Eine weitere, häufig anzutreffende Uniformkombination war die aus blauem Flanellhemd und braunen Drillich- bzw. Leinenhosen. Über den sogenannten »Long Johns« — US-Jargon für Unterhosen mit langem Bein — trägt dieser Reiter die Hose des Stallanzuges. Die Form des Feldhutes entspricht ganz seinem persönlichen Geschmack. Das Mützenabzeichen hat er dazu benutzt, die vorn hochgeschlagene Hutkrempe in Position zu halten. Die Mützenabzeichen wurden damals durchaus nicht von allen getragen. Diejenigen aber, die eines besaßen, trugen es gewöhnlich auf der Hutvorderseite, an der Krempe oder Hutseite. Das Abzeichen zeigt zwei gekreuzte Säbel, die »1« (darüber) und die Buchstaben »USV« *(United States Volunteers)* (darunter).
Unter den Khaki-Drillichgamaschen wurden Armeeschuhe getragen. Zur Ausrüstung gehörte auch der doppelreihige »Mills«-Patronengürtel. Da an ihm aber weder Messer noch Pistolentasche und dergleichen angebracht werden konnten, trugen die meisten noch zusätzlich einen privat gekauften Ledergürtel. In der Armee-Pistolentasche befindet sich ein sechsschüssiger »Colt«-Revolver (Kaliber .30 = 7,62 mm; Mod. 1884). Roosevelts gute Beziehungen wirkten sich auch auf die Bewaffnung seines Regiments aus. Es gelang ihm sogar, das gesamte Regiment mit dem neuen und vielbegehrten »Krag-Jorgensen«-Magazingewehr auszurüsten, der Waffe der regulären Kavallerie. Viele der später von diesem Regiment im Einsatz erzielten Erfolge dürften nicht zuletzt der Bewaffnung mit diesem Gewehr zuzuschreiben sein.

Bild 74: Korporal, Kubanisches Freiwilligenbataillon, 1898

Nicht zuletzt die Unruhen auf Kuba im letzten Quartal des 19. Jahrhunderts waren mit dafür verantwortlich, daß sich Amerika zum Krieg mit Spanien entschloß. Wie hatte es dazu überhaupt kommen können? Auslösendes Moment waren eigentlich die ständigen Erhebungen der Bevölkerung Kubas gegen die spanische Herrschaft, deren die kleine spanische Garnison auf Kuba schließlich nicht mehr hatte Herr werden können. Die spanische Garnison bestand damals im wesentlichen aus dem 44. Antillen-Infanterieregiment, dem 17. Kuba-Schützenbataillon und dem 18. Havanna-Schützenbataillon, denen zur Verstärkung ein Kontingent spanischer Wehrpflichtiger beigegeben worden war. Um angesichts der Unruhen diese relativ kleine Streitmacht zu verstärken, entschloß sich die Inselregierung, männliche Inselbewohner zu rekrutieren, um aus ihnen eine größere Anzahl Freiwilligenbataillone zu formieren. Als die Aktion schließlich abgeschlossen war, stand auf Kuba plötzlich eine Armee in Stärke von 80 000 Mann! Diese 80 000-Mann-Armee war es, die gegen Ende der 1890er Jahre Amerika veranlaßte, seine Milizregimenter zu mobilisieren, denn die USA hatten zu ihrem Schrecken plötzlich feststellen müssen, daß ihre gesamten damals verfügbaren Streitkräfte diesem spanisch-kubanischen Heer in einem Verhältnis von 1:3 unterlegen waren. Bewaffnet und ausgebildet wie die regulären Verbände, setzten sich die kubanischen Bataillone aus Infanterie, Kavallerie, Artillerie und Pionieren zusammen, jedes Bataillon mit einer Friedensstärke von 400 Mann und einer Kriegsstärke von 1000 Mann!
Dieser Soldat trägt seine Felduniform und ist adretter und vollständiger ausgerüstet, als es seine Kameraden damals zu sein pflegten. Obwohl Spanien die Waffen und dazugehörige Munition lieferte, mußte die Uniform aus der eigenen Tasche bezahlt werden. Die Besoldung der Soldaten erfolgte nur sehr unregelmäßig und immer häufiger nicht in Gestalt barer Münze, sondern in Form von amtlichen Schuldscheinen.
Der Strohhut ist mit einem schwarzen Lacklederband und der rot-gelb-roten spanischen Kokarde verziert. Die Uniformbluse und Hose sind aus waschbarem Baumwollmaterial, in einem »kopfkissenbezugähnlichen« Muster, bekannt als *Rayadillo*. Im Garnisonsbetrieb und zu festlichen Anlässen wurden die Uniformen mit Hilfe von farbigen Kragen, Ärmelaufschlägen, Hosenbiesen und Dienstgradabzeichen etwas herausgeputzt. Dieser Soldat trägt auf seinem Feldanzug die Dienstgradabzeichen eines Korporals, obwohl im Feld eigentlich keine Dienstgradabzeichen getragen wurden. Die Waffenfarben auf dem kleinen Dienstanzug waren grün für die Infanterie und

rot für alle übrigen Waffengattungen. Die Dienstgradabzeichen waren für alle Waffengattungen gleich, und zwar drei goldene oder silberne Streifen für Sergeanten, drei rote Streifen für Korporale sowie ein roter Streifen oberhalb des Ellenbogens für Oberschützen. Die Dienstgradabzeichen der Offiziere bestanden aus einer verwirrenden Anordnung von Sternen und Litzen auf den Ärmelaufschlägen. Zum Paradeanzug trugen Offiziere einen Ringkragen.

Eine Vielzahl von Beuteln, Taschen sowie schwarzes oder braunes Lederzeug gehörte mit zur Ausrüstung. Gewöhnlich wurde eine hufeisenförmig geschnürte Decke mitgeführt und ein Brotbeutel aus weißem Leinen. Mitunter wurden die Hosen oberhalb der Schnürschuhe durch kurze Ledergamaschen zusammengefaßt. Bei dem Gewehr handelt es sich um die Standardwaffe der spanischen Armee jener Tage, um einen in Europa in Lizenz hergestellten Nachbau des einschüssigen »Remington«-Hinterladers (Mod. 1870, Kaliber .50 = 12,7 mm). Zum Abschluß sollte vielleicht noch erwähnt werden, daß die spanischen Truppen auf Puerto Rico und auf den Philippinen die gleiche Uniform trugen.

Bild 75: Hauptmann der US-Infanterie im Tropen-Dienstanzug, 1903

In den ersten Jahren des 20. Jahrhunderts gehörte dieser gut sitzende und nach zeitgenössischen Maßstäben praktische Tropen-Dienstanzug zur Standardbekleidung der US Army, vor allem in Gegenden mit entsprechendem Klima. Im Garnisonsbetrieb hätte der hier abgebildete Hauptmann damals ein alltägliches Bild geboten.

Mittlerweile war der hier gezeigte Feldhut in der US Army Allgemeingut geworden. Die Hutkordel gab sowohl Dienstgrad als auch Waffengattungen an. Sämtliche Offiziere trugen damals goldene Kordeln. Auf dem Stehkragen des Uniformrocks wurde von Offizieren das Nationalemblem aus bronziertem Metall getragen. Wenige Jahre später wurde das Nationalemblem durch das Nationalitätsabzeichen, nämlich durch die Buchstaben »US« *(United States)*, abgelöst. (Siehe hierzu Bildtafel 17). Unmittelbar neben dem Nationalemblem wurde das Waffenabzeichen getragen, in diesem Fall die zwei gekreuzten Gewehre der Infanterie. Rangabzeichen wurden nur auf den Schulterklappen getragen; hier die zwei silbernen Balken eines Hauptmanns. Ansonsten ist der Uniformrock völlig schmucklos. Er hat vier aufgesetzte Taschen mit Taschenklappen, die durch Bronzeknöpfe geschlossen gehalten werden. Bronzeknöpfe sind auch auf der Vorderseite des Uniformrocks zu finden und dienen ebenso zur Befestigung der Schulterklappen. Die Breeches-Hosen wurden vom Knöchel bis zum Knie geschnürt. Neben Schnürschuhen wurden bis zum Knie reichende, lederriemenumwickelte steife Ledergamaschen getragen. Ebenso wie das Koppel und die Pistolentasche sind auch Schuhe und Gamaschen erstmalig rotbraun *(»russet«)* und nicht mehr schwarz. Zum Dienstanzug wurden sowohl Säbel als auch Revolver (Kaliber .38 = 9,65 mm) getragen. Dieser Hauptmann betrachtet gerade eines der rasiermesserscharfen Haumesser der Moro-Kopfjäger, die der US-Besatzungsmacht auf den Philippinen in den ersten Jahren des 20. Jahrhunderts so außerordentlich viel zu schaffen machten.

Die US-Milizverbände, die während des spanisch-amerikanischen Krieges und kurz danach in den Tropen dienten, trugen auf den Uniformkragen die verschiedensten Abzeichen. Einige Verbände trugen neben ihrer Regimentsnummer das Abzeichen ihres jeweiligen US-Bundesstaates, andere wiederum gaben den Buchstaben »USV« *(United States Volunteers* = US-Freiwillige) den Vorrang.

Bild 76: Soldat der US-Infanterie im Tropen-Dienstanzug, 1903

Dieser Soldat trägt die Mannschaftsausgabe der Khakiuniform Mod. 1898. Es sollte jedoch darauf hingewiesen werden, daß der Soldat normalerweise zum Dienstanzug nicht den Brotbeutel, die Feldflasche und die zusammengerollte Decke getragen hätte. Diese Ausrüstungsgegenstände wurden nur zum Feldanzug getragen. Sie wurden hier lediglich zur Abrundung des Bildes hinzugefügt.

Die Uniform ist einfach und ordentlich. Die einzigen Abzeichen, die getragen wurden, waren die Regimentsnummer und der Kompaniebuchstabe aus bronziertem Metall auf dem Feldhut sowie das Nationalitätsabzeichen (»US«) und das Infanteriewaffenabzeichen auf dem Rockkragen, ferner die Hutkordel in der Waffenfarbe, sofern man sie zu den Abzeichen zählen will. (Es war dies die Zeit, wo auf Grund der ständig wechselnden Verfügungen bei der Infanterie sowohl weiße als auch hellblaue Hutkordeln getragen wurden). In der Machart ähnelt diese Uniform stark jener des Offiziers auf Bild 75. Das »Krag-Jorgensen«-Gewehr und der »Mills«-Patronengürtel gehörten immer noch zur Standardausrüstung.

Im Feld war es immer noch üblich, das blaue Flanellhemd zusammen mit der Khakihose zu tragen sowie einen ausgebeulten Feldhut ohne Kordel und Abzeichen. 1912 wurde per Verfügung die Mittelfalte im Hut abgeschafft zugunsten des vierfach eingedrückten Hutoberteils im sogenannten »Montana«-Stil (siehe hierzu Bild 80), doch dauerte es noch einige Zeit, bis sich dies bis zu den Truppen in Übersee herumgesprochen hatte.

Zeitgenössischen Abbildungen zufolge scheint die Kavallerie die Khakiuniform durch Zusätze in der eigenen Waffenfarbe etwas herausgeputzt zu haben. So scheinen die Unteroffiziersdienstgrade einfache Schulterklappen in der Waffenfarbe getragen zu haben und die Offiziere wiederum die Rockkragen, Ärmelaufschläge und Dienstgradabzeichen (»boxes«) auf den Schulterklappen. Überhaupt scheint die Vereinheitlichung von Uniformen und Abzeichen in den Jahren von 1898 bis 1908/1910 nicht so recht funktioniert zu haben.

Bild 77: Sergeant der US-Infanterie in Paradeuniform, 1905

Die Montur dieses Sergeanten ist die letzte »blaue« Uniform und war 1902 an die gesamte US Army als Paradeuniform ausgegeben worden. An ihr ist anschaulich zu sehen, wie sich die zahlreichen und einander oft widersprechenden Verfügungen in bezug auf die weiße bzw. hellblaue Waffenfarbe der Infanterie ausgewirkt haben. Der Stehkragen, die Schulterklappen, Ärmelaufschläge, Dienstgradabzeichen und Fangschnüre sind hellblau, die Hosenbiesen aber weiß. In der Kavallerie beispielsweise wären sämtliche hier aufgeführten Teile gelb gewesen wie auch die Paspelierung der steifen Mütze.

Die Winkel sind erstmalig in der neuen, etwas kleineren Art und stehen im Gegensatz zu den Winkeln alter Art auf dem Kopf. Offiziell eingeführt wurden sie 1902. Dessenungeachtet wurden die »alten« Winkel nach wie vor getragen, solange der Vorrat reichte, jedoch mit der Winkelspitze nach oben. Insbesondere bei den Verbänden in den Tropen war dies der Fall. Zu dem im gleichen Jahr eingeführten olivgrünen *(»oliv drab«)* Dienstanzug wurden in sämtlichen Waffengattungen khakifarbene *(»drab«)* Winkel getragen.

Vorn an der Mütze ist aus Goldmetall das Waffenabzeichen der Infanterie (gekreuzte Gewehre) mit der Regimentsnummer und dem Kompaniebuchstaben angebracht, ebenso auf dem Stehkragen, zusammen mit dem Nationalitätsabzeichen (»US«). Zur Paradeuniform wurde lediglich ein Koppel getragen. Dieser Sergeant trägt zwar schon ein rotbraunes Koppel, aber immer noch schwarze Schuhe.

Bild 78: Korporal, US-Marineinfanterie, 1910

Hier ein weiteres Beispiel, wie sich die Übergangsphase auf dem Uniformsektor in den Jahren vor Ausbruch des Ersten Weltkrieges in der Praxis auswirkte. Das US Marine Corps — die amerikanische Marineinfanterie —, 1910 unter Chaffee in China eingesetzt, danach auf Kuba und den Philippinen, war eines der wenigen Großverbände der US-Streitkräfte, der im letzten Jahrzehnt des 19. Jahrhunderts und im ersten des 20. Jahrhunderts stets einsatzbereit gewesen war. Dieser Korporal trägt immer noch den alten blauen Uniformrock mit den bei der Marineinfanterie üblichen großen roten Winkeln, die er jedoch in Anpassung an die neue Verfügung mit der Spitze nach oben trägt. Als Feldanzug trägt er hier die khakifarbene Exerzierhose der Tropenuniform sowie die hohen Drillichgamaschen und den Feldhut, letzteren noch mit der Mittelfalte. Der Bekleidung nach könnte er gerade auf dem Weg in ein Gebiet mit dem Klima Chinas sein. Auf dem Feldhut das berühmte Waffenabzeichen der US-Marineinfanterie, das einen Globus, Adler und Anker zeigt. Die Schutzhülle seiner Feldflasche, der Tornister sowie der Brotbeutel sind mit den Buchstaben »USMC« (United States Marine Corps) gekennzeichnet. Die Feldflasche ist jetzt am Koppel befestigt und wird nicht mehr wie früher an einem Lederriemen um die Schulter getragen. Bei dem Koppel mit Tragriemen handelt es sich um das neue Gurtzeug aus festem Textilgewebe, in der US-Militärfachsprache *»webbing equipment«* genannt. An dieser

Stelle sollte vielleicht noch erklärend hinzugefügt werden, daß zum *»webbing-equipment«*, also zur *»webbing«*-(Gewebe)-Ausrüstung, neben dem umfangreichen Gurtzeug auch sämtliche Tragetaschen (wie etwa Patronentaschen, am Koppel angebrachte Täschchen für das Verbandszeug, Tornister), Bezüge (beispielsweise der Feldflasche) und Futterale (für den Feldspaten) aus eben diesem festen Textilgewebe gehören. Im *»webbing«*-Koppel befinden sich Metallösen, in die die verschiedenen Ausrüstungsgegenstände gehängt werden können, in diesem speziellen Fall auch die Patronentaschen für das »Springfield«-Magazingewehr Mod. 1903.

Bild 79: Angehöriger der irregulären mexikanischen Kavallerie, 1916

Hier abgebildet ein sogenannter *Villista*, Angehöriger von Pancho Villas »Revolutionsstreitkräften«, die auf das Territorium der USA einfielen und dadurch amerikanische Vergeltungsexpeditionen nach Mexiko hinein auslösten, die unter dem Oberbefehl von Brigadegeneral Pershing standen. Er trägt Zivilkleidung und diese ganz nach seinem Geschmack. Die Unmengen an Munition in den um den Körper geschlungenen Patronengürteln ist charakteristisch für mexikanische Guerillas jener Tage. Eine Guerilla-Armee muß immer damit rechnen, vom Nachschub abgeschnitten zu werden, so daß es von Vorteil sein kann, bereits vorgesorgt zu haben.

Bild 80: Reiter, US-Kavallerie, 1916

Die meisten von Brigadegeneral Pershings Truppen waren beim Einmarsch in den mexikanischen Bundesstaat Chihuahua wegen des unwegsamen Geländes und der Art des Gegners berittene Verbände. Der hier abgebildete Reiter trägt eine einfache und praktische Uniform, wie sie bei Wüsteneinsätzen nötig ist. Den Rock der olivgrünen Uniform (Mod. 1902) hat er zugunsten eines einfachen Hemdes abgelegt. Die Reithosen gehören zum Standard-Dienstanzug. Die steifen Ledergamaschen der berittenen Verbände, die Schnürschuhe sowie die Pistolentasche für seine automatische Pistole sind rotbraun. Er trägt einen *»webbing«*-Patronengürtel, wie er bei der Kavallerie üblich war, in der Hand sein »Springfield«-Gewehr und seine Satteltaschen. Abgesehen von den Hutkordeln in der gelben Waffenfarbe der Kavallerie weist sein Hut noch eine getönte Schutzbrille auf, die er irgendwo am Wege »organisiert« hat. Sie gehörte nicht zu den offiziellen Ausrüstungsgegenständen der US Army, wurde aber gelegentlich benutzt, insbesondere von Offizieren.

BILDTAFEL 14 ►

66 67 68 69 70

BILDTAFEL 15

76
77
78
79
80

7. In Europa

Eines aus einer Serie von Photos, die im Juni 1918 in Tours/Frankreich für das *US Army Equipment Board,* für den Verwaltungsausschuß für Ausrüstung der US Army, gemacht wurden. Das Photo zeigt einen Infanteristen des US-Expeditionskorps in voller Ausrüstung. Die sogenannte *»overseas cap«,* die »Überseemütze« (Schiffchen), die tatsächlich erst nach Eintreffen der Truppe in Übersee ausgegeben worden war, wird hier zum olivgrünen Dienstanzug getragen. Das Gurtzeug, die Patronentaschen, der Gasmaskenbeutel und der Überzug der Feldflasche aus festem Textilgewebe *(»webbing-equipment«),* Mod. 1902, waren wesentlicher Bestandteil der Feldausrüstung. Man beachte den Seitengewehrknauf oberhalb der linken Schulter und die an Stelle der Drillichgamaschen *(»canvas leggings«)* getragenen Wickelgamaschen *(»puttees«).*
Imperial War Museum

Im Rückblick scheint die von der US Army zwischen dem spanisch-amerikanischen Krieg und dem Ersten Weltkrieg eingelegte Verschnaufpause so etwas wie die Ruhe vor dem Sturm gewesen zu sein. Politisch gesehen ist dies natürlich Unsinn, denn der Isolationismus in diesem Land war viel zu ausgeprägt, als daß man diese Pause als Vorbereitung für einen Krieg hätte auslegen können. Geschichtlich gesehen war diese Periode aber ein Musterbeispiel für eine Nation am Scheideweg.

Amerika besaß ein riesiges Menschenreservoir, war technologisch hoch entwickelt und strotzte vor Vitalität. Und diese Stärke nahm mit jedem Tag zu. Amerika war auf bestem Wege, einen der vorderen Plätze in der Welt einzunehmen. Angesichts des wachsenden Nationalbewußtseins waren die inneren Meinungsverschiedenheiten völlig in den Hintergrund getreten. Amerikanische Truppen standen auf fremden Territorien, wie auch die USA inzwischen überseeische Gebiete erworben hatten, was sie aber nicht davon abhielt, gelegentlich ihrem Lieblingssport zu frönen, nämlich mit dem Feuer zu spielen.

Die Enklave Guantanamo auf Kuba war amerikanisches Hoheitsgebiet geblieben, wie auch Puerto Rico. 1903 wurde die Panama-Kanalzone zum US-Protektorat erklärt, zwischen 1914 und 1934 Haiti besetzt, 1916 und 1924 die Dominikanische Republik und mit Unterbrechungen zwischen 1909 und 1939 Nikaragua. In all diesen Gebieten mußte Militär stationiert werden, was den Offizieren und Soldaten Gelegenheit gab, im Rahmen von »Polizeiaktionen« Erfahrungen zu sammeln. Die Reformen, die nach dem Kuba-Feldzug vorgenommen wurden, beinhalteten auch die Lösung eines uralten amerikanischen Militärproblems. Seit 1903 nämlich führten sämtliche Teilstreitkräfte der US Army die Sammelbezeichnung »Nationalgarde« *(National Guard),* wurden dessen ungeachtet aber von Offizieren der regulären Truppe und nach deren Richtlinien ausgebildet und ausgerüstet. Die vorgeschriebene Dienstzeit betrug neun Monate. Das Nationale Verteidigungsgesetz *(National Defense Act)* von 1916 teilte die Streitkräfte nunmehr in drei Teile auf: in die reguläre Truppe *(Regulars)*, die organisierte Reserve *(Organized Reserves)* und die Nationalgarde *(National Guard)*. Darüber hinaus wurde das stehende Heer *(standig army)* auf 175 000 Mann erhöht.

Am 6. April 1917 trat Amerika in den Ersten Weltkrieg ein. Das nur sechs Wochen später verabschiedete Wehrdienstgesetz *(Selective Service Act)* garantierte, daß Freiwillige und Wehrpflichtige zügig in die Armee aufgenommen werden konnten. Während das Rekrutierungssystem recht ordentlich funktionierte, gab es auf dem Gebiet der Ausbildung, Ausrüstung und beim Transport der massenweise zur Armee strömenden jungen Männer, deren Zahl einmal 4 Millionen betragen sollte, noch erhebliche Schwierigkeiten. Das »Springfield«-Gewehr (Mod. 1903) stand für nur etwa 300 000 Mann zur Verfügung. An Maschinengewehren gab es nur etwa 1100 Stück, an Feldkanonen nur etwa 400. Schwere Artillerie, Panzer, Flugzeuge und Minenwerfer fehlten gänzlich. Und in dieser Verfassung sollte die US Army in einen Krieg ziehen, dessen europäische Teilnehmer mittlerweile Armeen mit geradezu tödlicher Leistungsfähigkeit aufgebaut hatten, in denen sich jede nur denkbare waffentechnische Neuerung der letzten drei Jahre befand. Obwohl sich die amerikanische Industrie unverzüglich ans Werk machte, waren die US-Verbände während des ganzen Ersten Weltkrieges auf fast allen wichtigen Gebieten ausschließlich auf britisches und französisches Gerät angewiesen.

Endlich traf das unter dem Oberbefehl von General John J. Pershing stehende amerikanische Expeditionskorps *(American Expeditionary Forces)* in England und Frankreich ein. Bei Beendigung der Feindseligkeiten würden die USA eine Armee von über 2 Millionen Mann an der Westfront stehen haben. Doch zuvor war General Pershing eisern geblieben, als man ihn aufgefordert hatte, die Lücken und schwachen Stellen der erschöpften Linien der Alliierten durch frische US-Truppen aufzufüllen. Als die »dough-boys«, die amerikanischen »Fußlatscher«, schließlich zum Einsatz kamen, waren sie voll ausgebildet, gut ausgerüstet und standen unter dem Befehl amerikanischer Offiziere, was nicht der Fall gewesen wäre, hätte Pershing nachgegeben. Als das US-Expeditionskorps Anfang Juli 1918 bei Chateau-

Die Rückansicht des gleichen US-Infanteristen zeigt den unbeliebten »langen Tornister« *(»long pack«)* mit aufgeschnalltem Mantel und zusammengerollter Decke, die Feldflasche mit *»webbing«*-Überzug, den Stahlhelm britischen Typs und den Feldspaten. Sämtliche Ausrüstungsgegenstände sind am Tornister angebracht, der so weit nach unten reichte, daß der Träger nicht imstande war, sich auf ebener Fläche hinzusetzen. Darüber hinaus behinderte er den Soldaten im Einsatz, schob den Stahlhelm über seine Augen, war unbiegsam in der Konstruktion und bot kaum Platz für Gegenstände, die zum Zeitpunkt des Tornisterentwurfs nicht bereits in der Truppe waren. Was Wunder, daß die Soldaten diesen Tornister haßten.
Imperial War Museum

Eine Gruppe Sanitätssoldaten des US-Expeditionskorps in Frankreich beim Herumalbern. Die Soldaten links tragen den leichteren (olivgrünen) Dienstanzug aus Baumwollstoff, die rechts die etwas schwerere Ausgabe aus Serge. Man beachte die kastanienbraun-weißen Hutkordeln des Sanitätspersonals und den Äskulapstab unterhalb der Winkel des Sergeant. Die Schuhe und das Koppel sind aus rotbraunem Leder *(»russet«)*, die Koppelschlösser einfache Messingrahmen, die runden Kragenabzeichen mattbronzefarben, die Drillichgamaschen ein älteres Modell.
Imperial War Museum

Offiziere der 77. US-Infanteriedivision bei einer Besprechung mit einem britischen Stabsoffizier. Man beachte die unterschiedliche Fußbekleidung, den Tressenbesatz auf den Ärmelaufschlägen und die Art der Pistolentasche des Leutnants links im Bild. Mit Brotbeutel, Fernglasetui, Kartentasche, »Sam-Browne«-Lederkoppel, *»webbing«*-Koppel und Schulterriemen wirkt er zweifellos etwas überladen. Man beachte bei den Offizieren ferner die Anbringung der Kragenabzeichen: das Nationalitätsabzeichen (»US«) sehr weit vorn, das Waffenabzeichen (gekreuzte Gewehre) hingegen fast auf Schulterklappenhöhe.
Imperial War Museum

Kragenabzeichen der Unteroffiziere und Mannschaften

81. US-„Wildcat"-(„Wildkatze")-Division

Kragenabzeichen der Unteroffiziere und Mannschaften

Weltkrieg-I-Abzeichen und Dienstgradabzeichen

Thierry und im Bois de Belleau erstmalig Blut lassen mußte, hatte es sein Versprechen eingelöst. Es war eine hervorragende Armee geworden: voller Schwung und Begeisterung, vor allem aber voller Energie und Selbstvertrauen. Die Soldaten mögen zwar noch unerfahren gewesen sein, doch befanden sie sich noch in jener Stimmung, in der man die Möglichkeit einer Niederlage als undenkbar empfindet. Die »Tommys« und französischen »Poilus« waren zwar weitaus erfahrener, gerissener und für moderne Kriege besser ausgebildet als die US-Soldaten. Dafür waren sie aber auch weitaus erschöpfter. Fast vier Jahre lang lagen sie nun schon in dieser Hölle, und ihre Kraft war nahezu verbraucht. Voller Staunen sahen sie die schier endlose Kolonne amerikanischer Regimenter aus kraftvollen, kecken, gleichzeitig aber auch naiven jungen Soldaten im amerikanischen Frontabschnitt Stellung beziehen. Und sie bezogen diese Stellungen mit jener an Arroganz grenzenden Selbstsicherheit, die bei britischen und französischen Truppen schon seit 1914 nicht mehr anzutreffen war. Im Januar 1918 hatte der US-Frontabschnitt eine Länge von nur 10 Kilometern, der der Briten, Franzosen und Belgier hingegen eine von 740 Kilometern. Im März 1918 befanden sich 162 000 Mann des US-Expeditionskorps im unmittelbaren Fronteinsatz. Im März 1918 war die Länge des US-Frontabschnitts schon auf 150 Kilometer angewachsen, im September die US-Truppenstärke auf 1 Million Mann. Die Infanteriedivisionen der Amerikaner bestanden aus 25 000 Mann, die Kompanien aus je 250 Mann, etwa der doppelten Stärke gleichwertiger britischer, französischer oder deutscher Einheiten.

Im November 1918 hatten die Deutschen eingesehen, daß ihre Streitkräfte den ständigen Kriegsanstregungen nicht mehr gewachsen sein würden. Um es nicht zum totalen Zusammenbruch kommen zu lassen, ersuchten die Deutschen um Frieden. Das US-Expeditionskorps — abzüglich 48 000 Gefallener und 62 000 Grippetoter(!) — zog heimwärts. Die jetzt an der amerikanischen Heimatfront einsetzende Glorifizierung des US-Expeditionskorps, das nach Auffassung der amerikanischen Meinungsmacher den Krieg eigenhändig gewonnen hatte, nachdem die Karre von den europäischen Alliierten in den Dreck gefahren worden war, sorgte unter den ehemaligen Kampfgefährten für beträchtliche Verstimmung. Doch konnte man dafür schwerlich die amerikanischen Militärs verantwortlich machen, denn diese wußten sehr wohl, was jede einzelne Nation geleistet und welche Opfer sie gebracht hatte. So wußte die US Army beispielsweise sehr genau, daß sich das US-Expeditionskorps nur sechs Monate an vordester Front befunden und nur 48 000 Gefallene gehabt hatte. Die Briten hingegen hatten ganze 4 1/2 Jahre vorn ausharren müssen und hatten 765 000 Gefallene zu verzeichnen gehabt.

In den Jahren zwischen den beiden Weltkriegen wurde das amerikanische Militär durch den wiederaufgelebten Isolationismus und die Antikriegseinstellung in Amerika in seiner Entwicklung stark behindert. Es hätte damals in Amerika glatter beruflicher Selbstmord bedeutet, hätte jemand an Stelle zur Lösung der sehr realen inländischen Probleme zu Geldausgaben für militärische Zwecke aufgerufen. Amerika befand sich seinerzeit in der gleichen Stimmungslage wie die noch an den Nachwirkungen des Ersten Weltkrieges leidenden Siegermächte in Europa, die es sich beim besten Willen nicht vorstellen konnten, in absehbarer Zeit abermals in einen solchen Krieg ziehen zu müssen. Zudem kam angesichts der politischen Entwicklung in Europa der Jahre 1919—1939 in den USA der Eindruck auf, daß die amerikanische Intervention und Amerikas Opfer im Ersten Weltkrieg vergeblich gewesen waren.
Trotz dieser Stimmung und trotz der Gefahr, in die sich jeder Offizier begab, wenn er Geldausgaben für militärische Zwecke das Wort redete, hatte man das Gefühl für die Realitäten in Amerika nie ganz verloren. Bis 1925 war die US Army zwar wieder auf 125 000 Mann verringert worden, doch war man mittlerweile darangegangen, jene militärischen Teilbereiche zu verbessern, die im Ersten Weltkrieg als fehlerhaft erkannt worden waren. Im Rahmen eines Forschungs- und Entwicklungsprogramms wurde der erste einheimische Panzer hervorgebracht — militärisch gesehen zwar unbedeutend, aber immerhin ein Anfang. Flugzeugfabriken wurden aus dem Boden gestampft, aus deren Hallen im Laufe der Jahre mancher hervorragende militärische Flugzeugtyp hinausrollen sollte. Die Tage der Kavallerie waren gezählt, was sie ebensowenig wahrhaben wollte wie die Kavallerie anderer Länder. Der Grundstein für den Aufbau neuer und fortschrittlicher Artilleriewaffen wurde gelegt. Wenn ein einfacher Soldat *(buck private)* auch nur einen Monatssold von 18.00 Dollar erhielt — lediglich 2.00 Dollar mehr als sein

Stahlhelm britischen Typs, Mod. M 1917, hier zusammen mit einem US-Nachbau der britischen Gasmaske und dem Dienstanzug aus leichtem Baumwollstoff.

Großvater, der noch mit General Custer gegen die Indianer ritt —, es wurde zumindest eine Rumpfarmee beibehalten, die im Kriegsfall jederzeit zu einer vollwertigen Armee ausgebaut werden konnte. Und dennoch sollte Amerika 1941 und 1942 den Preis dafür bezahlen, daß man es versäumt hatte, die US Army zwischen den beiden Weltkriegen mit entsprechenden Geldmitteln auszustatten.

Eine in ihrer Stärke stark beschnittene Armee muß für ihren Unterhalt unverhältnismäßig viel Geld aufwenden. Für die Entwicklung neuer Waffen bleibt daher gewöhnlich nicht viel übrig. Folglich werden sich die Forschungsabteilungen der Industrie in Ermangelung von Regierungsaufträgen ganz auf die Entwicklung von Verbrauchsgütern konzentrieren. Sollte nun plötzlich militärisches Gerät neuesten Typs schnell benötigt werden, kann es vorkommen, daß weder die Ingenieure noch die Maschinen vorhanden sind, es zu entwickeln beziehungsweise herzustellen. Beabsichtigt eine moderne Nation einen Krieg zu führen, ist ein Kern erfahrener und hochqualifizierter Fachleute in der Industrie ebenso wichtig wie das Vorhandensein guter Ausbilder auf dem Kasernenhof.

Um sich für den Zweiten Weltkrieg zu rüsten, verblieb Amerika nur noch wenig Zeit. Gedrängt von einem Präsidenten, der überzeugt davon war, daß Amerika seine Alliierten nicht im Stich lassen könne, verabschiedete der von der Kapitulation Frankreichs und den hastigen Verteidigungsmaßnahmen Großbritanniens aufgeschreckte amerikanische Kongreß am 16. September 1940 das allgemeine Wehrpflichtgesetz *(Compulsory Military Service Act)*, mit dessen Hilfe die US Army innerhalb kurzer Zeit auf eineinhalb Millionen Mann gebracht wurde. Während die Nation langsam, aber sicher dem Kriegsbeitritt zusteuerte — der Leih-Pacht-Vertrag im März

Ein interessantes Photo von Negersoldaten und einem weißen Leutnant des 369.US-Infanterieregiments der 93. US-Infanteriedivision am 5. Mai 1918 in einem Schützengraben bei Maffrescourt/Frankreich. Die Soldaten tragen olivgrüne US-Uniformen mit französischem Ledergurtzeug und den blaugestrichenen französischen »Adrian«-Stahlhelm. Bei ihren Waffen handelt es sich um das automatische »Chauchat«-Gewehr, eine recht unzuverlässige Waffe, aber die einzige, die bis zum Eintreffen der amerikanischen »Browning Automatic Rifle« (BAR) in ausreichender Stückzahl vorhanden war.
Imperial War Museum

Der enorme Unterschied in der Kampfausrüstung von 1918 und 1943 könnte nicht besser veranschaulicht werden als durch dieses Photo amerikanischer Marineinfanterie auf der Insel Bougainville im Pazifik. Sie tragen Tarnanzüge und Tarnüberzüge auf den Helmen. Das *»webbing«*-Zeug ist auf ein Minimum beschränkt und wird je nach persönlichem Geschmack getragen. Reservemunition wird in Textil-Munitionsgürteln (mit Taschen) mitgeführt.
Imperial War Museum

Foto oben rechts:
Die Ausrüstung des einzelnen Soldaten ist umfangreicher und auch tödlicher geworden, nachdem es auf Grund der technischen Entwicklung möglich geworden war, selbst kleinste Einheiten mit Massenvernichtungswaffen auszurüsten. Dieser Infanteriezug auf den Philippinen führt neben automatischen Gewehren und Maschinenpistolen, der persönlichen Bewaffnung der einzelnen Soldaten, auch Maschinengewehre, Granatwerfer und Funkgeräte mit sich. Bei den Uniformen handelt es sich um die zweiteiligen Dschungelanzüge aus leichtem Popeline. Zu Beginn des Zweiten Weltkrieges wurden auch einteilige Dschungelanzüge ausgegeben, die aus praktischen Gründen bei der Truppe aber nicht ankamen.
Imperial War Museum

1941, die Besetzung Grönlands und Islands im Sommer des gleichen Jahres, die Ausdehnung der Marineaktivität im Atlantik waren Schritte in dieser Richtung —, begann die Industrie sich auf die Kriegsbedürfnisse umzustellen. Trotzdem gab es immer noch sehr einflußreiche Interessengruppen mit starker öffentlicher Unterstützung, vornehmlich in den Staaten des amerikanischen Mittelwestens, die es am liebsten gesehen hätten, wenn sich Amerika aus diesem Krieg herausgehalten hätte. Es bedurfte mehr als nur Argumente, um die Meinung der Öffentlichkeit zu ändern. Als Mitsuo Fuschida im Morgengrauen des 7. Dezember 1941 aus der Kanzel seines japanischen Torpedoflugzeuges auf die Ansammlung amerikanischer Schlachtschiffe im Hafen von Pearl Harbor blickte, befand er sich auf bestem Wege, die divergierenden Meinungen Amerikas zu einigen und dieses Land der Sache der Alliierten zuzuführen, was nicht einmal die eindringlichen Ansprachen Churchills und Roosevelts vermocht hatten.
Der kleinen, aus regulären Truppen bestehenden amerikanischen Armee auf den Philippinen sowie den dortigen Eingeboreneneinheiten, die teilweise noch immer mit Waffen aus dem Jahr 1918 ausgerüstet waren und sich infolge der japanischen Überlegenheit nun plötzlich der US-Luftwaffen- und Marineverbände beraubt sahen, die den Mittelpunkt ihrer Verteidigungsstrategie gebildet hatten, blieb nichts anderes übrig, als mit wehender Fahne unterzugehen. Doch war ihr heldenmütiger Einsatz nicht ganz umsonst gewesen.

Corporal der 5. US-Infanteriedivision der 3. US-Armee im Kampfanzug 1944 auf dem europäischen Kriegsschauplatz (gestellt). Die Strickmütze wurde häufig unter dem Stahlhelm getragen, aber auch auf Patrouillen und während der Freizeit. Unter der wetterfesten Feldjacke trägt dieser Corporal einen wollenen Rollkragenpullover. Die Hose ist aus schwerem Serge. Die Schnürschuhe haben angenähte Ledergamaschen mit Schnallenverschluß und hatten die »Schnürschuhe-mit-Drillichgamaschen« abgelöst. Am »*webbing*«-Patronengürtel Mod. 1928 verankert zwei Tragriemen zur Befestigung des Tornisters.
Katcher

US-Fallschirmjäger im Juni 1944 in der Normandie. Sie tragen sowohl ihren Fallschirmjäger-Springeranzug als auch die normale Feldjacke der US-Infanterie. Man beachte die umfangreiche *»webbing«*-Ausrüstung, das Fallschirmjäger-Ärmelabzeichen (US-Flagge), die aus Geheimhaltungsgründen übermalten Divisionsabzeichen am linken Oberarm, die am Helm baumelnde Kinnschale aus Gummi (des dritten Fallschirmjägers von links) und das »Garand«-M1-Gewehr im Vordergrund.
Imperial War Museum

Der berühmte und in zahlreiche Länder exportierte M1-Stahlhelm der US Army. Rechts die äußere Stahlhülle mit Kinnriemen, links die innere Einlage *(»liner«)* aus einem Kunststoff-Faser-Gemisch. Daneben ein wendbarer Tarnüberzug für den Helm. Die matt-rauhe Stahlhelmoberfläche kommt zustande, indem man beim Spritzen der letzten Farbschicht der Farbe Sand beigibt.

Panzerbesatzungen der 3. US-Panzerdivision mit ihren »Sherman«-Panzern irgendwo in Europa im Winter 1944/45. Man beachte die gepolsterten Panzer-Schutzhelme, die Feldjacken mit Reißverschluß über den Anzugkombinationen und die Schlechtwetterschuhe aus gummibeschichtetem Textilgewebe mit Schnallenverschluß.
Imperial War Museum

Ein Teil der sogenannten *»webbing«*-Ausrüstung (Gurtzeug und Taschen aus festem Textilgewebe), bestehend aus dem *»webbing«*-Pistolengürtel mit Pistolentasche aus rotbraunem Leder für die automatische »Colt«-Government-Pistole (Zollkaliber .45 = 11,6 mm), dem *»webbing«*-Täschchen für Verbandszeug (links) und einer *»webbing«*-Patronentasche (rechts) für zwei Reservemagazine. Die »Colt«-Government-Pistole war seit dem Ersten Weltkrieg Dienstwaffe der US Army.
Max Sarche

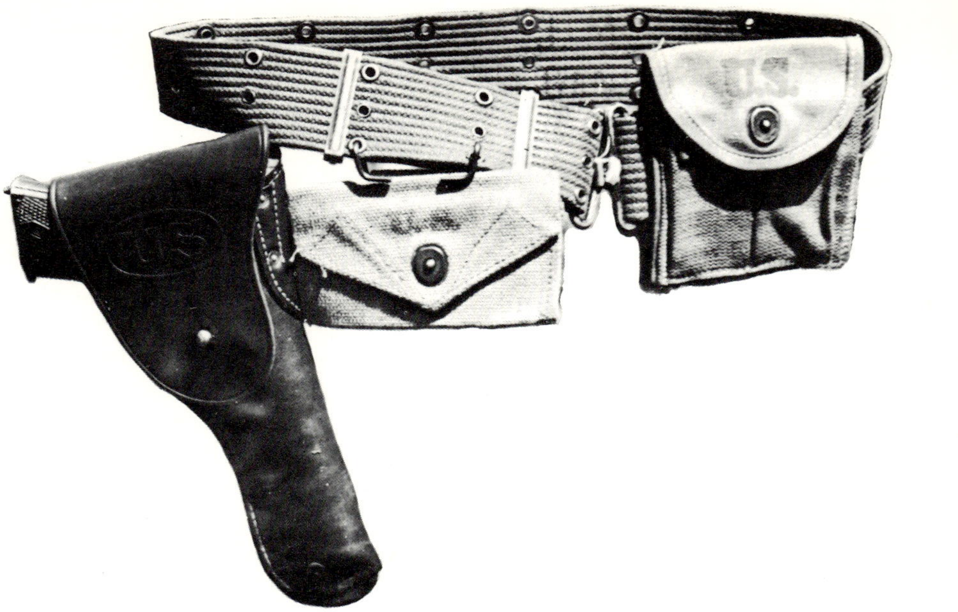

Denn die durch den japanischen Überfall auf Pearl Harbor in Amerika entflammten Rachegefühle erhielten durch die Vorgänge auf den Philippinen noch zusätzliche Nahrung. Die Mittel, diese Rache auch in die Tat umzusetzen, waren jetzt auch vorhanden. 1942 stand eine Armee von 3 Millionen Mann zur Verfügung, die nach den modernsten Erkenntnissen gegliedert, ausgerüstet und ausgebildet war. Die Mobilmachung lief wie am Schnürchen. Zum Zeitpunkt der größten Entfaltung im Zweiten Weltkrieg hatten die US-Streitkräfte eine Gesamtstärke von 12,3 Millionen Mann! Von den mißratenen Anfängen zu Beginn des Krieges hatten sich die US-Streitkräfte innerhalb von drei Jahren zu der größten Kriegsmaschinerie entwickelt, die die Welt jemals gesehen hatte.

Von allen am Krieg beteiligten Nationen verfügte nur Amerika über ein schier grenzenloses Industriepotential, über uneingeschränkte Geldmittel und über unbegrenzte Rohstoffquellen. Überdies waren die USA in der glücklichen Lage, von feindlichen Angriffen unbelästigt ihren Tagesablauf gestalten zu können. Kein amerikanischer Fabrikarbeiter kam je übernächtigt und entnervt zur Schicht, nachdem er die Nacht im Luftschutzkeller zugebracht hatte und miterleben mußte, wie sein Heimatort dem Erdboden gleichgemacht wurde. Keine amerikanische Familie mußte sich je auf die Wanderschaft begeben, mit ein paar mühsam geretteten Habseligkeiten auf dem Rücken, stets auf der Ausschau nach Tieffliegern. Kein amerikanischer Soldat kam je nach Hause, nur um die Straßen, in denen er einst als Kind gespielt hatte, in Trümmern wiederzufinden. Von diesem sicheren Hort aus entsandte Amerika seine Soldaten auf die Schlachtfelder im Süd-Pazifik, in Birma, Italien, Nordafrika und der Festung Europa. Obwohl die von den USA gebrachten Opfer etwas geringer waren als die des britischen Commonwealth, war es offenbar das schier unbegrenzte Potential Amerikas, das diesen Krieg entschied. Nachdem die USA sich einmal entschlossen hatten, in diesen Krieg einzutreten, gab es keine Armee, die auf Dauer dieser Materiallawine hätte standhalten können.

Zwanzig Jahre zuvor war der amerikanische Soldat noch gezwungen gewesen, einen Stahlhelm zu tragen, der dem der Briten nachempfunden war, ein Maschinengewehr zu bedienen, das seinen Ursprung in Frankreich hatte, und mit Schiffen zum Einsatz zu fahren, die im Ausland gechartert worden waren. Der Panzer neben ihm war ein britisches Fabrikat gewesen und das Flugzeug hoch oben — mit einem Amerikaner am Steuerknüppel — ein französischer Typ. Im Zweiten Weltkrieg hatte sich dieser Zustand grundlegend geändert. Der (amerikanische) »Sherman«-Panzer fand Einsatz bei einem Dutzend verschiedener Nationen, das (amerikanische) Jagdflugzeug vom Typ P-51 »Mustang« wurde von sämtlichen Luftwaffen der Alliierten geflogen, und die Soldaten der befreundeten Mächte fuhren (amerikanische) Lkw und Halbkettenfahrzeuge, trugen (amerikanische) Schnellfeuerwaffen, aßen

Sämtliche Panzerdivisionen der US Army trugen das gleiche Ärmelabzeichen, nämlich ein aus einem gelben, roten und blauen Feld bestehendes Dreieck mit stilisierten schwarzen Panzerketten in der Mitte, über die ein roter Blitz zuckt. Im gelben Feld jeweils die Nummer der betreffenden Division.

(amerikanische) Rationen und verwendeten (amerikanische) Arzneimittel. Die weite Palette ausgeklügelter Uniformstücke, mit denen Amerika seine Soldaten verschwenderisch ausstattete, erregte den Neid der ganzen Welt. Daß die US-Truppen überall so zügig vorwärts kamen, war nicht zuletzt dem Leistungsvermögen der Unterstützungs- und Versorgungseinheiten zu verdanken. Die Stückzahlen des von ihnen im Zweiten Weltkrieg umgeschlagenen Materials waren schwindelerregend: über 88 000 Panzer, 63 000 Geschütze, 66 000 Jagdflugzeuge, 34 000 Bomber, über 328 Millionen Granaten, fast 1 Million Maschinengewehre (nicht inbegriffen Bord- und Fla-Waffen) und fast 3 Millionen Lastkraftwagen. Völlig neue Wissenschaften und Einsatzverfahren wurden vervollkommnet: beispielsweise die Atomkraft und die amphibische Kriegführung, nur um zwei zu nennen. Der Zweite Weltkrieg brachte fast jedem Land enorme technische Fortschritte, doch keinem so zahlreiche wie den USA, die sich zur führenden Nation der Welt auf technischem Gebiet entwickelten.

Der amerikanische Soldat und sein Verhalten wurden schon so oft und so ausführlich analysiert und beschrieben, daß es kaum noch etwas Neues über ihn zu berichten gibt. Er war gesund, gut ernährt und in körperlich blendender Verfassung. Im Grunde genommen ein Zyniker, hatte er ein ausgeprägtes Gefühl für Fairneß und Verantwortung. Im übrigen war er stolz, auch auf seine Einheit, obwohl er es nie zugegeben hätte. Mit seiner Disziplin war es nicht weit her, doch machte sich dies im Feld nicht allzu negativ bemerkbar, denn dort zählten andere Eigenschaften. Er konnte voller Elan sein, neigte jedoch mitunter zur Angeberei. Seinen Vorgesetzten begegnete er mit einer gesunden Portion Mißtrauen und Skepsis. Er war imstande, aus Fehlern sehr schnell zu lernen. Hatte er erst einmal das Stahlbad des Schlachtfeldes durchlaufen, konnte man sich keinen entschlosseneren, gewitzteren und gefährlicheren Soldaten denken.

Bild 81: Unteroffizier (Sergeant), US-Artillerie, 1917

Dieser Sergeant trägt die olivgrüne Uniform, Standardausgabe 1902, die beim US-Expeditionskorps in Europa sowohl als Dienst- als auch als Feldanzug Verwendung fand. Die roten Hutkordeln seines Feldhutes, der im übrigen wenig später von fast allen zugunsten der sogenannten *»overseas cap«*, eines Schiffchens, aufgegeben wurde, weisen ihn als Angehörigen der Artillerie aus. Weitere US-Waffenfarben zu dieser Zeit waren scharlachrot-weiß für Pioniere, orange-weiß für die Fernmeldetruppe, kastanienbraun-weiß für den Sanitätsdienst und sandfarben für die Versorgungstruppe. Offiziere aller Waffengattungen trugen gold-schwarze Hutkordeln, Generäle goldene.

Beiderseits des Uniformstehkragens sind zwei Kragenabzeichen angebracht, bestehend aus runden Bronzescheiben, in die (links) die Buchstaben »US«, (rechts) das Waffenabzeichen (in diesem Fall zwei gekreuzte Kanonenrohre) und die Einheitsnummer (hier der Batteriebuchstabe) eingestanzt worden sind. Diese runden Bronzescheiben waren für die Mannschaft erst 1907/08 eingeführt worden. Zum gleichen Zeitpunkt waren die Offiziere wieder zu den ausgestanzten »US«-Buchstaben zurückgekehrt, die sie schon früher einmal getragen hatten. Anfangs trug die Mannschaft auf jeder Kragenseite sowohl das Waffenabzeichen (mit Einheitsnummer) als auch das Nationalitätsabzeichen (»US«-Buchstaben). Dies hatte sich erst nach 1912 geändert. 1918 änderte sich diese Anordnung abermals, und zwar wurden dann das Nationalitätsabzeichen (mit der Regimentsnummer) rechts getragen, das Waffenabzeichen (mit dem Kompaniebuchstaben) links. Vermutlich aber hat man im US-Expeditionskorps in Europa sämtliche Varianten antreffen können. Ansonsten wurden an Abzeichen nur noch die Dienstgradabzeichen getragen, in diesem Fall auf beiden Oberarmen die Winkel eines Sergeant, und zwar mit den Spitzen nach oben.

Das Gurtzeug aus festem Textilgewebe *(»webbing equipment«)* gehörte zur Standardausrüstung der US Army und bestand aus einem Koppel und zwei Tragriemen, an die hinten der verhaßte lange Tornister (*»long pack«*) Mod. 1910 angebracht wurde. Am Koppel befestigt die Pistolentasche aus rotbraunem Leder zur Aufnahme der berühmten automatischen »Browning«-Government-Pistole (Mod. 1911) und zwei *»webbing«*-Patronentaschen. In der Tasche (aus festem Textilgewebe) auf der Brust befindet sich eine britische Gasmaske. Die hier abgebildeten *»webbing«*-Gamaschen sind ein sehr frühes Modell und wurden bald durch andere ersetzt. Die adrette Erscheinung dieses Sergeant vermittelt den Eindruck, als wäre er gerade im Hafen an Land gesetzt worden.

Bild 82: Soldat, 4. US-Infanteriedivision (4th US Infantry Division), 1918

Ein typischer »US-Landser«, wie er im September 1918 in den Kämpfen um St. Mihiel Salient ein alltägliches Bild bot. Sein Stahlhelm britischen Musters ist vorn mit einem grünen Efeublatt gekennzeichnet, dem Verbandsabzeichen seiner Division. Mit Ausnahme der Kragenabzeichen ist dies das einzige Abzeichen, das im Einsatz getragen wurde. Zwar wurden bereits 1918 Divisions-Ärmelabzeichen getragen, doch nur höchst selten im Einsatz.

Dieser Soldat trägt seine volle Feldausrüstung. Am Rücken den langen Tornister mit seinem Mantel und einer zusammengerollten Decke obendrauf. An seinem *»webbing«*-Koppel zehn Patronentaschen für die Gewehrmunition. Die Patronentaschen waren ausgelegt, die achtschüssigen Ladestreifen für das hier abgebildete »Springfield«-Gewehr Mod. 1903 (Kaliber .30 = 7,62 mm) aufzunehmen. (Im übrigen war zum Zeitpunkt des Kriegseintritts Amerikas dieses Gewehr neben vielen anderen Ausrüstungsgegenständen ein außerordentlich rarer Artikel. Um dem Engpaß zu begegnen, modifizierten die »Winchester«- und »Remington«-Werke in Amerika das britische »Enfield«-Gewehr, das sie ohnehin schon seit geraumer Zeit für die britische Armee produzierten, zur Aufnahme amerikanischer Ladestreifen. Es entstand das Gewehr »P. 17«, eine zwar schwere und unhandliche, aber durchaus zuverlässige Waffe, die in den US-Streitkräften breite Verwendung fand. Es wurde sogar noch in der Anfangsphase des Zweiten Weltkrieges eingesetzt und auch nach Großbritannien exportiert). Um die Brust trägt dieser Soldat noch zusätzlich einen *»webbing«*-Bandelier mit *»webbing«*-Patronentaschen für weitere Ladestreifen. Eine *»webbing«*-

überzogene Feldflasche, kleine *»webbing«*-Taschen für Sanitätszeug, *»webbing«*-Beutel für die Gasmaske, Handgranaten und andere Utensilien sind am Koppel befestigt oder sonstwo griffbereit angebracht. Einer der Nachteile des langen Tornisters Mod. 1910 war das Fehlen ausreichenden Stauraums zur Aufnahme all jener Ausrüstungsgegenstände, die beim Entwurf des Tornisters noch nicht in der US Army in Gebrauch waren.
Hinter dem Koppel eine Drahtschere und in der rechten Gamasche ein Nahkampfmesser mit einem Schlagringknauf vervollständigen die Ausrüstung. Die hier abgebildeten *»webbing«*-Gamaschen mit einem über die Schnürsenkel hinunterreichenden Unterteil und einem Steg um den Fußspan sowie einer Hakenverschnürung an den Gamaschenaußenseiten waren neueren Datums als die auf Bild 81. Doch auch sie waren Mangelware, was zur Folge hatte, daß zahlreiche US-Soldaten auf die bei den Franzosen und Engländern üblichen Wickelgamaschen auswichen. Vielleicht sollte noch erwähnt werden, daß im Gegensatz zu anderen Nationen die Amerikaner das Seitengewehr nicht am Koppel, sondern am Tornister trugen, so daß sie bei Bedarf das Bajonett über die linke Schulter ziehen mußten. Wurde jedoch der Tornister beim Troß gelassen und das Notwendigste in einer hufeisenförmig geschnürten Decke *(»horseshoe blanket roll«)* mitgeführt, wurde das Seitengewehr am Koppel getragen.

Bild 83: Hauptmann der US-Infanterie, 1918

Dieser Hauptmann trägt die vollständige Standardfeldausrüstung für Offiziere. Nur der Stahlhelm fehlt. Hier erstmalig abgebildet die sehr praktische sogenannte *»overseas cap«* (wörtlich: Überseemütze), ein Schiffchen, das in der Waffenfarbe der Infanterie paspeliert ist, nämlich hellblau. Vorn auf der linken Seite des Schiffchens wurde von Offizieren das Dienstgradabzeichen getragen.
Die Kragenabzeichen auf dem Stehkragen des Uniformrocks sind das Nationalitätsabzeichen (»US«) und das Waffenabzeichen der Infanterie (gekreuzte Gewehre) mit der Einheitsnummer. Im Gegensatz zu den Kragenabzeichen der Mannschaft sind die Offiziers-Kragenabzeichen nicht in eine Metallscheibe hineingestanzt, sondern aus einer Metallplatte ausgestanzt worden. An den äußeren Enden beider Schulterklappen die zwei silbernen Balken, Dienstgradabzeichen eines Hauptmanns. Ein weiteres Rangmerkmal für Offiziere ist der dunkelbraune Tressenbesatz am oberen Rand der Ärmelaufschläge.
Der Schnitt und die Farbe amerikanischer Offiziersuniformen waren durchaus nicht einheitlich, was darauf zurückzuführen war, daß zahlreiche Offiziere des US-Expeditionskorps, ihrem persönlichen Geschmack folgend, ihre Uniformen in England und Frankreich schneidern ließen. Das rotbraune »Sam Browne«-Lederkoppel war eine weitere Extravaganz, die sie von ihren britischen Kameraden übernommen hatten. Dieser Hauptmann trägt dieses Lederkoppel neben dem zur US-Standardausrüstung zählenden *»webbing«*-Koppel, an dem die übliche lederne Pistolentasche und zwei *»webbing«*-Patronentaschen für die Munition für seine automatische Pistole (Kaliber .45 = 11,6 mm) angebracht sind. (Gelegentlich wurden an Stelle der automatischen Pistole auch Revolver getragen. Der »Colt«- und »Smith & Wesson«-Revolver, beide mit einem Zollkaliber von .45, waren die beliebtesten). Der *»webbing«*-Gasmaskenbehälter ist um die rechte Schulter geschlungen und baumelt an der linken Hüfte. Um die linke Schulter verläuft der Tragriemen des Fernglasbehälters, der aus Gründen der Bequemlichkeit oft auf den Rücken geschoben wurde. Die lederriemenumwickelten steifen Ledergamaschen, die über hohen Schnürschuhen getragen wurden, waren typisch für diese Zeit. Diese Kombination war bequemer, biegsamer und bot einen besseren Schutz als die damals gebräuchlichen kniehohen Schaftstiefel.

Bild 84: Brigadegeneral (Brigadier-General) im Stab des US-Expeditionskorps in Europa, 1918

Dieser »Ein-Sterne-General« vom Stab General Pershings, des Oberkommandierenden des US-Expeditionskorps *(American Expeditionary Force* = AEF) in Europa, trägt die übliche Offiziersmontur. Da die Sicht auf seine Uniform durch keinerlei Ausrüstungsgegenstände behindert wird, ist deutlich zu sehen, wie stark die Uniform der Mannschaft und der Offiziere sich ähnelt, wenn auch nicht in der Qualität, so doch zumindest im Schnitt.
Bei der Kopfbedeckung dieses Generals handelt es sich um die olivgrüne Schirmmütze mit Mützenschirm und Sturmriemen aus braunem Leder, die

vorn das um die Jahrhundertwende eingeführte Mützenabzeichen mit dem Nationalemblem aufweist. Auf dem Kragen das Nationalitätsabzeichen und das Abzeichen für Stabstätigkeit, ein fünfzackiger Stern mit dem Nationalemblem. Auf den Schulterklappen der einfache Silberstern, Dienstgradabzeichen eines Brigadegenerals. Ein weiteres Rangmerkmal ist der schwarze Stoffbandbesatz am oberen Rand der Ärmelaufschläge. Die Rockknöpfe sind bronzefarben. Er trägt die schon zuvor erwähnten Reitstiefel, sogar mit Sporen (entweder aus Gründen der Notwendigkeit oder aus Eitelkeit!).

Bild 85: Soldat (Private), 369, US-Infanterieregiment (369th US Infantry Regiment), 1918

Die Masse der Negereinheiten im US-Expeditionskorps in Europa wurde auf Grund ihrer sozialen und gesellschaftlichen Stellung, über die zu diskutieren hier nicht der geeignete Ort ist, nur zu Arbeitseinsätzen und anderen untergeordneten Aufgaben herangezogen. Daß die Neger aber dennoch gute Soldaten waren, beweisen die Leistungen des 369., 370. und 371. US-Infanterieregiments im Kampf. Im März 1918 aus dem im New Yorker Stadtteil Harlem stationierten 15. Infanterieregiment der New Yorker Nationalgarde hervorgegangen, kam das 369. US-Infanterieregiment schon im darauffolgenden Monat in Europa zum Einsatz. Es kämpfte in der Champagne, in den Vogesen und soll angeblich der erste Verband der Alliierten gewesen sein, der den Rhein erreichte. Das Regiment lag ganze 191 Tage ununterbrochen an vorderster Front, länger als jeder andere US-Verband. Kein einziger US-Negersoldat geriet je in deutsche Kriegsgefangenschaft. Die Verluste des Regiments waren beträchtlich: 1500 Mann, davon 367 Gefallene.

Die vier Neger-Infanterieregimenter, aus denen sich die 93. US-Infanteriedivision des US-Expeditionskorps zusammensetzte, kamen nie gemeinsam zum Einsatz, sondern wurden getrennt verschiedenen französischen Verbänden zugeteilt. Daher auch die französische Ausrüstung, wie beispielsweise der himmelblaue französische »Adrian«-Stahlhelm, das »Lebel«-Gewehr und das Divisionsabzeichen auf dem linken Oberarm in Form eines stilisierten hellblauen »Adrian«-Stahlhelms auf einer runden schwarzen Stoffunterlage. Bei der Uniform handelt es sich um die olivgrüne Normalausgabe der US Army mit den üblichen bronzefarbenen Kragenabzeichen. An Stelle der *»webbing«*-Gamaschen wurden aber die bei der französischen Armee üblichen Wickelgamaschen getragen. Der »Adrian«-Stahlhelm, mit einer Granate als Waffenabzeichen und himmelblau gestrichen, kam direkt aus französischen Arsenalen und wies keinerlei US-Abzeichen auf. Das schwarze Lederkoppel und die Y-förmigen Tragriemen dienten zum Tragen der drei ledernen Patronentaschen, von denen zwei vorn und eine hinten in der Mitte angebracht waren. Links baumelt ein ockerfarbener Brotbeutel aus Drillich, rechts eine stoffüberzogene französische Feldflasche (*bidon* genannt). Das Infanteriegewehr »Lebel« 1886 (Kaliber 8 mm), mit einem achtschüssigen Vorderschaftmagazin, war die Standardwaffe der französischen Armee, wie auch das 50 cm lange Seitengewehr mit glattem weißem Metallgriff zur Standardausrüstung gehörte.

Bild 86: Obergefreiter (Corporal), US-Infanterie, 1942

Der Dienstanzug aus der Zeit des Ersten Weltkrieges wurde 1926 durch einen anderen ersetzt, unter dessen Jacke ein Oberhemd mit schwarzer Krawatte getragen wurde. Sämtliche Dienstgrade trugen dazu eine Schirmmütze und an Stelle der Wickelgamaschen Ledergamaschen *(»leggings«)*. Die Breeches-Hosen mit seitlichem Keil wurden beibehalten. In den späten 1930er Jahren wurde diese Breeches-Hose durch eine Hose mit normallangem Bein ersetzt, über die im Einsatz kurze Drillichgamaschen getragen wurden, die fast identisch waren mit jenen aus dem Jahr 1918. Mit den verschiedenen Uniformarten fanden je nach Jahreszeit sowohl die Schirmmütze wie auch das Schiffchen und der Feldhut Verwendung. 1941 fand dann der große Durchbruch auf dem Uniformsektor statt. Der olivgrüne Waffenrock wurde zum Rock des kleinen Dienst- und Ausgehanzuges erklärt und zum Arbeits- und Feldanzug eine Feldjacke eingeführt, zusammen mit einer olivgrünen Hose. Bei der Feldjacke handelte es sich um eine wasser- und wetterfeste olivgrüne Windjacke aus einem Baumwollstoff, mit knöpfbaren Ärmelmanschetten und schräg eingebauten Brusttaschen. Anfangs sehr beliebt, empfand man diese Feldjacke im Laufe der Zeit wegen des verwendeten Meterials als weniger ideal.

Der Sommer-Kampfanzug bestand aus olivgrüner Hose (die mit *»webbing«*-Gamaschen getragen wurde), einem olivgrünen Flanellhemd (ohne Krawatte) und der Feldausrüstung. Der Dienst- und Kampfanzug für die Tropen (siehe Abbildung) bestand aus einem Hemd und einer Hose aus sehr hellem, leichtem, geköpertem Stoff und konnte mit oder auch ohne Krawatte (gleicher Stoffart) getragen werden. Die Krawatte wurde zwischen dem zweiten und dritten Knopf ins Hemd gesteckt. (Die schwarze Krawatte der Tropenuniform war im Februar 1942 zugunsten einer aus Tropenmaterial abgeschafft worden). Zum Tropenanzug wurde ein Schiffchen aus gleichem Stoff getragen.

Zu Beginn der Kämpfe auf den Philippinen trugen die US-Soldaten noch einen Nachbau des britischen Stahlhelms und die *»webbing«*-Ausrüstung aus den 1920er Jahren. Beim Einsatz wurden neben den Dienstgradabzeichen gewöhnlich keine weiteren Abzeichen getragen. Bei der Waffe dieses Corporal handelt es sich um das »Browning«-Gewehr (Browning Automatic Rifle = BAR), Kaliber .30 = 7,62 mm, eine robuste und recht handliche automatische leichte Unterstützungswaffe, die in verschiedenen Modellvarianten von 1918 bis in die späten 1950er Jahre Einsatz fand. Sein *»webbing«*-Gurtzeug wird durch einen Gürtel mit überdimensionalen Patronentaschen ergänzt, in denen 20-schüssige Stangenmagazine für das BAR untergebracht sind. Obwohl es einige sehr gute Eigenschaften besaß, war dieses Gewehr seinen zeitgenössischen ausländischen Konkurrenten unterlegen, da es nicht imstande war, einer Infanteriegruppe die nötige Dauerfeuerunterstützung zu geben, wie beispielsweise die britische »Bren-Gun«, das deutsche MG 34 und MG 42, das französische FM 24/29 oder das russische Modell »Degtjarew«. Bedenkt man die amerikanische Vorherrschaft auf so vielen anderen Gebieten der Wehrtechnik, erscheint einem diese technische Lücke um so erstaunlicher.

Bild 87: Oberleutnant (1st Lieutenant), 3. US-Infanteriedivision (3rd US Infantry Division), europäischer Kriegsschauplatz, 1944

In lebhaftem Kontrast zum Corporal auf Bild 86 vermittelt dieser Zugführer im Feldanzug und mit einem Teil seiner Kampfausrüstung auf anschauliche Weise, wie stark sich die US Army auf dem Gebiet der Ausrüstung gegen Mitte des Zweiten Weltkrieges mittlerweile profiliert hatte. Nicht mehr länger auf die Erfahrungen befreundeter Mächte angewiesen und vom geistigen Ballast des Ersten Weltkrieges befreit, hatte die US Army inzwischen ihre eigenen Erfahrungen im Einsatz gesammelt, die es ihr ermöglichten, eine Fülle außergewöhnlich praktischer Uniformteile herauszubringen, die ganz den Realitäten auf dem Gefechtsfeld angepaßt waren.

Der britische Stahlhelm war 1942 durch den eigenen M 1-Stahlhelm ersetzt worden, der weltweiten Ruhm erlangen sollte und seither nicht nur von der US Army, sondern auch von vielen anderen Armeen verwendet wird. Er besteht aus einer äußeren Stahlhülle, an die auch der Sturmriemen angebracht ist, und einer inneren Hülle aus einer Kunststoff-Faser-Mischung, die in der US-Militärfachsprache *»liner«* (Einlage) genannt wird. Um sich nicht mit dem schweren »Stahl«-helm abplagen zu müssen, kann in der Etappe auch der leichte *»liner«* ohne die daraufgesetzte Stahlhülle getragen werden. Die äußere Hülle wiederum kann als Sitzgelegenheit, Waschschüssel, selbst als Kochgeschirr oder Feldspaten benutzt werden, um anschließend ohne große Säuberungsmaßnahmen sofort wieder als Stahlhelm verwendet werden zu können. Der *»liner«* kann farbig lackiert oder verchromt werden, falls man ihn als Kopfbedeckung bei Paraden oder zu anderen feierlichen Anlässen heranzuziehen gedenkt, ohne aber etwas von seiner Nützlichkeit als Teil des Stahl-helms eingebüßt zu haben. Sehr häufig werden zur schnelleren Identifizierung auf den Helm die Dienstgradabzeichen aufgemalt, wie hier auf dieser Abbildung.

Zu der Hose aus olivgrünem Wollstoff, die in Wirklichkeit eher dunkelbraun war, trägt dieser Oberleutnant die Feldjacke Mod. M43, die aus einem wasser- und windabweisenden grünlichen Stoff gefertigt war. Auch Hosen aus diesem Material gab es, doch war die hier abgebildete Kombination am häufigsten. (Die 3. US-Infanteriedivision war der erste Verband, der 1943 bei Anzio/Italien diese neue Uniform unter Kampfbedingungen erprobte). Bei entsprechendem Wetter konnte unter der Feldjacke ein Einziehfutter oder wollener Pullover getragen werden, wie bei Kälte unter dem Stahlhelm häufig auch eine Strickmütze getragen wurde. Bei dem Schuhwerk dieses Offiziers handelt es sich um eines von vielen Kampfstiefelmodellen, die in der Endphase

des Zweiten Weltkrieges herausgebracht wurden: ein Lederschnürschuh mit angenähter Ledergamasche, die seitlich durch Schnallen verschlossen wurde. Im Einsatz wurde nur das Notwendigste der Feldausrüstung mitgeführt. So trägt dieser Oberleutnant an seinem *»webbing«*-Koppel beispielsweise nicht seine automatische Pistole, sondern nur eine Feldflasche, eine Tasche mit Verbandszeug und Patronentaschen für die Reservemagazine für seinen M1-Karabiner (Kaliber .30 = 7,62 mm). Eine lederne Kartentasche ist an einem Tragriemen diagonal um die Schulter geschlungen. Auf den Schulterklappen seiner Feldjacke der einfache Silberbalken, Dienstgradabzeichen eines Oberleutnants, am linken Oberarm das Verbandsabzeichen seiner Division.
Die bei Offizieren und Einheitsführern übliche Seitenwaffe wurde im Laufe der Zeit weitgehend durch diesen ausgezeichneten M1-Karabiner ersetzt. Mit diesem Selbstlader und seinem 15-schüssigen Stangenmagazin konnte man nun auch für das nötige Schnellfeuer sorgen. Auch heute noch ist diese sehr beliebte Waffe in der ganzen Welt zu finden. Häufig wurden Reservemagazine in *»webbing«*-Patronentaschen am Gewehrkolben angebracht. M1-Modelle mit umklappbarem Kolben und Stahlrahmenkolben befanden sich ebenfalls im Einsatz.

Bild 88: Angehöriger einer Kommandoeinheit der US-Marineinfanterie, pazifischer Kriegsschauplatz, 1943

Beeindruckt von den Ergebnissen, die von britischen Kommandoeinheiten bei Einsätzen in dem von Deutschland besetzten Europa erzielt worden waren, stellte auch das US Marine Corps 1942 seine ersten zwei *»Raider Battalions«* (»Kommandobattaillone«) auf. Sie führten im Pazifik einige wagemutige Unternehmen gegen japanischbesetzte Inseln durch, um später im Rahmen eines erweiterten Kommandoverbands in einer etwas konventionelleren Rolle auf Guadalcanal und New Georgia (Salomonen) eingesetzt zu werden. Nachdem die Kommandobataillone überflüssig geworden waren, wurden sie wieder in die normalen Marineinfanterieregimenter eingegliedert.
Dieser Soldat trägt den M1-Stahlhelm mit einem Tarnüberzug. Es gab eine Reihe verschiedener Helmüberzüge auf den einzelnen Kriegsschauplätzen: vom jahreszeitabhängigen Tarnüberzug mit besonderem Muster bis zum einfachen Khakiüberzug, der je nach geographischem Standort und persönlichem Geschmack durch Beschmieren mit Erde und Anbringen von Tarnmaterial situationsgerecht hergerichtet werden konnte. Bei seiner Uniform handelt es sich um den zweiteiligen Dschungel-Tarnanzug aus geköpertem Stoff, der um die Jahreswende 1942/43 den einteiligen Tarnanzug abgelöst hatte. Letzterer hatte im Feld einen ganz wesentlichen Nachteil, der einem scharfsinnigen Leser nicht näher erläutert zu werden braucht ... Gegen Ende des Jahres 1944 wurde der gefleckte Tarnanzug zugunsten eines einfachen olivgrünen Anzuges abgeschafft. Es ist jedoch interessant, daß im Verlauf der Normandie-Schlacht im Sommer 1944 die US-Truppen gefleckte Tarnanzüge anforderten (und auch erhielten), weil sie glaubten, in ihnen im bedeckten Gelände der Normandie eine schlechtere Zielscheibe abzugeben. 1945 ersetzte auf dem pazifischen Kriegsschauplatz ein einfacher, aus Popeline gefertigter zweiteiliger grüner Dschungelanzug alle anderen bis dahin noch benutzten Varianten. Auf der Jacke dieses Soldaten sind die Anfangsbuchstaben und das Waffenabzeichen des US Marine Corps aufgedruckt. Die Hosenbeine sind unten frei, obwohl die Benutzung von Drillichgamaschen bei den meisten Verbänden nach wie vor angeordnet war. Die Schuhe sind hier noch aus Leder, wurden aber im weiteren Verlauf des Krieges durch Dschungelschuhe aus gummibeschichtetem Drillich ersetzt. Zu Patrouillen oder Kommandounternehmen wurde nur ein Minimum an Ausrüstung mitgenommen. Dieser Soldat hat gerade soviel *»webbing«*-Gurtzeug angelegt, um seine Munition, das Seitengewehr und einen kleinen Wasservorrat mitführen zu können. Bei dem Gewehr handelt es sich um das hervorragende »Garand«-M1-Gewehr (Kaliber .30 = 7,62 mm), einen Selbstlader und die Standardwaffe der US Army während des Zweiten Weltkrieges und für viele weitere Jahre danach.

Bild 89: US-Fallschirmjäger, europäischer Kriegsschauplatz, 1944

Auf Grund ihrer besonderen Einsatzart und der damit zwangsläufig verbundenen Gefahren werden Fallschirmjäger überall in der Welt als eine Elitetruppe angesehen. Amerika bildet da keine Ausnahme. Beeindruckt von den Leistungen der

81
82
83
84
85

86
87
88
89
90

deutschen Fallschirmjägerverbände zu Beginn des Zweiten Weltkrieges, stellten 1942 auch die USA zwei Luftlandedivisionen auf: die berühmte *82nd US Airborne Division (All-American Division* = All-amerikanische Division) und die nicht minder berühmte *101st US Airborne Division (»Screaming Eagle«-Division* = »Schreiadler«-Division). Dieser Fallschirmjäger trägt auf seinem M1-Stahlhelm ein grünes Tarnnetz zum Befestigen von Tarnmaterial. Zum besseren Halt beim Absprung hat der Helm einen doppelten Kinnriemen mit einer Kinnschale aus Gummi. Um sein Verbandspäckchen besser erreichen zu können, hat er es vorn am Helmnetz befestigt. Seine Feldjacke und Hose sind Sonderanfertigungen für Fallschirmjäger: sie haben geräumige Taschen und sind an Knien und Ellenbogen verstärkt. Zur besseren Erreichbarkeit nach Anlegen des umfangreichen und sperrigen Gurtzeugs sind die Brusttaschen schräg angebracht. Die graugrüne Farbe der US-Fallschirmjägermontur, die dem deutschen Feldgrau recht nahe kam, veranlaßte die Amerikaner, den US-Fallschirmjägerverbänden ein Ärmelabzeichen in Form der amerikanischen Nationalflagge zuzuweisen, das — am rechten Oberarm unterhalb der Achselnaht angebracht — neben dem jeweiligen Verbandsabzeichen der Division (am linken Oberarm) getragen wurde. Das Verbandsabzeichen der 82. US-LL-Division zeigte zwei »A's« (*A*ll-*A*merican-Division) auf runder blauer Scheibe auf rotem Quadrat, jenes der 101. US-LL-Division einen weißen Adlerkopf (»Schreiadler«-Division) auf schwarzem Schild. Die hochgeschnürten Springerschuhe waren lange Zeit ein besonderes Merkmal der US-Fallschirmjäger und ihr ganzer Stolz, bis diese Schuhe später auch an andere Truppenteile ausgegeben wurden. Die *»webbing«*-Ausrüstung ist unhandlich und kompliziert, denn ein Fallschirmjäger pflegt seine gesamte Ausrüstung auf seinem Rücken oder in Taschen verpackt an anderen Stellen seines Körpers mitzuführen. Das Nahkampfmesser wurde an das Bein geschnallt. Bei der Schußwaffe handelt es sich um die sogenannte M3 *»Grease Gun«* — so benannt nach ihrer Ähnlichkeit mit einer Handfettpresse (*Grease* = Fett), —, die entwikkelt wurde, um der Forderung nach einer leichten, einfachen und billigen Maschinenpistole, vergleichbar mit der britischen »Sten«-MP und der deutschen MP 40, gerecht zu werden. Ursprünglich wurden jeder Gruppe zwei Stücke dieser Waffe (Zollkaliber .45 = 11,6 mm) zugeteilt, die sich im Einsatz als weitaus handlicher erwies als die schwerere »Thompson«-MP ähnlichen Kalibers.

Bild 90: Feldwebel (Technical Sergeant), 2. US-Panzerdivision (2nd US Armored Division), europäischer Kriegsschauplatz, 1945

Hier ein weiteres Beispiel für die Vielzahl an praktischer Sonderausrüstung, die eigens für die US-Streitkräfte angefertigt wurde. Dieser Panzerkommandant trägt einen gepolsterten, luftdurchlässigen Panzer-Schutzhelm mit eingebauten Kopfhörern, der an sämtliche Panzerverbände ausgegeben worden war und seither in zahlreiche Länder der Welt exportiert wird. Der Feldwebel trägt eine einteilige Anzugskombination aus olivgrünem geköpertem Stoff, darüber eine schlichte, aber praktische Windjacke aus wetterfestem Stoff mit schräg eingebauten Taschen und Reißverschluß. Kragen, Ärmelmanschetten und Jackenrundbund sind gestrickt. Seine Schuhe sind eines der neuesten Modelle. Ohne die oben angenähten Ledergamaschen ähneln sie den Fallschirmspringerschuhen.
Die Dienstgradabzeichen eines Technical Sergeant — drei Winkel und zwei Bogen, letztere im US-Militärjargon *»rockers«* genannt — sind khakifarben auf dunkelblauer Unterlage und an beiden Oberarmen angebracht. Am linken Oberarm, unterhalb der Achselnaht, das Verbandsabzeichen seiner Division. Dieses Ärmelabzeichen wurde im übrigen von sämtlichen US-Panzerdivisionen getragen, jedoch mit ihrer jeweiligen Divisionsnummer im gelben Feld. Bei der Seitenwaffe handelt es sich um die übliche automatische Pistole (Kaliber .45), die am *»webbing«*-Koppel in der obligaten ledernen Pistolentasche untergebracht ist. Daneben trägt dieser Feldwebel nur noch *»webbing«*-Patronentaschen für die Pistolenmagazine und ein *»webbing»*-Täschchen mit Verbandszeug.

Bild 91: Brigadegeneral (Brigadier-General), 1. US-Infanteriedivision (1st US Infantry Division), europäischer Kriegsschauplatz, 1945

Um etwaigen Mißverständnissen vorzubeugen: es handelt sich hier nicht um ein Porträt des Divisionskommandeurs der berühmten *»Bloody One»*, der »Blutigen Eins«, sondern um eine fiktive Person!

Dieser General trägt das Schiffchen, gold paspeliert, und links an der Mütze den silbernen Stern, Dienstgradabzeichen eines Brigadegenerals. Sein Hemd und seine Krawatte sind hell-khakifarben, obwohl sie eigentlich olivgrün hätten sein müssen. Doch was bedeutet das schon. In einer Armee, die wegen ihrer Großzügigkeit bekannt ist, kann sich keiner mehr persönliche Freiheiten herausnehmen als ein General. Im übrigen ist die Bezeichnung »olivgrün« ein ebenso weiter Begriff wie die Bezeichnung »khakifarben«. Die kurze Jacke mit zwei Brusttaschen und Rundbund, *»Ike jacket«* genannt (nach dem Spitznamen von General »Ike« Eisenhower), wurde 1944 eingeführt. Sie war der Feldbluse des britischen Kampfanzuges nachempfunden, von der die Amerikaner damals sehr angetan waren. Als sie schließlich ihre eigene Jacke herausbrachten, war diese viel flotter und aus weitaus besserem Stoff als ihr britisches Vorbild. Sie wurde an alle Dienstgrade und Verbände ausgegeben und war eigentlich als Feldjacke gedacht. Doch der modebewußte US-Landser dachte nicht im Traume daran, diese Jacke in schmutzigen Schützenlöchern zu ruinieren, denn er war fest entschlossen, sie nur als Ausgehjacke zu benutzen. Was er dann auch tat!

Am Kragen trägt dieser General das goldfarbene (ausgestanzte) Nationalitätsabzeichen, auf den Schulterklappen den Silberstern (Zeichen seines Dienstgrades) und am linken Oberarm das berühmte Verbandsabzeichen der 1. US-Infanteriedivision, die »Blutige Eins« auf einem Bronzeschild. Links auf der Brust eine Anzahl Tapferkeitsauszeichnungen, rechts die blau-silberne Kampfspange der US-Infanterie. Da diese Spange nur Dienstgraden bis zum Oberst verliehen wurde, muß diese Spange dem hier abgebildeten Offizier noch vor seiner Beförderung zum General verliehen worden sein. Die automatische Pistole (Kaliber .45) trägt er in dem bei amerikanischen Generälen sehr beliebten Schulterhalfter. Seine Fußbekleidung besteht aus einem Paar Schlechtwetterschuhen aus gummibeschichtetem Textilgewebe, mit Gummisohle und einem Vier-Schnallen-Verschluß, einem von mehreren an die Truppe ausgelieferten Modellen.

8. Weltpolizist USA

In dem Vierteljahrhundert seit Ende des Zweiten Weltkrieges waren amerikanische Truppen in zwei größeren Kriegen in Asien eingesetzt gewesen, ungeachtet der zahlreichen anderen kleineren Engagements in Gebieten der Welt, die neuerdings so anfällig für »Strohfeuerkriege« geworden sind. Als das reichste und am stärksten engagierte Mitglied der Vereinten Nationen — und eines derjenigen Mitglieder, die auch tatsächlich ihre Beiträge entrichten — übernahm Amerika ganz bewußt die Rolle des Weltpolizisten. Der Wunsch, die Demokratie in der Welt zu bewahren und der Widerwille, kleinere Nationen durch totalitäre Staaten unterwandert oder offen angegriffen zu sehen, waren neben anderen Überlegungen und Motiven dafür verantwortlich, daß die USA sich bereit fanden, ihren Verpflichtungen als Weltmacht nachzukommen.

Unmittelbar nach Beendigung der Feindseligkeiten übernahm ein Großteil der US-Streitkräfte Besatzungsaufgaben in Deutschland und Japan. Doch spielte Amerika die Rolle der Besatzungsmacht nicht allzu lange. 1950 überfielen kommunistische Streitkräfte Südkorea, und die amerikanische Armee, unvorbereitet wie sie war, sah sich gezwungen einzugreifen. Damit war das Muster zur Lösung künftiger, ähnlich gelagerter internationaler Konflikte vorgezeichnet. Die anderen Nationen würden sich über den ereigneten Vorfall entsetzt zeigen und gerade soviel Truppen entsenden, wie sie erübrigen konnten, während die USA die Hauptlast zu tragen haben würden. Der hier geschilderte Ablauf war fast unausweichlich, denn von den Alliierten des Zweiten Weltkrieges war nur Amerika glimpflich davongekommen. Auf die europäischen Siegermächte durfte Amerika nicht allzusehr bauen. Sie hatten zwar ebenfalls den Krieg gewonnen, sich dabei aber so verausgabt, daß sie mindestens noch eine Generation brauchten, um wieder zu Kräften zu kommen. Nur die USA waren in der Lage, zu einem solch frühen Zeitpunkt schon wieder militärische Unternehmen dieser Größenordnung durchzuführen.

Die Uniform und Ausrüstung des amerikanischen GI in Korea war fast identisch mit der des Soldaten aus dem Zweiten Weltkrieg. Obwohl man mittlerweile eingesehen hatte, daß sich der seinerzeit übliche imprägnierte wollene Waffenrock und die aus gleichem Material gefertigte Hose als Kampfanzug nicht besonders gut eigneten, da sie in erster Linie als Ausgehanzug gedacht waren, hatte man noch keine Änderung herbeigeführt. Erst die im koreanischen Winter gemachten Erfahrungen brachten eine Abhilfe. Noch bevor der Koreakrieg zu Ende war, besaß die Truppe eine erstklassige wetterfeste Bekleidung. Die in Korea verwendete persönliche Ausrüstung war im allgemeinen zufriedenstellend, doch wie üblich brachte auch hier die Praxis einige Punkte ans Tageslicht, die verbesserungswürdig waren. Eine Untersuchung Mitte der 50er Jahre darüber, was ein Infanterist mit sich führen sollte, hatte gegen Ende des Jahrzehnts die Ausgabe eines neuen Gurtzeugs aus festem Textilgewebe *(»webbing-equipment«)* zur Folge. Diese Untersuchung traf zeitlich mit der Ausmusterung des »Garant«-M 1-Gewehrs und der Einführung neuer Patronen zusammen, die aber mitsamt ihrem Ladestreifen nicht in die alten Patronentaschen Mod. 1938 hineinpaßten. Untersuchungen dieser Art finden seither ständig statt. Enorme Fortschritte auf dem Gebiet der Handfeuerwaffen und die Änderung taktischer Konzepte haben es notwendig gemacht, daß ständig Überlegungen angestellt werden müssen, wie man die Ausrüstung des Soldaten verbessern kann. In den letzten zwanzig Jahren ist eine solche Vielzahl neuer Ausrüstungsgegenstände mit dem dazugehörigen Gurtzeug herausgebracht worden, daß ein Überblick kaum noch möglich ist. Es genügt hier zu sagen, daß man heutzutage bei der Entwicklung neuer Ausrüstungsgegenstände davon ausgeht, daß sie leicht, handlich und im Kampf vielseitig verwendbar sein müssen.

Die Kampfanzüge werden ebenfalls laufend geändert und verbessert. Obwohl sie mittlerweile einen hohen Grad an Vollkommenheit erreicht

Amerikanische Infanterie im Auftrag der Vereinten Nationen beim Vormarsch bei Taegu/Südkorea im Jahre1950. LeichterKampfanzug und Ausrüstung stammen noch aus der Endphase des Zweiten Weltkrieges, ebenso das »Garand«-M1-Gewehr, der M1-Karabiner, die MP-M3 *»Grease Gun«* und die »BrowningAutomatic Rifle« (BAR). Rechts am Straßenrand ein abgeschossener kommunistischer Panzer vom Typ T-34/85.
Radio Times Hulton Picture Library

Splitterschutzweste Mod. M 1952. War auf den Schlachtfeldern Koreas ein häufig anzutreffender Ausrüstungsgegenstand. In der Nylonweste befinden sich biegsame Platten aus einer Kunststoffmischung, die einen guten Schutz gegen Schrapnellsplitter und Handfeuerwaffengeschosse mit niedriger Anfangsgeschwindigkeit bieten, jedoch keinen gegen Gewehr- oder Maschinengewehrgeschosse mit hoher Anfangsgeschwindigkeit und aus kurzer oder mittlerer Entfernung.

haben, haben besondere Erfordernisse zu einer Anzahl von Spezialanfertigungen geführt, die in ihrer Vielzahl so verwirrend sind, daß sie dem Uniformsammelsurium früherer Jahrhunderte angehören könnten. Dennoch besteht kein Zweifel daran, daß die Ausrüstung der US Army erstklassig ist. Die Uniformen für besonderes Gelände sind ebensowenig zu überbieten wie die Bekleidung für die Arktis und den Dschungel. Heutzutage wird weitgehend auf Stoffe zurückgegriffen, die besonders isolierend wirken. Auf dem Sektor der Tropenbekleidung beispielsweise wurden neue Arbeits- und Feldanzüge entwickelt, die aus einem Material bestehen, das in der Feuchtigkeit des Dschungels erheblich schneller trocknet als die herkömmlichen Drillichanzüge. Auch solch scheinbare Nebensächlichkeiten wie die richtige Anbringung von Taschen, damit sie auch von Soldaten in voller Ausrüstung bequem erreicht werden können, wurden berücksichtigt. Leser dieses Buches, die selbst gedient haben, werden sich wahrscheinlich sagen, daß diese Maßnahmen um das Wohl des einfachen Soldaten viel zu vernünftig sind, als daß ein General ihr Initiator gewesen sein könnte!

Auch in dem so tragischen und langen Vietnamkrieg, der nicht nur in den USA, sondern auch in Europa zu hitzigen Debatten geführt hatte, wurden auf dem Ausrüstungssektor zahlreiche weitreichende Änderungen vorgenommen. Neue Waffen wurden entwickelt und neue Taktiken konzipiert. Die breite Verwendung von Tarnanzügen ist ein besonderes Kennzeichen dieses Krieges gewesen, wie auch die Wiedereinführung der zuerst im Koreakrieg verwendeten Splitterschutzwesten, der sogenannten »Flack jackets«. Obwohl sie gegen Geschosse moderner Handfeuerwaffen mit hoher Anfangsgeschwindigkeit nur geringen Schutz bieten, hatten diese Westen es zumindest fertiggebracht, die Verluste durch Splitterverletzungen beträchtlich zu verringern. Dieser Ausrüstungsgegenstand ist in den letzten Jahren auch in der britischen Armee eingeführt worden, wo er sich »bei militärischen Unternehmen, die zum Zwecke der Unterstützung von rechtmäßigen Regierungen durchgeführt wurden«, bewährt hat. Diese Unternehmen fanden besonders Mitte der 60er Jahre statt und waren für die Beteiligten eine unerquickliche Angelegenheit. Ein Ausrüstungsgegenstand, der in den letzten Jahren fast völlig aus den Spinden der Soldaten verschwand, sind die Stoffgamaschen (*»webbing«-leggings* oder *gaiters* genannt). Auch hier wieder waren andere Nationen der US Army gefolgt und haben diesen Ausrüstungsgegenstand mittlerweile durch hochschaftige Kampfstiefel verschiedener Machart ersetzt.

Ende der 50er Jahre wurde ein neuer kleiner

Das gelb-schwarze Divisions(Ärmel)-Abzeichen der *1st US Cavalry Division (Air Mobile),* der 1. US-Kavalleriedivision (luftbeweglich).

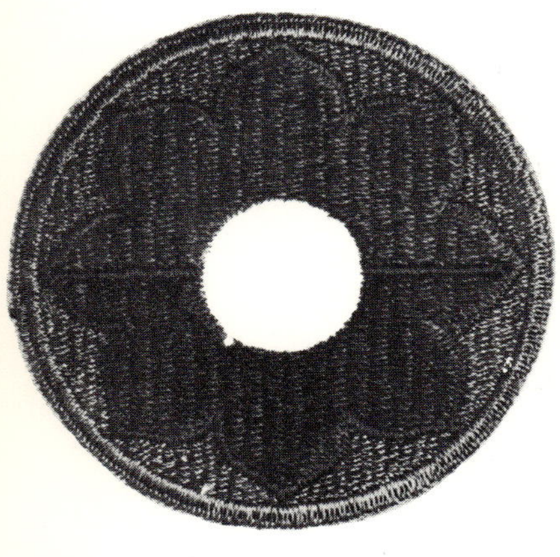

Zwei Varianten des Ärmelabzeichens der 9. US-Division. Links das normale rot-weiß-blaue Abzeichen auf silberfarbenem Grund. Rechts die gedeckte Version des Kampfanzuges, wie sie in Vietnam an die Truppe ausgegeben wurde. Aus Tarnungsgründen ist das Abzeichen olivgrün-schwarz. Anstatt Ärmelabzeichen an die Dschungelanzüge zu nähen, die in dem konstant feuchten Klima ohnehin nur eine begrenzte Lebensdauer hatten, zogen die Soldaten im Einsatz es häufig vor, die Abzeichen mit Kugelschreiber oder Filzstift aufzutragen.

Dienstanzug eingeführt, der bis auf den heutigen Tag unverändert im Gebrauch ist. Die khakifarbene Uniform verschwand und wurde durch eine neue flotte dunkelgrüne Uniform ersetzt, die aus einem einreihigen Rock und einer Hose besteht. Eine Schirmmütze gleichen Materials ergänzt die Uniform, die in gleicher Form sowohl von Offizieren als auch von der Mannschaft getragen wird. Ein matt-khakifarbenes Hemd und ein schwarzer Langbinder vervollständigen den kleinen Dienstanzug. Sämtliche Lederteile, wie Mützenschirm, Mützenriemen und Schuhe, die seit dem spanisch-amerikanischen Krieg stets rotbraun gewesen waren, sind nunmehr schwarz.

Doch der vielleicht bemerkenswerteste Vorgang in der US Army in den letzten zwei Jahrzehnten war die Entwicklung auf dem Gebiet der Abzeichen und Bezeichnungen. Es wurden inzwischen derartig viele Sonderdienstgrade, Sondertätigkeitsbezeichnungen und -abzeichen sowie Sonderverbandsbezeichnungen und -abzeichen eingeführt, daß die Fülle der Abzeichen und Bezeichnungen für jeden, der nicht ein geborener Bürokrat oder Fachmann auf diesem Gebiet ist, total verwirrend sein muß. Sie spiegeln aber die Kompliziertheit und das Spezialistentum einer Armee des Atomzeitalters präzise wieder. Und dennoch haben es die Streitkräfte anderer Nationen ja auch vermocht, ihre althergebrachten Dienstgradbezeichnungen beizubehalten, ohne ihre Leistungsfähigkeit zu verlieren. Man wundert sich daher, weshalb es gerade Amerika für notwendig befunden hatte, den Corporal (Obergefreiten) und Sergeant (Unteroffizier) in »Sp. 3« (»Sp« kommt von *»Specialist«*) beziehungsweise in »E 8« umzubenennen.

Es fällt auf, daß auf dem Gebiet amerikanischer Uniformen dem Tragen von Paradeuniformen eine immer größere Bedeutung beigemessen wird. Durch farbige Halstücher, geflochtene Fangschnüre, weiße Handschuhe und auf Hochglanz polierte Stiefel wird versucht, den Dienstanzug bei Paraden noch zusätzlich herauszuputzen. Solche Besonderheiten wie das »Sam Browne«-Koppel und der *»buff strap«* (ein um die linke Achsel geschlungener etwa 1,2 cm breiter Lederriemen von symbolischer Bedeutung) des *3rd US Infantry Regiment* (siehe auch Bild 96, Bildtafel 20) scheinen anzudeuten, daß man ganz bewußt bemüht ist, die Tradition einer stolzen militärischen Vergangenheit in die Gegenwart hinüberzuretten. Dies ist nur zu begrüßen, denn in den Augen der meisten Europäer bestehen die Bezeichnungen der US Army in der Masse nur aus riesigen nichtssagenden Zahlen. Dies alles ist ein Zeichen dafür, doch beileibe nicht das einzige, daß das Pentagon erkannt hat, wie zuträglich eine lückenlose Regimentstradition für die Moral der Truppe sein kann. Angeblich soll diese Tradition die Stärke britischer und anderer europäischer Verbände sein. Es ist noch nicht allzu lange her, daß auch bei Paraden amerikanischer Truppen Traditionsfahnen und Traditionsuniformen zum ersten Mal in Erscheinung traten, womit die US Army abermals auf bestem Wege ist, sich europäischen Bräuchen anzupassen.

Mitte der 50er Jahre erhielt die US Army eine neue Paradeuniform *(full dress uniform)*, die in Blau und Gold gehalten ist und aussieht wie zu General Grants Zeiten. Gewöhnlich wird sie nur von Offizieren getragen, steht aber auch anderen Dienstgraden zu. Zur Abbildung dieser Uniform siehe Bild 97, Bildtafel 20.

Vielleicht sollten zum Schluß noch die *US Special Forces* erwähnt werden, ein Kommandoverband, der ursprünglich gegründet wurde, um bei Geheimaufträgen eingesetzt zu werden, und der eng mit dem CIA *(Central Intelligence Agency)* zusammenarbeitete. Schon mehrfach hatten Männer der *Special Forces* hinter dem Eisernen Vorhang Sonderaufträge durchgeführt, und auch beim Ungarnaufstand 1956 waren kleinere Gruppen in Budapest aktiv geworden. In jüngster Zeit hat sich diese ehemalige »Privatarmee« des CIA auf konventionellere Operationen verlegt, die in Zusammenarbeit mit regulären Armeeverbänden durchgeführt werden. Der Sonderstatus der *US Special Forces* kommt auch in ihrer Uniform zum Ausdruck, in erster Linie in Form ihrer mittlerweile berühmt gewordenen grünen Barette. Nach Wissen des Autors hatte es zuvor nur eine einzige amerikanische Einheit gegeben, die Barette getragen hatte, nämlich die von Colonel Frederick aufgestellte und im Zweiten Weltkrieg in Italien eingesetzte amerikanisch-kanadische *Special Service Force*. Dieser Verband hatte flammendrote

Die dunkelgrüne Schirmmütze des Dienstanzuges der Unteroffiziere und Mannschaften mit schwarzem Lederschirm, schwarzem Leder-Sturmriemen, Goldknöpfen und dem Mützenabzeichen mit dem Nationalemblem. Die Schirmmütze wird hier zum offenen Sommerhemd getragen. Die Kragenabzeichen sind runde Messingscheiben.
Katcher

Barette getragen. Einige der Abzeichen dieses Verbandes werden von den heutigen *US Special Forces* aus Traditionsgründen weitergeführt, wie etwa das pfeilkopfförmige Verbands-(Ärmel)-Abzeichen. Ferner unterscheiden sich die *Special Forces* von anderen Verbänden des Heeres durch ein anderes Mützenabzeichen (mit zwei gekreuzten Pfeilen), das allerdings nur Unteroffiziersdienstgraden zusteht und, wiederum im Gegensatz zu anderen Waffengattungen, in einer etwas verkleinerten Form auch auf den Schulterklappen getragen wird.

Es scheint kein Zweifel daran zu bestehen, daß zumindest auf dem Gebiet der Uniformen und Abzeichen die US Army europäische Praktiken übernommen hat, angesichts der Entstehungsgeschichte der amerikanischen Armee und der zahllosen europäischen Länder, die in der Militärgeschichte Nordamerikas eine bedeutende Rolle gespielt haben, eine nur natürliche Entwicklung.

Bild 92: Oberschütze (Private First Class) der US-Infanterie, frühe 1950er Jahre

Hier ein Infanterist aus der Zeit des Koreakrieges, dessen Aussehen sich seit den letzten Monaten des Zweiten Weltkrieges nur wenig verändert hatte. Die Standard-Infanteriewaffe war nach wie vor das »Garand«-M1-Gewehr. Das *»webbing«*Zeug (Mod. 1938) mit den zahlreichen Patronentaschen, jede zur Aufnahme eines achtschüssigen Ladestreifens bestimmt, war auch immer noch das gleiche. Auch die Bekleidung bestand immer noch aus der bekannten wetterfesten grünlichen Hose und einer Feldjacke aus gleichem Material, unter der ein Jakkenfutter oder ein Pullover getragen werden konnten. Auffallend war, daß zur besseren Identifizierung, insbesondere nachts, auf den Stahlhelm neben dem Dienstgradabzeichen in immer größerem Umfang auch Verbands- oder andere Abzeichen aufgemalt wurden. Bei dem Tornister handelt es sich noch um das Modell 1945 mit dem hufeisenförmig zusammengerollten Schlafsack obendrauf. Rechts wird die Feldflasche (mit *»webbing«*-Überzug) getragen, auf der Rückseite des Tornisters der Feldspaten, ebenfalls in einer *»webbing«*-Tragetasche. Eierhandgranaten wurden beim Marsch gewöhnlich am Koppeltragegestell eingehakt getragen. Bei den Kampfstiefeln handelt es sich um hohe Schnürschuhe ohne Gamaschen, obwohl die US-Marineinfanterie zu dieser Zeit noch immer die vertrauten Drillichgamaschen trug. Die einzigen Abzeichen an der Uniform sind auf jedem Oberarm die Dienstgradabzeichen eines »Private First Class« (ein Winkel). Zwar wurden auch Divisions-Ärmelabzeichen getragen, doch nur dann, wenn es die Sicherheitsbestimmungen zuließen.

Auf Grund der in Korea gemachten Erfahrungen wurden an der *»webbing«*-Ausrüstung Mitte der 1950er Jahre einige Änderungen vorgenommen. Der Patronengürtel (Koppel) mit den zahlreichen Patronen-Einzeltaschen wurde zugunsten eines Koppels mit zwei großen Universal-Taschen abgeschafft, die zur Aufnahme der Ladestreifen und Magazine für die verschiedenen neuen Infanteriewaffen ausgelegt waren. Der hufeisenförmig zusammengerollte Schlafsack verschwand ebenfalls. Er wurde durch eine Reihe neuer, nach Klima und Verwendungszweck unterschiedlicher Modelle ersetzt, die als kompakte Rolle auf den nunmehr tief getragenen Tornister geschnallt wurden. Der Feldspaten, in dessen Tragetasche nunmehr auch die Seitengewehrscheide mit eingebaut war, rückte auf die linke Hüfte. Obwohl bereits 1956 entworfen, gelangte diese neue Ausrüstung erst zu Beginn der 1960er Jahre in die Truppe, wo sie auch heute noch in Gebrauch ist.

Bild 93: US-Marineinfanterist, Korea, frühe 1950er Jahre

Ein »Ledernacken« *(»leatherneck«)* des US Marine Corps im einfachen und praktischen Winterfeldzug, wie er seinerzeit an die Truppe in Korea ausgegeben worden war. Die olivgrüne Mütze ist pelzgefüttert und wurde mit heruntergeklappten und unter dem Kinn befestigten Ohrenklappen häufig auch unter dem Stahlhelm getragen. Am Mützenschirm wurden gelegentlich Dienstgradabzeichen angebracht. Über der normalen Felduniform wurden dick gefütterte knielange Feldjacken, an den Füßen stark gefütterte Schuhe getragen. Es waren eine Reihe verschiedener parkaähnlicher Feldjacken im Gebrauch, teilweise mit pelzgefütterter Kapuze. Bei dem leichten Maschinengewehr handelt es sich um das »Browning«-MG mit Dreibein (Kaliber .30 = 7,62 mm), die Standard-Unterstützungswaffe auf Infanteriegruppenebene.

Bild 94: Major, US-Transportkorps (US Transportation Corps), Sommer-Dienstanzug, 1950er Jahre

Hier ein Offizier der Rückwärtigen Dienste der US Army. Dieser Armeezweig war im Auftrag der Vereinten Nationen auf US-Basen in Japan zur Unterstützung militärischer Unternehmen im Koreakrieg tätig. Der Major trägt einen hellbraunen Tropen- bzw. Sommer-Dienstanzug aus leichtem Kammgarnstoff, dazu eine Schirmmütze aus gleichem Material, mit einem Mützenschirm und Sturmriemen aus rotbraunem Leder und einem Mützenabzeichen aus goldfarbenem Metall. Der Sturmriemen ist mit Goldknöpfen befestigt. Das Hemd ist ebenfalls hellbraun und wird mit einem schwarzen Langbinder getragen. Auf beiden oberen Rockaufschlägen ist das Nationalitätsabzeichen angebracht (ausgestanzte »US«-Buchstaben) und auf den unteren Rockaufschlägen das Abzeichen dieses Armeezweiges (ein Schiffssteuerrad,

91
92
93
94
95

96
97
98
99
100

ein mit Flügeln versehenes Fahrzeugrad und eine Eisenbahnschiene). Auf den Schulterklappen das goldene Eichenblatt, Dienstgradabzeichen eines Majors. Alle Rockknöpfe sind goldfarben. Der dunkelbraune Stoffbesatz am oberen Rand der Ärmelaufschläge ist ein weiterer Hinweis dafür, daß es sich hier um einen Offizier handelt. Das Ärmelabzeichen am linken Oberarm ist das des *Japan Logistical Command* (logistischer Befehlsbereich Japan). Die Uniform wird vervollständigt durch braune Halbschuhe.

Bild 95: Unteroffizier (Sergeant), 101. US-Luftlandedivision (101st US Airborne Division), frühe 1960er Jahre

Dieser Sergeant trägt den normalen Arbeits- und Feldanzug und sieht aus, als wollte er gerade eine Infanteriegruppe in der Bedienung des neuen automatischen Gewehrs-M 14 unterweisen. Die ansonsten völlig formlose Arbeitsmütze Mod. M 43, deren einzige Aufgabe es ist, Augen und Kopf gegen Sand und Sonne zu schützen, erscheint hier als ein makelloses Bekleidungsstück, gerade gut genug für einen Unteroffizier der elitären US-Fallschirmjägertruppe. Vorn an der Mütze die Fallschirmjägerschwingen, Abzeichen der US-LL-Truppen.
Unmittelbar unterhalb der Achselnaht befindet sich am Oberarm das Fallschirmjäger-Tätigkeitsabzeichen, ein blaues Stoffband mit der weißen Aufschrift *»Airborne«*, und darunter das Verbandszeichen der 101. US-LL-Division, ein weißer Adlerkopf auf schwarzem Schild. Ferner auf beiden Oberarmen die drei Winkel eines Sergeant (gelb auf khakifarbenem Untergrund). Oberhalb der rechten Brusttasche das Namensschild, ein weißes Stoffband mit schwarzem Namensaufdruck, oberhalb der linken Brusttasche ein schwarzes Stoffband mit der (gelben) Aufschrift »US Army«. Diese Anbringungen am Arbeits- und Feldanzug wurden erst in den späten 1950er Jahren eingeführt. Der Kragen wird offen getragen und unter der Feldbluse ein weißes Unterhemd.
Das *»webbing«*-Koppel ist dunkelgrün, wie übrigens die gesamte *»webbing«*-Ausrüstung seit Beginn der 1960er Jahre. Zur Hose des Arbeits- und Feldanzuges mit den zwei großen Taschen auf den Oberschenkeln werden hohe Fallschirmspringerschuhe getragen.
Offiziere tragen das Dienstgradabzeichen und Waffenabzeichen in Form einfacher farbiger Stoffabzeichen auf dem Kragen, und zwar ersteres rechts, letzteres links.

Bild 96: Leutnant (2nd Lieutenant), 3. US-Infanterieregiment (3rd US Infantry Regiment), 1965

Das 3. US-Infanterieregiment, *»Old Guard«* (Die Alte Garde) genannt, ist der älteste Infanterieverband der US Army. Das Regiment wurde 1784 aufgestellt und in sämtlichen wichtigen Kriegen Amerikas eingesetzt, wo es sich stets mit großer Bravour schlug. Heute wird es mit Vorliebe zu Funktionen bei feierlichen Anlässen herangezogen, ähnlich wie die britische *Brigade of Guards* (Gardebrigade). Neben der Ausübung normaler militärischer Pflichten ist das Regiment mit der Wahrnehmung von Sonderaufgaben im Raum Washington D.C. betraut. So stellt dieses Regiment beispielsweise bei entsprechenden Anlässen ein Traditionskommando mit Spielmannszug in Uniformen aus den 1780er Jahren und bei Staatsbegräbnissen das berittene Begleitkommando. Es ist im übrigen der letzte berittene Verband in der US Army. Der hier abgebildete Leutnant trägt den in den späten 1950er Jahren für alle Dienstgrade der US Army eingeführten dunkelgrünen Dienstanzug zuzüglich einiger Besonderheiten für Paraden und seines Verbandes. Der Schnitt der Uniform ist für sämtliche Dienstgrade gleich.
Die Schirmmütze des Dienstanzuges ist ebenfalls dunkelgrün, hat einen Schirm aus schwarzem Lackleder, den bei Offizieren üblichen goldfarbenen Sturmriemen, der mit Goldknöpfen befestigt ist, und als Mützenabzeichen das Nationalemblem aus Goldmetall. Die Mannschaft trägt einen Sturmriemen aus schwarzem Lackleder und an Stelle des ausgestanzten Mützenabzeichens eine runde Messingscheibe, in die das Nationalemblem eingestanzt ist. Bei Paraden tragen Angehörige der Infanterie ihrer Waffenfarbe entsprechend hellblaue Achselschnüre und hellblaue Halstücher, Angehörige anderer Waffengattungen solche in ihrer jeweiligen Waffenfarbe. Die Verwendung farbiger Halstücher hat in den letzten 20 Jahren stark zugenommen. Bei den Kragenabzeichen handelt es sich um die üblichen Abzeichen. Bei der Mannschaft waren es immer noch zwei runde Messingscheiben, in die das Nationalemblem bezie-

hungsweise Waffenabzeichen eingestanzt waren. Das Dienstgradabzeichen dieses Leutnants besteht aus einem goldenen Balken und ist auf den Schulterklappen zu finden. Die Knöpfe aller Dienstgrade sind goldfarben. Offiziere tragen um den oberen Rand der Ärmelaufschläge ein breites schwarzes Stoffband und an der Hose etwa 4 cm breite schwarze Stoffbiesen. Zum normalen Dienstanzug werden schwarze Halbschuhe getragen, doch verlangt die Vorschrift, daß bei Paraden die hohen schwarzen (geschnürten) Kampfstiefel getragen werden mit oben hineingesteckter Hose. Zur Paradeausrüstung gehören auch die weißen Handschuhe.

Auf diesem Bild sind zwei Besonderheiten dieses Regiments zu sehen: das »Sam Browne«-Koppel und der sogenannte *»buff strap«* (Rindlederstreifen). Das »Sam Browne«-Koppel aus schwarzem Leder wird von sämtlichen Angehörigen des 3. US-Infanterieregiments getragen. Offiziere tragen es mit einem schwarzen Schulterriemen um die linke Schulter und mit einer Pistolen- und Patronentasche. Die Mannschaft trägt das Koppel mit einem Schulterriemen um die rechte Schulter und einem Seitengewehr. Der etwa 1,2 cm breite schwarze Lederstreifen um die linke Achsel, in den ein etwa 6 mm breiter naturfarbener Rindlederstreifen hineingewebt wurde, ist ein Traditionsabzeichen und soll an die Zeit der amerikanischen Revolution erinnern. Damals soll dieses Regiment in den schwarzen Tragriemen des Tornisters einen naturfarbenen Lederstreifen hineingewebt haben, um sich von den anderen Einheiten zu unterscheiden.

Bild 97: Oberst (Colonel), US-Infanterie, in Paradeuniform, 1960er Jahre

Zu Beginn der 1950er Jahre eingeführt, soll die Paradeuniform an das traditionelle Blau der US Army des 19. Jahrhunderts erinnern. Dieser Oberst trägt eine dunkelblaue Schirmmütze mit zwei goldenen Eichenlaubranken auf dem schwarzen Lederschirm. Die doppelte Eichenlaubranke steht nur Stabsoffizieren zu. Ein goldfarbener Sturmriemen, ein oben und unten mit Goldlitze eingefaßtes Mützenband in der hellblauen Waffenfarbe der Infanterie und das übliche Mützenabzeichen aus Goldmetall vervollständigen die Mütze. Das Mützenband variiert je nach Waffengattung, jedoch nur bei Offizieren. Bei der Mannschaft ist es unabhängig von der Waffengattung dunkelblau, jedoch ebenfalls mit Goldlitze eingefaßt. Deren Mützenschirm ist aus schwarzem Lackleder, das Mützenabzeichen eine runde Metallscheibe, in die das Nationalemblem eingestanzt wurde, der Sturmriemen eine mit Goldknöpfen befestigte geflochtene goldgelbe Kordel.

Unter dem dunkelblauen einreihigen Uniformrock wird ein weißes Hemd mit schwarzem Langbinder getragen. Am Rockkragen die üblichen Kragenabzeichen, nämlich das Nationalitätsabzeichen und das Infanteriewaffenabzeichen. Die Rockknöpfe sind goldfarben. Das Anlegen von Ordensschnallen und Tragen weißer Handschuhe war vorgeschrieben. Die Dienstgradabzeichen im Stil des 19. Jahrhunderts, nämlich die vertrauten *»boxes«*, bestehend aus einer Stoffunterlage in der Waffenfarbe mit einer Goldtressenumrandung, werden auf beiden Schultern getragen. Der Silberadler auf der Stoffunterlage besagt, daß es sich hier um einen sogenannten *»full«* Colonel, also um einen »vollwertigen« Oberst handelt, im Gegensatz zu einem Lieutenant Colonel (Oberstleutnant), der gewöhnlich auch mit »Colonel« angesprochen wird, aber ein anderes Dienstgradabzeichen hat, nämlich ein silbernes Eichenblatt. Ein weiteres Zeichen seines Ranges ist die gold-hellblau-goldene Randeinfassung der Ärmelaufschläge. Die Hose mit breiten Goldbiesen ist für alle Waffengattungen hellblau.

Die Paradeuniform für die Mannschaft und Unteroffiziere unterscheidet sich im Schnitt von der der Offiziere nicht im geringsten. Nur trägt die Mannschaft an Stelle der ausgestanzten Offizierskragenabzeichen runde Metallabzeichen, in die die Motive eingestanzt worden sind, und auf beiden Schultern geflochtene gold-gelbe Schulterstücke. Die Ärmelaufschläge sind bei der Mannschaft mit zwei Goldknöpfen und zwei Goldtressen verziert. An der Hose trägt die Mannschaft zwei parallele schmale Goldbiesen. Sämtliche Dienstgrade tragen zu dieser Uniform schwarze Halbschuhe.

Bild 98: Soldat, US-Luftkavallerie (US Airborne Cavalry), später 1960er Jahre

Ein US-Soldat mit einer für den Vietnamkrieg typischen Bekleidung und Ausrüstung. Trotz der Bezeichnung *1st US Cavalry Division (Air Mo-*

bile), also 1. US-Kavalleriedivision (luftbeweglich), war sein Verband im Grunde genommen nur eine für Blitzeinsätze und schnelle Konterschläge gedrillte Infanteriedivision, deren Soldaten in verbandseigenen Hubschraubern zum Einsatz gebracht wurden. Die persönliche Ausrüstung der Männer unterschied sich in nichts von der aller übrigen Infanteristen.
Der Stahlhelm ist mit einem schon etwas verblaßten Tarnüberzug überzogen, der durch einen Gummiring in Position gehalten wird. Dieser Gummiring wurde weit häufiger zur Befestigung von Zigarettenpäckchen, Verbandspäckchen und ähnlichem benutzt, als zur Befestigung von Tarnmaterial, wofür er eigentlich vorgesehen war. Der Feldanzug ist ein neues Modell und war eigens für die Kriegführung im Dschungel entworfen worden. Er ist aus dünnerem Material als alle Vorläufermodelle, trocknet schneller, wenn durchnäßt, und hat leicht zugängliche Taschen, was besonders nach dem Anlegen des Gurtzeugs von großem Wert ist. Der Dschungelanzug hat eine nur sehr beschränkte Lebensdauer, so daß die Soldaten sich nur höchst selten die Mühe machten, Dienstgrad- oder Verbandsabzeichen anzunähen. Weitaus häufiger wurden die Abzeichen einfach mit einem Kugelschreiber oder Filzstift auf den Dschungelanzug aufgemalt. Sofern Verbandsabzeichen überhaupt getragen wurden, waren sie auf Grund dieser Herstellungsart natürlich nicht farbgetreu, wie beispielsweise hier das Abzeichen der 1. US-Luftkavallerie. Eigentlich hätte der Untergrund gelb und nicht olivgrün sein müssen.

Zum Dschungelanzug trägt dieser Soldat die neueste *»webbing«*-Ausrüstung. Wie in jeder Armee und in jedem Krieg wurde die Ausrüstung jedoch nur höchst selten vorschriftsmäßig getragen. In Stoffbandelieren wurden Reservemagazine für das »Armalite«-Sturmgewehr-M 16 mitgeführt, (das hochrasante Geschosse im »Kleinkaliber« von nur 5,56 mm verschießt), im Tornister Munition für den Granatwerfer. Für den Transport wurde die Granatwerfermunition gewöhnlich auf sämtliche Männer der Gruppe verteilt, so daß die Gefahr, beim Verlust eines Mannes die gesamte Munition zu verlieren, reduziert war. Häufig traf man die Soldaten mit dem sogenannten *»survival knife«* an, obwohl dieses »Überlebensmesser« offiziell nur an das fliegende Personal der Hubschraubergruppe ausgegeben wurde.

Bild 99: Patrouillenanzug, später 1960er Jahre

Der Vietnamkrieg brachte eine Fülle verschiedener Tarnanzüge hervor, die zum großen Teil von der US Army im Einsatz erprobt wurden. Oft waren die Tarnmuster nicht von Amerikanern entworfen, sondern von den Vietnamesen, Franzosen oder anderen übernommen worden. Tarnanzüge mit dem hier abgebildeten schwarz-matt-weiß-graugrünen Muster waren am häufigsten in Gebrauch, ebenso der weiche Buschhut mit ähnlichem Muster, insbesondere bei den US-Streitkräften. Die Vietnamesen bevorzugten einen breitkrempigen Buschhut nach »Stetson«-Art. Abzeichen wurden auf Tarnanzügen nur höchst selten getragen.
Die *»webbing«*-Ausrüstung ist identisch mit der von Bild 98. Das Tornistergepäck besteht aus einem leichten Rucksack auf einem Aluminiumrahmen mit einem zusammengerollten wetterfesten Schlafsack obendrauf (Mod. 1963). Häufig wurden zusätzliche Feldflaschen und Patronentaschen mitgeführt. Dieser Soldat hat einen ursprünglich zum Transport von Minen gedachten Beutel umfunktioniert, um weitere 18-schüssige Stangenmagazine für sein M 16-Sturmgewehr unterbringen zu können. Um seinen Hals trägt er einen Patronengurt für das MG-M 60 seiner Infanteriegruppe. Sein Gesicht hat er im Hinblick auf den Patrouillengang vorsorglich mit Fettfarbe verschiedener Schattierungen eingerieben. An den Füßen trägt er eigens für diese Breitengrade entworfene Dschungelschuhe aus gummibeschichtetem Textilgewebe mit Gummisohle. Um den Lauf seines Sturmgewehrs vor Feuchtigkeit zu schützen, hat er die Mündung mit Klebestreifen verklebt.

Bild 100: Oberfeldwebel (Master Sergeant) (E–8), 1. US-Kommandoverband (1st Special Forces Group), späte 1960er Jahre

1952 aufgestellt, war dieser Kommandoverband Nachfolgeorganisation solcher Verbände wie der US-Ranger aus dem 18. und 19. Jahrhundert und der kanadisch-amerikanischen *Special Service Force* aus der Zeit des Zweiten Weltkrieges. Die *1st Special Forces Group* hatte somit die Ehre, die Tradition dieser Verbände, die mit der unkonventionellen Kriegsführung betraut gewesen waren, fortführen zu dürfen. Die *US-Special Forces* bestehen gegenwärtig aus zehn Verbänden einschließlich Reserveeinheiten und Einheiten der Nationalgarde. Sie wurden in vielen Teilen der Welt eingesetzt, sowohl in geheimer Mission als auch im offenen Gefecht.

Dieser Master Sergeant trägt den üblichen dunkelgrünen Dienstanzug der US Army, doch mit einer Anzahl verbandseigener Besonderheiten und verschiedenen Sonderabzeichen. Das grüne Barett, seit 1954 allmählich eingeführt und seit 1961 in der Truppe fest installiert, erinnert an die Roger's Rangers (Bild 9) aus der Zeit des britisch-französischen Kolonialkrieges (1754/55—1763) und regt zum Vergleich an mit den Baretten ähnlicher Verbände anderer Nationen, wie der *British Royal Marine Commandos* aus dem Zweiten Weltkrieg und der französischen Fremdenlegion aus der Mitte der 1950er Jahre. Das Mützenabzeichen ist aus Silbermetall und zeigt zwei gekreuzte Pfeile und ein Schwert inmitten einer Schriftrolle mit der Inschrift »De Oppresso Liber« — »Zur Befreiung von Unterdrückung«. Auf einer schildförmigen Stoffunterlage wird dieses Mützenabzeichen von allen Mannschaftsdienstgraden getragen. Offiziere hingegen tragen auf der gleichen Stoffunterlage ihr Dienstgradabzeichen. Die Farbe der Stoffunterlagen hat folgende Bedeutung: *Special Forces (SF) Training Group* (SF-Ausbildungsverband) (weiß); *1st SF-Group* (1. SF-Verband) (gelb mit schwarzem Rand); *2nd SF-Group* (ein dunkles Grünblau mit weißem Rand); *3rd SF-Group* (Schild mit rotem, schwarzem, weißem und gelbem Feld); *5th SF-Group* (schwarz mit weißem Rand und roten und gelben Diagonalstreifen); *6th SF-Group* (rotes und schwarzes Feld, durch einen weißen Diagonalstreifen getrennt); *7th SF-Group* (rot); *8th SF-Group* (diagonal angepaßtes rotes und gelbes Feld); *10th SF-Group* (grün). Die Waffenfarbe der *US-Special Forces* ist ein dunkles Grünblau *(teal blue)*.

Eine kleinere Ausgabe des Mützenabzeichens wird von sämtlichen Dienstgraden auf den Schulterklappen getragen, von Offizieren zusammen mit dem Dienstgradabzeichen. Die Kragenabzeichen sind die bei der US Army üblichen Abzeichen. Offiziere tragen als Waffenabzeichen die gekreuzten Gewehre der Infanterie, obwohl in den *Special Forces* sämtliche Waffengattungen und Dienstzweige vertreten sind. Sämtliche Einheiten der *US-Special Forces* werden als Luftlandeverbände geführt. Nach Abschluß ihrer Fallschirmspringerausbildung dürfen die Männer auch das Ärmelband mit der Aufschrift *»Airborne«* tragen. Unmittelbar unter diesem Ärmelband wird das eigentliche Verbandsabzeichen getragen, bestehend aus einer pfeilkopfförmigen grünblauen Stoffunterlage mit einem goldenen Schwert, über das drei goldene Blitze zucken. Auf beiden Oberarmen das Dienstgradabzeichen eines Master Sergeant, am linken Unterarm die sogenannten *»hash marks«*, drei schräg gestellte goldene Balken als Zeichen dafür, daß dieser Oberfeldwebel sich mehrmals für weitere 4 Jahre weiterverpflichtet hat. Die silbernen Fallschirmspringerschwingen oberhalb der linken Brusttasche werden auf einer ovalen grünblauen, goldeingefaßten Stoffunterlage getragen. Das khakifarbene Hemd und der schwarze Langbinder sind fester Bestandteil dieser Uniform. Die weißen Handschuhe und auf Hochglanz polierten hohen Schnürschuhe werden wie in anderen Verbänden der US Army nur bei Paraden getragen.

Terminologie

In der nachfolgenden Übersicht sind die wichtigsten in diesem Buch vorkommenden militärischen Begriffe aus der Zeit von 1665 bis 1970 enthalten. Die in Form einer amerikanisch-deutschen Terminologie aufgestellte Übersicht nimmt jedoch nicht für sich in Anspruch, vollständig zu sein.

accoutrement = (militärische) Ausrüstung
aide = Adjutant
aiguilette (frz.) = Achselband
American Expeditionary Force (AEF) = US-Expeditionskorps des 1. Weltkrieges in Europa
ammunition = Munition
ammunition pouch = Patronentasche
armament = Bewaffnung
armour = Rüstung, Panzerung
armoury = Waffenkammer, Waffenmeisterei, Arsenal
arm patch = Ärmelabzeichen
army = Armee
army issue = Armeeausgabe
arrow = Pfeil
artillery = Artillerie
automatic rifle = automatisches Gewehr

back pack = Tornister
badge = Abzeichen
baldric = Wehrgehänge
bandolier = (das) Bandelier
battalion = Bataillon
battle = Schlacht
battledress blouse = Feldbluse
battlefield = Schlachtfeld
basket-hilted broadsword = schottisches Breitschwert mit Korbknauf (allgemein als claymore bekannt)
bayonet = Bajonett, Seitengewehr
beaded thongs = perlenbesetzte Lederriemen
belt buckle = Koppelschloß
bicorn hat = Zweispitz
blunderbuss = Donnerbüchse
bonnet = Schottenmütze
»boxes« = Offiziers-Dienstgradabzeichen; rechteckige, auf den Schultern aufgenähte Stoffunterlagen, auf denen die eigentlichen Dienstgradabzeichen angebracht sind (US-Militärjargon)
braid = Litze, Tresse, Paspel, Flechte, Borte
branch colour = Waffenfarbe
branch badge = Waffenabzeichen, Abzeichen der Waffengattung
branch insignia = Waffenabzeichen, Abzeichen der Waffengattung
brass buckles = Messingschnallen, Koppelschloß
brasshilted sword = Schwert mit Messingknauf
breastplate = Bruststück (der Rüstung)
breech = Gewehrverschluß
breeches = Breeches-Hosen, Kniehosen
breech loader = Hinterlader
brim = Hutkrempe
broadsword = (schottisches) Breitschwert
buckskin = Wildleder
buff leather = sandfarbenes Leder
bugle-horn = Signalhorn
bullet = Gewehrkugel, Geschoß
bullet-bag = Kugelbeutel
»bummer's cap« = flache blaue Feldmütze der US Army (aus der Zeit um 1850) (siehe auch Képi)
butt = Gewehrkolben
button = Knopf
buttonhole = Knopfloch

caisson = Munitionswagen (der bespannten Artillerie)
calibre = Kaliber
campaign = Feldzug
campaign ribbons = Ordensschnallen
camouflage (to) = Tarnung, tarnen
cannon = Kanone
canteen = Feldflasche
canvas = Drillich, Segeltuch, Leinwand
cap = Mütze, Feldmütze, Kappe, Zündkapsel
cap band = Mützen(-Seiten-)band
»cap-and-ball« revolver = »Zündhütchen-und-Kugel«-Revolver (Pulverladung und Geschoß getrennt)
cap peak = Mützenschirm
cape collar = Schalkragen
carbine = Karabiner
cartridge = Patrone, Kartusche
cartridge belt = Patronengurt, Ladegurt (MG)
cartridge box = Patronentasche
cartridge clip = Patronen-Ladestreifen
cavalry = Kavallerie
cavalry troop = Kavallerietrupp
chasseur company = Jägerkompanie
chevron = Dienstgradabzeichen (Winkel)
»chicken guts« = wörtl.: »Hühnergedärm« (Dienstgradabzeichen auf den Unterarmen des Uniformrockes in Form verschlungenen Flechtwerks)
chief = Häuptling
chin strap = Sturmriemen, Kinnriemen
clip = Patronen-Ladestreifen
cloak = Umhang
close-order maneuvres = Kampfführung in geschlossener Schlachtordnung

close-order pitched battle	= Schlacht ausgetragen in geschlossener Schlachtordnung
close terrain	= bedecktes Gelände
cloth patch	= Stoffflecken, Ärmelabzeichen
coat	= Rock
coat collar	= Rockkragen
coat cuffs	= Ärmelaufschläge
coatee	= kurzer Uniformrock
coat facings	= Rockaufschläge
coat tails	= Rockschöße
cockade	= Kokarde
cocked hat	= Dreispitz (Hut mit hochgestülpter Krempe)
collar	= Kragen
collar taps	= Kragenabzeichen
colonial assembly	= gesetzgebende Körperschaft einer brit. Kolonie in Amerika
colonist	= Siedler
combat boots	= Kampfstiefel
company	= Kompanie
commissioned rank	= Offiziersdienstgrad
Confederate States of America	= Konföderierte Staaten von Amerika (Südstaaten)
conscript	= Wehrdienstpflichtiger, Einberufener
conscriptee	= Rekrut
conscription law	= Wehrgesetz
Continental	= (hist.) amerikanisch
Continental Army	= amerik. Bundesheer im amerik. Unabhängigkeitskrieg
Continental Line	= reguläre Verbände des amerik. Bundesheeres
cord	= Kordel
corduroy trousers	= Kordhosen
cork pith helmet	= Tropenhelm
corporal (Cpl.)	= Korporal, Obergefreiter
corps	= Korps
court martial	= Kriegsgericht
courier	= Kurier
crest	= Helmkamm
crimson	= karmesinrot
crossbelt	= (das) Bandelier; ein breiter Ledergurt, der schräg über Brust und Rücken ging
crossbelts	= zwei über Kreuz getragene Bandeliere
cuff patch	= Ärmelpatten
cuirass	= Küraß
cutlas	= kurzer Säbel
dagger	= Dolch
Declaration of Independence	= amerik. Unabhängigkeitserklärung (4. Juli 1776)
detachment	= Abteilung
disband, to	= auflösen
dished peak	= gewölbter Mützenschirm
division	= Division
divisional badge	= Divisions(-Ärmel-)abzeichen
divisional patch	= Divisions(-Ärmel-)abzeichen
»dogface«	= »Landser« (US-Militärjargon)
double breasted	= doppelreihig(e) (Jacke)
double frog	= Doppelhalter für Schwert und Bajonett
»doughboy«	= »Landser« (US-Militärjargon)
drab (colored)	= khakifarben
drafts	= Wehrpflichtige
dragoons	= (die) Dragoner
drill clothing	= Drillich
duck trousers	= weiße Leinenhose

emblem	= Emblem
enlisted men	= Unteroffiziere und Mannschaften
entrenching tool	= Feldspaten
epaulettes	= Epauletten, Schulterstücke
épee (frz.)	= Degen
facing	= (Rock-)Aufschlag
fatigue cap	= Arbeitsmütze
fatigue dress	= Arbeitsanzug
field dress	= Felduniform, Feldanzug
field jacket	= Feldjacke
field equipment	= Feldausrüstung
field officer	= Stabsoffizier
finer-grain priming powder	= feingemahlenes (feinkörniges) Zündpulver (für Musketen)
first aid kit	= Verbandspäckchen, Verbandszeug
First Continental Congress	= Erster Amerik. Kongreß (September 1774)
First Sergeant (1/Sgt.)	= Hauptfeldwebel (Spieß)
flannel shirt	= Flanellhemd
flint	= Flint-Stein (Feuerstein)
flintlock musket	= Steinschloßgewehr (auch snaphaunce musket = Schnapphahngewehr genannt); ein Gewehr mit Flintschloß
folding butt	= umklappbarer Gewehrkolben
foliage	= Tarnmaterial
formal dress	= großer Gesellschaftsanzug, Abendanzug
footwear	= Fußbekleidung, Schuhe
forage cap	= Feldmütze
fowling piece	= Vogelflinte
foxhole	= Schützenloch
frieze coat	= Friesmantel, Mantel aus Fries (Textil)
fringe	= Franse
frock coat	= Gehrock
frog (for the bayonnet)	= am Koppel angebrachter Bajonetthalter
frog(ging)	= sogenannte Husarenverschnürung zwischen den Knopfreihen auf der Vorderseite des Uniformrockes
fusil (frz.)	= Steinschloßgewehr
fusilier (frz.)	= Füsilier
full dress	= Paradeuniform
full evening dress	= großer Gesellschaftsanzug, Abendanzug
gaiters	= Gamaschen
garrison	= Garnison
gauntlet	= Stulpenhandschuh
»gig-cap«	= US-Tschako Mod. 1851
gloves	= Handschuhe
goggle	= Schutzbrille
gorget	= (die) Halsberge, auch Ringkragen genannt
gorget-patch	= Kragenspiegel
gourd	= Kürbisflasche
grade	= Rang
greatcoat	= Mantel
grenadier	= Grenadier
»gum blanket«	= gummibeschichtete Plane, Teil der Feldausrüstung des 19. Jahrhunderts
gun position	= Geschützstand

halberd = Helllebarde
half-chevron = Dienstgradabzeichen (Streifen)
half-pike = halbe Pike; ein kurzer Spieß der Uffz. (frz. esponton) im 17. Jahrhundert
hanger = Hirschfänger
Hardee-hat = breitkrempiger schwarzer Filzhut mit stumpfem Kegel und links hochgeschlagener Krempe; wurde von der US Army um 1858 getragen
harness = Gurtzeug, Geschirr
»hash marks« = »Dienstzeitverlängerungsstreifen« am Unterarm des Uniformrockes (US-Militärjargon)
hatchet = Beil
hat ribbon = Hutband
hat metal plate = Mützenabzeichen, Mützenblech
haversack = Brotbeutel
headgear = Kopfbedeckung, Mütze
helmet = Helm
holster = Pistolentasche, Pistolenhalfter
hood = Kapuze
horsehair plume = Pferdehaarschweif
House of Commons = brit. Unterhaus
hunting shirt = Jagdhemd
hunting smock = Jagdhemd, Jagdrock

insignia = Abzeichen

jumping boots = Fallschirmspringerschuhe

Képi (frz.) = US-Feldmütze (Käppi) Mitte Mitte des 19. Jahrhunderts
Kersey = grobgerippter Wollstoff für Hosen und Arbeitsbekleidung; wurde auch für Uniformhosen verwendet
khaki uniform = khakifarbene Uniform
kilt = Kilt, Schottenrock
knapsack = Rucksack, Tornister
knee-breeches = Kniehosen
knitted woollen stocking cap (oder toque) = wollene Strickmütze

lace = Litze, Tresse, Borte, Spitze (siehe auch braid)
lance = Lanze
lapel facings = Kragenaufschläge
leather baldric = ledernes Wehrgehänge
leather bandolier = Lederbandelier
»leatherneck« = »Ledernacken«, US-Marineinfanterist
leggings = kniehohe lederne gamaschenähnliche Beinlinge; indianische Beinbekleidung) (Gamaschen)
limber = Protze
linen bag = Leinenbeutel
»liner« = innere Stahlhelmhülle aus einem Kunststoff-Faser-Gemisch
Line Regiment = reguläres Regiment, Linienregiment
lining = (Mantel- bzw. Jacken-)Futter
»Long Johns« = Unterhose mit langem Bein (US-Militärjargon)

machine gun = Maschinengewehr
magazine = Patronenmagazin
mail shirt = Kettenhemd
Major-General = Generalmajor
man-at-arms = Ritter
marines = Marineinfanterie
Massacre = Massaker
massed fire = massiertes Feuer
master-gunner = Meisterschütze
Master Sergeant (M/Sgt.) = Oberfeldwebel
match = Lunte, auch Streichholz
match-case = Büchslein für das »Zündkraut«
matchlock musket = Luntenschloßmuskete
matchlock weapons = Steinschloßwaffen
Matross = Kanonier; Ladekanonier (ein nur im amerik. Unabhängigkeitskrieg 1776–83 gebräuchlicher Ausdruck; ursprünglich ein an der Schiffskanone eingesetzter Matrose)
medical orderly = Sanitäter
mercenary = Söldner
military post = Standort, Garnison
militia = Miliz, Bürgerwehr
militiaman = Milizsoldat, Milizionär
Minuteman = Angehöriger eines innerhalb weniger Minuten einsatzbereiten besonderen Milizverbandes im amerik. Unabhängigkeitskrieg 1776–83
mitre cap = mitraförmige Grenadiermütze
mittens = Fausthandschuhe
mocassin = Mokassin, absatzloser Wildlederschuh der Indianer
morion = eiserne Sturmhaube (Helm aus dem 16. Jahrhundert)
mounted artillery = bespannte Artillerie
mounted riflemen = berittene Jäger
mounted troops = berittene Truppen
musician = Militärmusiker
musket = Muskete
musketeer = Musketier
muzzle loader = Vorderlader
muzzle loading gun = Vorderlader

national badge = Nationalitätsabzeichen
neck-cloth = Halstuch
non-commissioned officers (NCO) = Unteroffiziersdienstgrade

olive-drab = olivgrün
ordnance department = Feldzeugmeisterei
outrider = Vorreiter
overall trousers = Überziehhosen aus Leinen (Uniformhose)
»Overseas cap« = wörtl. »Überseemütze«, US-Feldmütze (Schiffchen) im 1. Weltkrieg

parade dress = Paradeuniform
parade uniform = Paradeuniform
paratrooper = Fallschirmjäger
patent leather = Lackleder
patrol = Patrouille, Streife

peaked cap	= Schirmmütze
pegged breeches	= Breeches-Hosen (mit seitlichem Keil)
Pennsylvania Line	= reguläre Infanterie von Pennsylvania (im amerik. Unabhängigkeitskrieg 1776–83)
percussion caps	= Zündhütchen
percussion rifle	= Perkussionsgewehr
pewter buttons	= Zinnknöpfe
pikeman	= Pikenier (»Piken«träger, Spießträger)
pile liner	= Einziehfutter aus Pelz, Daunen, Wolle
pin-fire revolver	= Stiftzünderrevolver
pink	= rosa (rot)
pipe-clay	= Barras- oder Kommißausgabe eines Ausrüstungsgegenstandes
piping	= Paspelierung
pith helmet	= Tropenhelm
plaid	= viereckiger wollener Überwurf der Schotten
plug bayonet	= Spundbajonett (zum Einstecken in die Laufmündung von Steinschloßgewehren)
plume	= Federbusch
pompon	= Pompon, Hutpuschel
poplin	= Popelin(e) (Textil)
post commander	= Standortkommandant
pouch	= Patronentasche
powder flask	= Pulverflasche
primer	= Zünder, Zündkapsel, Zündhütchen
priming powder	= Zündpulver
Private (Pvt.)	= Soldat (Dienstgrad), Schütze
Private first class (Pfc.)	= Oberschütze
professional soldier	= Berufssoldat
provincial troops	= Provinztruppen
puttee	= Wickelgamaschen
raid	= Überfall
raider battalion	= Kommando-Bataillon
Rangers	= Rangers; Angehörige einer Kommandotruppe
rank	= Dienstgrad, Rang
rank and file	= Unteroffiziere und Mannschaften
rank badge	= Dienstgradabzeichen
rank bar	= Querbalken (der US-Offiziersdienstgradabzeichen bis einschließlich Hauptmann)
rank insignia	= Dienstgradabzeichen, Rangabzeichen
rapid fire	= Schnellfeuer
rebel	= Rebell, Aufständischer
rebellion	= Rebellion, Aufstand
regiment	= Regiment
regimental band	= Regimentsmusikzug
regimental officer	= Truppenoffizier
regulars	= reguläre Truppen
regular soldier	= regulärer Soldat; Angehöriger der regulären Truppe
regular unit	= reguläre Einheit
regulation uniform	= vorschriftsmäßige Uniform
repeating magazine rifle	= Repetiergewehr (mit Magazin)
revolving rifle	= Revolvergewehr
riding boots	= Reitstiefel
rifleman	= Jäger, Schütze
rifle regiment	= Jägerregiment
roach of bearskin	= Bärenfellkamm
roundshot	= Kanonen- oder Gewehrkugeln
rucksack	= Rucksack
russet	= rotbraun
sabre	= Säbel
sash	= Schärpe
scabbard	= (Schwert-)Scheide
scarve	= Schal
scimitar	= Krummsäbel
scout	= Kundschafter, Späher, Pfadfinder
Second Continental Congress	= Zweiter Amerik. Kongreß (Juni 1775)
self-loader	= Selbstlader
self loading weapon	= selbstladende Waffe
serge	= Serge (Textil)
Sergeant (Sgt.)	= Sergeant, Unteroffizier
Sergeant Major	= Stabsfeldwebel
service badge	= Waffenabzeichen, Abzeichen der Waffengattung
service branch	= Waffengattung, Teilstreitkraft
service dress	= Dienstanzug, Dienstuniform
service uniform	= Dienstuniform, Dienstanzug
settler	= Siedler
shako	= Tschako
sharpshooter	= Scharfschütze, Präzisionsschütze
shotgun	= Schrotflinte
shoulder badge	= Ärmelabzeichen
shoulder knots	= Schulterstücke
shoulder patch	= Ärmelabzeichen
shoulder straps	= Schulterklappen
»shell jacket«	= kurze enganliegende, vorn geknöpfte Uniformjacke der US-Dragoner, um 1830 eingeführt
sidearm	= Seitenwaffe
siege artillery	= Belagerungsartillerie
single breasted (jacket)	= einreihig(e) (Jacke)
skeleton butt	= Stahlrahmengewehrkolben
skirmish	= Scharmützel, Vorpostengefecht
skirmish line	= Schützenlinie
sleeping bag	= Schlafsack
slouch hat	= Schlapphut
small arms fire	= Handfeuerwaffenbeschuß
smallclothes	= Unterkleider (Kniehose, Weste und Strümpfe; Teil der hist. Uniform)
smoothbore (rifle)	= Gewehr mit glattem Lauf
snaphaunce musket	= Schnapphahngewehr (auch flintlock musket genannt)
snap-hook	= Karabinerhaken
sniper	= Heckenschütze
spare magazine	= Reservemagazin
spats	= kurze Gamaschen (auch gaiters genannt)
spatterdashes	= halbhohe Stoffgamaschen
spherical buttons	= kugelförmige Knöpfe
sporran	= Beutel aus Ziegenleder (Teil der Schottenkleidung)
spurs	= Sporen
socket bayonet	= Einsteckbajonett
staff officer	= Stabsoffizier
standing army	= stehendes Heer
steel helmet	= Stahlhelm

stockade	= Palisade
stockings	= Strümpfe
strength	= (Truppen-)Stärke
sword	= Schwert
sword-knot	= Degenquaste, Troddel, Portepee
sub-machine gun	= Maschinenpistole
supply party	= Nachschubkolonne
tape	= Stoffband
tartan	= das Schottenmuster
tassels	= Troddeln
Technical Sergeant (T/Sgt.)	= Feldwebel
theatre of operation	= Kriegsschaupltaz
tomahawk	= indianisches Kriegsbeil, Tomahawk
toque	= Strickmütze
trench knife	= Nahkampfmesser
trews	= enganliegende Hosen im Schottenmuster
tricorn hat	= Dreispitz
trooper	= Reiter (der Kavallerie)
tropical service uniform	= Tropen-Dienstanzug
trousers stripes	= Biesen
tubular magazine	= Schaftmagazin
tuft	= Büschel
tunic	= Waffenrock
turban	= Turban; farbiger Stoffwickel um die Mütze
twill	= Köper
twilled	= geköperter Stoff
uniform regulation	= Anzugsordnung
universal conscription	= allgemeine Wehrpflicht
velvet backing piece	
volunteers	
wagoner	= Fuhrmann
waistbelt	= Koppel
waistcoat	= Weste
War of Independence	= amerik. Unabhängigkeitskrieg (1776–83)
water flask	= Wasserflasche
webbing-equipment	= Gurtzeug und Taschen aus festem Textilgewebe der US Army
webbing harness	= Gurtzeug aus festem Textilgewebe
webbing pistol belt	= Pistolengurt aus festem Textilgewebe
wheel-look pistol	= Radschloßpistole
wide brimmed hat	= breitkrempiger Hut
windcheater	= Windjacke
»wings«	= Schulterwülste (epaulettenartige Anbringungen an der Uniform)
wire-cutters	= Drahtschere
wood-runner	= Waldläufer
working dress	= Arbeitsanzug
Zouave	= Zuave; ehem. französische, aus Berberstämmen rekrutierte Kolonialtruppe

Auch diese Bücher werden Sie beeindrucken

Brian L. Davis
Uniformen und Abzeichen des deutschen Heeres 1933–1945
240 Seiten, 375 Abbildungen, 4 Farbtafeln, Tabellen, Leinen, Großformat, DM 44,—
In diesem Buch werden die Uniformen und Rangabzeichen des deutschen Heeres von 1933 bis 1945 beschrieben. Und zwar bis ins kleinste Detail. Vieles kann mit bisher unveröffentlichten Fotos belegt werden. Unterstrichen werden die Aussagen durch Vierfarbtafeln, Tabellen und eine Fachwörter-Terminologie.

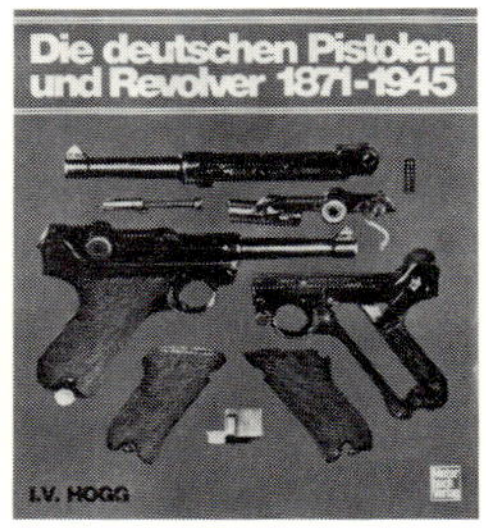

I. V. Hogg
Die deutschen Pistolen und Revolver 1871–1945
208 Seiten, 216 Abbildungen, Leinen, DM 38,—
In diesem Buch werden die deutschen Faustfeuerwaffen 1871–1945 eingehend und umfassend in Wort und Bild behandelt. Die meisten der hier behandelten Waffen hat der Autor selbst untersucht und damit geschossen, weil dieses Buch ein Standardwerk werden sollte. Deshalb erhielt das Buch auch eine Reihe wertvoller Ergänzungen, wie die Code-Zeichen der Waffen- und Munitionshersteller, Patronen, Beschußzeichen etc.

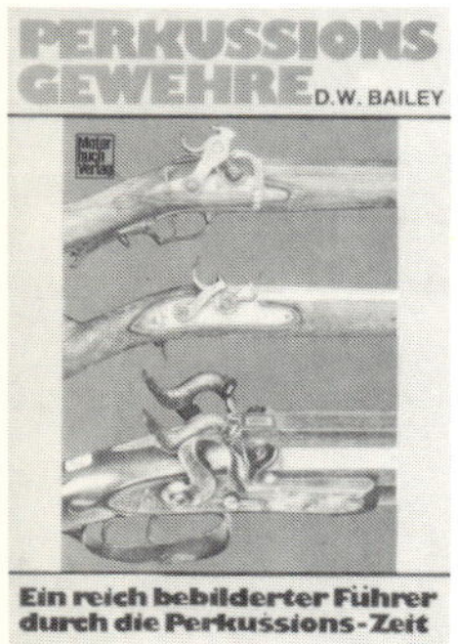

D. W. Bailey
Perkussionsgewehre
Ein reich bebilderter Führer durch die Perkussionszeit
112 Seiten, 94 Abbildungen, Leinen, DM 16,—
Der Autor zeichnet in diesem Buch die erregende Geschichte der Perkussionsvorderlader nach. Von den bescheidenen Anfängen eines Forsyth bis in die 60er Jahre des 19. Jahrhunderts spannt sich der Bogen. Jagd-, Schützen- und Ordonnanzwaffen werden vorgestellt. Viele Abbildungen, vor allem von Sammlungsstücken des Tower und des berühmten Smithomian Instituts in Washington verdeutlichen den Textteil.

G. W. P. Swenson
Das Gewehr
Die Geschichte einer Waffe
236 Seiten, 296 Abbildungen, Leinen, DM 26,—
Dies ist ein waffenkundliches Standardwerk von allerhöchstem Rang. Die Entwicklung vom Bambusrohr als Jagd- und Kampfgerät bis zu den heutigen Hochleistungsgewehren. Dieses Buch behandelt ebenso das Zubehör: Pulver und Blei, Visiereinrichtungen, Beschläge. Und es geht ein auf die Gebrauchsformen: das Gewehr in der Hand des Sportschützen, des Jägers, des Soldaten. Rund 300 Abbildungen illustrieren diese hervorragende Dokumentation.

Hans Dieter Götz
Vorderlader
Entwicklung, Technik, Laden, Schießen
212 Seiten, 152 Abbildungen, Leinen, DM 26,—
Dieses Vorderlader-Handbuch liefert das längst vergessene Vorderlader-„know how", die uralten Regeln beim Umgang mit Ladestock und Schußpflaster. Die Funktion der Lunten-, Rad-, Stein- und Perkussionszündung ist ebenso beschrieben wie die Kunst des Kugelgießens oder die Berechnung der richtigen Pulverladung. Ohne Zweifel: Ein Buch, von dem sogar Lederstrumpf noch etwas gelernt hätte.

H. J. Stammel
Mit gebremster Gewalt – Polizeiwaffen von heute und morgen
448 Seiten, 1000 Abbildungen, Leinen, DM 48,—
Dieses Standardwerk über modernste Polizeiwaffen ist in Form und Gehalt einmalig. Es behandelt die Ausbildung und den Einsatz der Polizei mit „tödlichen", „wenig tödlichen" und „nichttödlichen" Waffen. Es befaßt sich mit der „Aufruhrkontrolle", mit der kampfmäßigen Abwehr von Geiselnahmen, mit der Terroristenbekämpfung unter erschwerten Bedingungen und mit vielen anderen Aufgabenstellungen mehr, mit denen die Polizei fertig werden muß.

Hans Dieter Götz
Waffenkunde für Sammler
Vom Luntenschloß zum Sturmgewehr
264 Seiten, 197 Abbildungen, Leinen, DM 25,—
Dieses Buch schildert die gesamte Entwicklung der Feuerwaffen. Von der Erfindung des Schießpulvers über Lunten-, Rad- und Steinschloß bis zur modernsten Militärwaffe der Gegenwart. Es sind alle bedeutsamen Waffen der letzten 500 Jahre – in meist zeitgenössischen Darstellungen – abgebildet. Für Sammler besonders interessant sind die Tips für den Erwerb von alten Waffen. Hinzu kommt eine einzigartige Preisübersicht über die Angebote auf dem Sammlerwaffenmarkt. – Eine „Pflichtlektüre" für jeden Waffenliebhaber.

Deutschlands Fachverlag für Motor-Literatur bietet Ihnen aktuelle Bücher, Bildmappen und Kalender der Gebiete: Do-it-yourself am Auto, Motorsport, Luftfahrt, Zeitgeschichte, Motorrad, Waffen, Schiffe, Eisenbahnen, Freizeit und Hobby. Fordern Sie noch heute Prospekte an!

---

selbstverständlich aus dem

MOTORBUCH VERLAG
7 STUTTGART 1
POSTFACH 1370

Motor buch Verlag